An Introduction to
Financial Payment

金融支付概论

王 蕊 罗 航／编

经济管理出版社
ECONOMY & MANAGEMENT PUBLISHING HOUSE

图书在版编目（CIP）数据

金融支付概论/王蕊，罗航编 . —北京：经济管理出版社，2022. 10
ISBN 978-7-5096-8749-9

Ⅰ. ①金…　Ⅱ. ①王…　②罗…　Ⅲ. ①支付方式—概论　Ⅳ. ①F830. 73

中国版本图书馆 CIP 数据核字（2022）第 187544 号

组稿编辑：白　毅
责任编辑：杨国强　白　毅
责任印制：许　艳
责任校对：陈　颖

出版发行：经济管理出版社
　　　　　（北京市海淀区北蜂窝 8 号中雅大厦 A 座 11 层　100038）
网　　址：www. E-mp. com. cn
电　　话：（010）51915602
印　　刷：北京晨旭印刷厂
经　　销：新华书店
开　　本：720mm×1000mm/16
印　　张：17
字　　数：324 千字
版　　次：2022 年 10 月第 1 版　　2022 年 10 月第 1 次印刷
书　　号：ISBN 978-7-5096-8749-9
定　　价：49. 80 元

序

　　"十四五"时期，我国开启全面建设社会主义现代化国家的新征程，进入新的发展阶段，加快构建以国内大循环为主体、国内国际双循环相互促进的新发展格局，需要健全具有高度适应性、竞争力、普惠性的现代金融体系，因此对金融领域的人才提出了更高的要求。作为金融体系的重要组成部分和实体经济发展的基石，支付产业在实现经济循环流转、推动产业关联畅通、促进国民消费、保障资金安全等方面发挥着重要作用。

　　随着互联网技术和通讯技术的迅速发展，传统的支付结算体系已经发生了革命性变革。当前，现金、传统支付结算票据、电话支付的使用率逐渐下降，而移动支付、电子货币甚至数字货币等新兴支付工具层出不穷。2022 年 8 月，中国人民银行发布的 2022 年第一季度支付体系运行总体情况显示，一季度，银行共办理非现金支付业务 967.30 亿笔，金额 1149.85 亿元，同比分别增长 10.74% 和 7.91%；共发生票据业务 2866.41 万笔，金额 26.50 亿元，同比分别下降 22.25% 和 12.59%；银行共处理电子支付业务 632.62 亿笔，金额 739.77 万亿元，同比分别增长 3.68% 和 4.18%；非银行支付机构处理网络支付业务 2313.28 亿笔，同比增长 4.85%。

　　近年来，以大数据、区块链、人工智能等新兴前沿技术为代表的金融科技进一步改变着支付行业，技术与支付场景的有机融合是支付业发展的又一新趋势。一方面，互联网支付、移动支付等支付方式不断创新，使得支付结算更安全、方便和快捷。另一方面，指纹识别、声纹识别、虹膜识别等新技术也纷纷被应用于支付中，使得支付结算的内涵不断拓展。此外，法定数字货币的研发和应用又为支付业发展带来了新的机遇。

　　在此背景下，非常高兴为这部由王蕊和罗航两位作者完成的教材《金融支付概论》作序。本书由九章所组成，它们是：第一章导论；第二章支付入口——账户；第三章传统银行支付结算；第四章电子银行；第五章第三方支付业务——收单业务；第六章第三方支付方式——近场支付；第七章支付清算系统；第八章数字货币支付；第九章国际支付的清算结算。在教材编排方面，本书突破了现有教材基于法律视角对支付方式进行分类的逻辑架构，从支付中介、支付介质两个维度对支付进行分类，沿着传统银行支付—电子银行支付—第三方支付—数字支付的发展脉络进行论述，这更加符合金融支付方式的演化规律。

在教材内容方面，本书围绕支付进行全面介绍，涉及整个支付体系的林林总总，包括支付工具、支付清算方式、支付清算体系、支付监管等。内容围绕支付细节展开，尤其介绍了每类支付方式下的"资金流"和"信息流"。支付清算系统方面，以银联交易为例，详解了银联轧差过程；数字货币支付方面，则围绕区块链支付结构，介绍了分布式记账原理、UTXO 账户、支付信息流和资金流。该教材也紧扣时代脉搏，融入课程思政元素，聚焦行业发展前沿，紧随国家战略，追踪法律法规和相关政策的变化。对于非支付机构备付金账户的介绍，通过梳理2010~2021 年中国人民银行出台的备付金政策，有助于学生了解我国支付政策演变历史，进一步了解我国支付行业的相关政策。此外，以专栏形式融入趣味知识和研究观点，对拓展读者相关领域的知识面有很好的帮助。教材所用的语言平实易懂，针对专业性强的问题，通过举例进行比较生动的描述。本书既可作为高等院校金融科技、互联网金融等相关专业的教材，也可作为支付行业从业者及对金融支付感兴趣人士的参考用书。

教育部电子商务类专业教学指导委员会委员
四川省软件行业协会副理事长兼电子商务与电子政务专委会主任
西南财经大学教授　帅青红
2022 年 9 月于光华园

前　言

　　支付清算系统是金融基础设施的核心部分，是金融业乃至整个国民经济运行的基础，为服务民生、支持经济发展提供了重要支撑。近年来，随着国内金融科技的异军突起，我国支付行业进入重要的发展阶段，创新发展、规范治理、跨境支付成为支付行业发展的三条主线。首先，支付发展的过程本身就是支付方式不断创新的过程。从纸币到票据到银行卡再到无卡支付，支付创新促进了支付工具的迭代，不断丰富支付的内涵和外延。未来，依靠金融科技赋能，支付方式必将呈现出新的活力，指纹识别、人脸识别、虹膜识别、声纹识别等技术应用、普及速度加快；区块链等底层技术为支付方式带来了极大的创新空间；在规范虚拟货币发展的同时，数字货币的研究和应用也在不断推进。其次，支付的发展要立足于安全和效率两个维度，要面向服务民生、支持经济发展的根本任务。我国现代支付行业在不算长的发展历程中，经历了高速增长期，也面临不少问题和困惑。在该阶段，国家有关部门审时度势、与时俱进地出台一系列规范治理政策，引导支付行业健康有序地发展。最后，作为资金流动的"马车夫"，支付行业必将融入双循环新发展格局中。未来，我国应加强对国外支付市场消费群体、市场参与方、产业布局、服务和技术应用等方面的研究，为国内机构拓展境外市场提供指引；应推动国际协调与合作，实现政策、市场、资源等方面的对接；国内机构要积极发挥本土优势，进一步巩固国内市场，与国外机构同台竞争。

　　在金融科技浪潮下，我国支付行业进入了新的发展时期，肩负着创新发展、规范治理、对外开放的使命。作为高等院校金融学、金融科技、互联网金融、电子商务等专业的学生，有必要了解支付行业的发展历史、发展现状和未来趋势，尤其是要了解我国支付领域所取得的举世瞩目的成就。在此背景下，本书以金融支付演变的时间线为逻辑，基于支付中介、支付介质两个维度，对当前主流支付方式的内涵和操作流程、相关政策规定、未来行业展望等方面进行梳理和介绍，主要包括传统银行支付、互联网金融时代支付以及金融科技时代支付。

　　本书内容具有以下几个特点：一是突出全面性，内容涵盖支付工具、支付清算结算流程、支付清算体系等，能够让读者了解支付全景，具有一定的"广度"。二是突出专业性，内容围绕支付流程细节展开，重点介绍了每类支付方式下的"资金流"和"信息流"，具有一定的"深度"。三是突出时效性，内容融入时代新元素，聚焦行业发展前沿，尤其紧随国家战略、法律法规和相关政策的变化，具有一定的"鲜度"。四是突出学术性，内容融入学术和行业观点，对拓展读者相关领域的知识面有很好的助益，具有一定的"厚度"。五是突出思政性，内容融入课程思政元素，涉及行业、国家、国际、文化、历史等方面，具有一定的"高度和温度"。

本书由王蕊和罗航担任主编。其中，王蕊编写第一章、第二章、第五章、第六章、第七章和第八章；罗航编写第三章、第四章和第九章。王蕊对全书进行了统稿。在编写过程中，康靖、李琳钰、张尉、廖申伟、毛柯淇、唐玉婷、林星承担了各章节知识加油站、趣味小知识和学术链接相关内容的资料收集和整理工作；康靖承担了相关图片绘制工作；李琳钰和张尉负责部分章节的审校调整工作。本书在编写过程中，得到了西华大学领导与有关部门的大力支持，得到了西华大学金融科技专业教学团队成员的大力配合。本书的构思和修改还得到了西南财经大学师青红教授、西南财经大学吴季教授、美国得克萨斯理工大学林漳希教授、中山大学袁先智教授、北京数字货币研究中心主任江晶晶博士、北京知链科技有限公司总裁刘全宝先生、WalletsClub 联合创始人曾贤儒先生的大力支持和悉心指导，在此表示诚挚的谢意。在撰写过程中，笔者阅览、借鉴了国内外大量出版物与网上资料，但受体例限制而未在参考文献中完全列出，在此谨向诸多学者、同仁表示衷心的敬意和致谢。

由于支付体系发展迅速，加之笔者才疏学浅以及编写时间有限，书中难免存在错误与遗漏之处，敬请专家学者和广大读者批评指正（反馈意见发至：wangruixhu@163.com），以便日后继续完善和修订。

编者
2022 年 8 月

目　录

第一章 导论

支付在我们的生活中无处不在。从现金支付，到刷卡支付、转账支付，再到扫码支付、刷脸支付、声波支付等，支付工具和支付方式也在不断更迭和变革。在享受支付给生活带来便利的同时，我们是否思考过支付的本质到底是什么？支付为什么如此重要？支付方式是如何演变的？支付体系有哪些参与者？支付对经济又有何影响？本章将围绕上述问题展开讨论。

本章第一节主要对支付的相关知识进行介绍，包括支付的概念和本质、支付的起源与发展和支付的分类。第二节主要围绕支付流程和支付模式进行介绍。第三节介绍支付体系。第四节浅议支付的作用，包括支付与经济增长、支付与货币政策以及支付与金融稳定的关系等。

第一节 支付概述

一、支付的概念和本质

（一）支付的概念

《说文解字》中解释道："支，去竹之枝也，从手持半竹。"因此，"支"是会意字，是"枝"的本字，其篆书形体像手持竹枝的样子，用作动词表示付出或支出。"付"也是会意字，从"寸"，表示与手的动作有关，"付"表示用手把东西交给别人，即"给予"。因此从字面意思来看，"支付"表示拿东西给别人。具体如图1-1所示。

关于"支付"的定义目前尚无统一定论。欧洲中央银行将其解释为：A Payment is a transfer of funds which discharges an obligation on the part of a payer vis-à-

图1-1 "支"和"付"《说文解字》

注：图片来自 http://szsw.bnu.edu.cn。

vis a payee①。可译为：支付是一种用于清偿付款人和收款人之间债务债权的货币转移行为。从上述定义可以看出，"支付"行为限于付款人（payer）和收款人（payee），双方的债务清偿主要通过货币转移实现。需指出的是，这里的"货币"还包括由货币衍生出的票据、汇兑等支付媒介。中国人民银行于1997年发布的《支付结算办法》中指出："本办法所称支付结算是指单位、个人在社会经济活动中使用票据、信用卡和汇兑、托收承付、委托收款等结算方式进行货币给付及其资金清算的行为"②，该定义明确了支付的方式和工具。

几十年来，信息技术的发展催生了完全不同于现金、票据等的其他支付载体和支付形式，支付参与主体也随之发生了变化。例如，当前我国的主流支付模式——移动支付就是完全不同于现金、票据、银行卡的支付方式。再如，支付方式的变革产生了介于付款人和收款人之间来协助双方完成债务清偿的平台机构；进一步地，出现了介于付款人、收款人、平台机构之间的清算机构等；再进一步，还出现了介于付款人、收款人、平台机构、清算机构之间的聚合支付机构

---

① 参见 https://www.ecb.europa.eu/services/glossary/html/glossp.en.html "Payment" 词条。

② 资料来自 http://www.pbc.gov.cn/tiaofasi/144941/144957/3601571/index.html。

等。此外，伴随金融科技的不断发展，区块链支付、数字货币支付等让"支付"又表现出了全新的形式。因此，"支付"一词所涵盖的范围及其定义也应该随之变化。

受知识所限，我们难以结合当前最新的支付趋势给"支付"下个准确定义。但是，我们认为"支付"应该包含如下含义：①它是一种清偿社会经济活动引起的债权债务关系的行为，例如，清偿债务、缴纳税款、支付工资和租金等；②这种价值转移行为依托的载体不限于现金以及货币衍生出的票据、银行卡等，还可以是电子钱包、二维码等；③这种行为涉及的参与主体包括但不限于付款方和收货方。

【知识加油站："支付"一词最早在我国的记载】

（二）支付的本质

陆强华和杨志宁在《深度支付》一书中说："谈支付，不能光唯金融观点。"由此可见，支付的本质不仅仅是金融中的交易。

有学者认为支付的本质是利益交换的价值变现形式。陆强华和杨志宁（2018）认为货币的本质是各方认可的一般等价物。货币是经济交易的价值映射，并与实际交易构成汇路，最终实现交易的经济价值。因此，尽管货币的表现形式在不断发生变化，但都反映的是一般等价物对应的利益价值。

还有学者认为支付的本质是信息。中国人民大学国家发展与战略研究院副院长伍聪在《互联网金融呼唤支付革命》[①] 一文中提到："支付具有中介和信息双重功能。无论是实物货币、金属货币，还是现钞货币，都是作为一般等价物形式的支付中介。信息作为交易中的数量关系，依附于支付中介之上。从这个意义上说，正如'货币天然是金银，金银天然不是货币'，支付的本质是信息，而不是信息的本质是支付。中介是'无常'的，信息才是永恒，因此支付的寿命将远超过货币。互联网的优势不是创造货币或其他一般等价物，而是传递支付信息。互联网金融回归支付的'本位'，恢复了支付的信息功能，在更高的信息技术水平上推动货币经济进化到信息经济，以低摩擦实现交易的一对一供求匹配。"

也有学者认为支付的本质是商业。陆强华和杨志宁在《深度支付》中引用了国家金融与发展实验室理事长李扬在中国支付清算论坛上的讲话，"我们对支付清算的理解，应该超脱了简单的金融，它其实是商业，是贸易"，即支付不仅仅是一种交易行为，也不仅仅是一项金融技术，要从商品流通角度来考察。基于该观点，支付在不同的商业模式下，分别承担了账户搭建、流量入口、交易数据获取、用户信息积累等更多新功能，是经济活动的新"势能"。

---

① 资料来自 http://theory.people.com.cn/n/2015/1207/c49154-27894938.html。

（三）支付的重要性

诺贝尔经济学奖得主罗伯特·莫顿与博迪于 1995 年提出了著名的"金融功能理论"。该理论认为，金融体系有六项基本功能：一是清算和支付功能，即金融系统提供清算支付手段，以促进商品、服务和资产的交易。二是融通资本和股权细化功能，即通过提供各种机制，金融系统能够汇聚资金并导向大规模的无法分割的投资项目。三是经济资源跨期配置功能，即金融系统提供了促进经济资源跨时间、跨地域、跨产业转移的方法和机制。四是风险管理功能，即金融系统提供处理风险和控制风险的手段和方法。五是信息提供功能，即金融系统通过提供价格信息，帮助协调不同经济部门的分散化决策。六是解决激励问题，即金融系统可以有效解决交易双方间的信息不对称问题以及委托代理行为中的激励问题。从以上分类可以看出，排在首位的支付清算功能是其他功能实现的基础，可谓"无支付不金融"。

随着经济货币化的深入，建立有效的、适应性强的交易支付体系是社会经济发展的基本需要。事实上，支付是金融服务体系的基础和支撑，是现代金融得以顺畅发展的"骨骼"。中国人民银行原行长周小川在 2010 年 5 月举办的中国支付清算协会成立大会上也提到："支付体系是经济金融基础设施最重要的组成部分，直接决定着各类经济金融活动的安全和效率，对金融、经济的稳定和发展至关重要。"（闫立良，2011）国际清算银行下设的支付和市场基础设施委员会指出，零售支付体系和工具对金融体系的效率和稳定有着重要的贡献，特别是对消费者信心和贸易结算。此外，货币在零售交易中作为交换媒介的高效和安全也是货币的信用基础。因此，零售支付的效率和安全是银行尤为关注的。美联储前主席格林斯潘在回忆录中写道："我们一直设想如果你想瘫痪美国经济，你会首先瘫痪它的支付系统，银行将退回到低效的手工汇划货币作业流程，商业将退回到物物交换和借条的原始状态，国家的经济活动水平将像自由落体的石头直线下滑……"在线支付鼻祖 PayPal 的创始人之一埃里克·杰克逊在其畅销书《支付战争》中讲道："商业最终都是为了交易，而交易是通过支付实现的，因此通过支付更容易看清商业的本质。"可以说，如果金融是经济的血液，那么支付就是金融的血管，关系到一国金融业的效率与稳定。

二、支付的起源与发展

支付的起源与发展与货币历史密不可分。货币的发展推动了支付形式的更迭和进化。货币及其支付手段都印刻着经济发展的岁月年轮，从远古时期的物物交换到随着货币形态变化而形成的支付载体和方式的演进，形成了文明流淌和经济发展的印记。人类社会生产方式和商业形态的每一次大变迁，都会在货币的职能中体现出来。

学术界普遍认为，货币具有三种基本职能：一是交易媒介（或流通手段和支付媒介），即充当商品买卖的媒介；二是价值尺度（或记账单位、计价单位），即对商品进行计价或记账的尺度或单位；三是价值储存，即贮存财富或购买力的手段（刘昌用，2020）。三种功能中，究竟哪个才是货币最基础的功能呢？换句话说，失去该功能就不能称之为"货币"？学术界普遍达成共识的是货币的价值储存是派生功能，即货币在作为交易媒介和计价单位以外才具有储存价值的功能。而在交易媒介和价值尺度中哪个是更基础的职能，学术界还未达成共识。

刘昌用（2020）指出，亚当·斯密从货物交易中发现货币是因充当交换媒介而出现的。门格尔强调，价值尺度的职能与价值储存的职能不为货币本身所具有，因此这些职能不过是偶然发生的，它们并未包含在货币概念之中。米什金认为，三种功能中，交易媒介是能够将货币与诸如股票、债券和住宅等形式的资产加以区分的功能。不过，有一些学者认为价值尺度是货币的本质职能。例如，凯恩斯的《货币论》开篇就点明，计算货币是表示债务、物价与一般购买力的货币，这种货币是货币理论中的基本概念，这里的"计算货币"实际就是"记账货币"。马克思也认为，金的第一个职能是为商品世界提供表现价值的材料……金执行一般的价值尺度的职能，并且首先只是由于这个职能，金这个特殊的等价商品才成为货币。大卫格雷伯认为，导致货币产生的不是以物易物，人们开始交换之前就通过借贷互通有无，在借贷活动中，货币首先具备了价值尺度功能。霍默和西勒也认为，有可能借贷引发了原始计量和货币本位的发展。

前文已经指出"支付具有中介和信息双重功能"。结合货币职能，充当支付中介的货币实际上发挥了"交易媒介"职能，而传递信息的货币实际上是发挥了"价值尺度"职能。本部分暂且不管货币的本质分歧，而专注于从货币形态看货币职能，从而加深对"支付"的理解。从货币演化历史来看货币有两种形态：实物货币和记账货币。因此，接下来我们通过对货币发展历史的简要回顾来深刻体会货币的两种形态和职能，这对我们理解当前的支付格局至关重要。

（一）商品货币时代：从以物易物到一般等价物

在原始社会，伴随着社会生产力的发展，社会分工和剩余产品随之出现，物物交换开始逐步取代自然经济中的自给自足模式，为支付的诞生创造了条件。《易经·系辞下》中有"日中为市，致天下之民，聚天下之货，交易而退，各得其所"的记载，这是我国最早记载物物交易的文献。充当支付媒介的商品种类众多，中国最早记录货币发展史的著作《史记·平准书》中指出："农工商交易之路通，而龟贝金钱刀布之币兴焉。"《荷马史诗》也曾提到，在公元前11世纪至9世纪，"长发的希腊人在卖酒，有的人用青铜去换，有的人用铁去换，有的人用牛或羊去换，甚至有人用奴隶去换"。

但随着物质资源的不断丰富、专业分工的日益明晰、交易范围的日益扩大，物物交换出现了诸多弊端。其中的一个典型弊端被学术界称为"双重巧合"问题（a double coincidence of wants），最早由威廉·斯坦利·杰文斯（William Stanley Jevons）在19世纪进行专门研究。例如，某消费者有一只羊，现在需要一袋粮食；而有粮食的人并不需要羊，而是需要一把石斧，因此他们之间便不能达成交换。这使得有羊的消费者不得不耗费更多的人力、物力和时间去找到能和他交换的人。由此可见，物物交换的成立要以需求、时间和数量的双重巧合为前提条件。在此背景下，一般等价物应运而生。

一般等价物是从商品世界中分离出来的特殊商品，是作为其他一切商品价值的统一表现，是商品生产和商品交换发展到一定阶段的产物。世界历史上，充当一般等价物的商品往往因时因地而不同。拉丁语中的货币为Pecunia，其词根Pecus意为牲畜。根据荷马史诗《伊利亚特》记载，战士盔甲和奴隶的交易都是以牛等牲畜作为支付媒介。中国货币史家普遍认为，中国最早充当一般等价物的商品是以贝的形式出现的，《盐铁论·错币》中就有"夏后以玄贝，周人以紫石，后世或金钱刀布"的记载。然而，早期商品货币在使用上具有时间上的不稳定性和地域上的局限性，因此不能适应商品交换广泛发展的需要。伴随着生产力的进一步发展，商品交易规模进一步扩大时，实物货币逐渐被淘汰，由此便产生了新的货币形态。

（二）金属货币时代：从称量货币到金属铸币

普通商品货币由于体积大、价值小、不易分割、使用范围局限等，逐渐被易保存、易携带、易流通、易分割的物品所取代，这种货币被称为称量货币或重量货币。这类货币主要用金属铸造，无固定成分及重量，在流通过程中，必须通过成色鉴定和称重来确定价额，故被称作"称量货币"。我国称量货币的广泛使用起源于西周，叶世昌教授在《中国货币理论史》中提到："西周的货币有贝、铜和布帛，可能还有粮食。"此时的青铜就是典型的"称量货币"。李祖德和刘精诚两位货币史家也认为："关于西周货币的形制，由于以称量来决定价值的大小，因此没有固定的形状。一般以散铜块、铜渣、铜片为主要形式"（李祖德和刘精诚，1995）。

到了春秋战国时期，随着中国商业的进一步发展，真正意义上的金属铸币就开始出现了。就目前的货币史来看，这一时期的金属铸币主要是铜铸币，且在不同诸侯国有不同的形制，形成了不同的流通区域。该时期的铸币主要分为四种形制：布币、刀币、环钱和蚁鼻钱（见图1-2）。同一时期的西亚的利迪亚王国（位于今天土耳其疆域内）和古希腊、古印度地区也都出现了金属铸币，不同之处在于中国四大铸币都是铜铸币，而世界其他地区的铸币都是以金、银贵金属为主。

图1-2　春秋战国时期刀币（左）、布币（中）、环钱（右）

注：图片来自 http://www.cnm.com.cn/zgqbbwg/132452/index.html。

如果说一般等价物的出现主要解决了物物交换中的双重巧合问题，那么称量货币和金属货币的产生则主要解决了物物交换中的交换比率复杂性问题。金属货币从特殊等价物转化为一般等价物的过程，使实物货币的使用价值与价值发生分离，金属货币可以单独表现各个商品的交换比率，商品在交换时无须再考虑交易双方需求的匹配，这无疑提高了交易的效率，支付方式从物物交换的直接支付方式演进为以货币为媒介的间接支付方式。

（三）纸质货币时代：票据和纸币

随着劳动生产率的提高、商品市场的日益发达、商品交换频率的增加，货币的需求量在随之增加，此时金属称量货币的弱点逐渐显现出来。一方面，贵金属在自然界中属于相对稀有之物，受天然储量和开采技术及开采时间的限制，其供给往往滞后，这就易造成通货紧缩，进而影响国民经济的平稳运行。另一方面，当其开采取得重大突破时，又会因额外的货币供给导致通货膨胀，扰乱正常的经济秩序。此外，贵金属不便携带，给大宗交易带来不便；贵金属体积较大，在携带过程中因钱财外露易产生抢劫、盗窃问题，故存在诸多安全隐患。因此，在发达的商品经济社会，金属货币开始逐渐退出历史舞台，取而代之的便是纸币。世界上最早使用的纸币出现于北宋年代（1023年）的四川成都，比美国（1690年）、英国（1694年）、法国（1716年）等国家纸币的发行要早上六七百年，它的出现是中国古代货币史上的一次重要演变（陈达飞，2018）。

据史料记载，在四川当地俚语中，交子是票据和凭证的意思。北宋初年，铸造铜钱、铁钱的材料不仅匮乏而且笨重，商人在购买价格较高物品时，需要以车载钱。此外，四川是经济发达却又"蜀道难"的地方，用铁钱、铜钱与外界进行交易非常困难，加之民间铸币导致了货币不统一、不同种类的货币之间不能交换……这些因素促进了一种特殊机构的诞生，即"交子铺"。民众将不方便携带的铁钱存放在交子铺，交子铺把存款数额填写在纸卷上再交还给客户，承诺随时准备为客户兑换铁钱，并收取一定的保管费，这张凭证就是交子，由于是民间发行的，也被称为"私交子"（见图1-3）。随着市场经济的发展，交子的使用也日益广泛，许多商人联合成立专营发行和兑换交子的交子铺，并在各地设立分铺。交子兑换的便利进一步促使越来越多的交易直接用交子来付款。再后来，最初以存款数额填写的交子已经不能满足人们的日常交易需求，于是交子铺户便开始印刷有统一面额和格式的交子，作为一种新的媒介向市场发行，这使得"交子"逐渐具备了信用货币的特性。北宋景德年间（1004～1007年），益州知州张咏整顿交子铺，交由16户富商经营，至此"交子"的发行正式得到了政府的认可。宋仁宗天圣元年（1023年），政府在成都设益州交子务，由派出官员主持交子发行，这是我国最早由政府正式发行的纸币——"官交子"，并下令"置抄纸院，以革伪造之弊"，意思是：伪造交子等同于伪造官方文书。从交子的演变历史可以看出，其最初诞生时是各交子铺临时填写存款金额的凭证；发展到后期，便开始以统一面额和格式出现，并由"益州交子务"印刷发行。按照现代货币理论观点，最初交子的功能属于票据，需要兑换才能使用，发展到后来，交子不用兑换可以直接在交易中使用和流通，其成为了真正意义上的纸币。

世界公认交子是最早的纸币，主要是指1023年伊始由官方发行、统一面额和格式的交子。实际上，履行交子诞生初期职责的票据雏形在罗马时代就已经产生，即"自笔证书"，而现代票据制度则起源于12世纪的欧洲。12世纪中期后，汇兑商的业务逐渐成熟，为了扩大其经营的范围，商人们创制了委托付款证书。15世纪，商品交易更频繁，票据开始代替货币成为交易媒介。兑换商在票据的流通中起了重要的作用，他们需要进行票据金额的换算和兑换，随之产生了一系列的票据规则，例如，承兑、保证、拒绝证书等。16世纪，为保证票据的流动性，市场上出现了背书规则，此后票据具有了转让性。票据的性质产生了质的变化：从单一的交易媒介到一种信用工具、从贸易领域发展到金融领域。

支票比本票和汇票发展得晚，其在17世纪中期传入英国并得到发展。当时英国的富商们把巨额款项存入金钱买卖业中，金银佃工商人会向富商签发收据。该收据为见票即付的无记名凭证，富商可以凭借收据向商人取款。之后，凭证发

图 1-3 宋代四川交子实物

注：图片来自天府四川金融博物馆。

展为存折，存折内附有数张空白的提款凭证。存款人在提取存款时可以在空白提款凭证上进行必要的填写，然后凭此存折向原接收存款的商人请求取款。现代支票就起源于这种凭证，19 世纪中期开始，这种凭证开始从英国传入欧洲其他国家，并且被世界各国广泛使用。

唐代的"飞钱"票券是我国现代汇票的起源，宋代的"便钱"和"私交子"是我国票据探索阶段的产物，明清时期商人设立"票号"，经营汇兑业务和存放款业务，标志着我国已经有了成形的票据。20 世纪 50~80 年代，国家实行统购统销政策，全国开展计划经济，逐渐形成"票证时代"，所有的物品都要凭借票证和现金来购买，形成日益增长的生活需求和低购买力票据之间的不对等，使人们购物困难。党的十一届三中全会后，商品市场开始活跃，票证逐渐退出历史舞台。到了现在，互联网的发展带来了电汇。

（四）电子货币时代：记账货币和电子货币

不难看出，上述货币发展和演变历史主要围绕实物货币展开。大卫·格雷伯认为，记账货币在主流经济学中长期被实物货币所掩盖，他对亚当·斯密以来经济学从物物交换来演绎货币产生的逻辑进行批判，认为货币产生的原因是人们之间的信贷，即"债"。早在公元前3000年以前，苏美尔古代文献中就有人以商品和金属的数量来记录粮食借贷活动的记载，此时的货币就是存在于信贷记录中的"数字"。因此，格雷伯认为货币的第一属性应该是记录信贷活动的"记账单位"。

简单来说，记账货币是以数字记录的方式确定归属和转移的货币，记录方式的演变即"账本"的演变就是其形态的演变，而这个过程又与人类记录信息载体的演进历史是一致的（刘昌用，2020）。美索不达米亚（公元前3500年~公元800年）的泥板、古希腊的石碑、古代中国的竹简等都是古老的记账载体。伴随着造纸术的出现，记账载体普遍采用纸质账本。而计算机互联网的出现使人类记账方式发生了革命性变革，也使记账货币的形态发生了根本性改变，实体账本被电子账本所取代，记账货币进入电子货币时代。

电子货币时代首先表现为银行记账系统的电子化。1958年，美洲银行使用电子计算机记录储蓄业务，而后自动取款机开始代替出纳。在此基础上，银行间的资金传输与结算也开始使用电子通信网络。20世纪80年代开始，中国香港就推出面向用户的电子金融服务系统，即用户持有银行卡就可以不去银行，而在计算机系统上完成转账业务，货币则以数字的形式通过计算机系统在转账双方账户分别记账然后完成结算，这类银行卡等新型货币形态则属于典型的"电子货币"。

1997年，巴塞尔银行监督管理委员会将电子货币定义为：通过销售终端和设备直接转账，或电脑网络来完成支付的储存价值或预付机制。实际上，从广义来看，脱离实体账本、通过计算机和电子传输技术提供货币金融相关服务，包括记录、转移等均属于"电子货币"的范畴。具体包括自动票据处理系统、电子资金转账结算系统、信用卡自动收付系统（ATM）、自动购物付款系统（POS）、电话银行、家庭银行系统等。早期，这种基于电子化的货币金融服务的运行主体还是以银行体系为主导，或称为"电子银行"。互联网的发展又进一步拓宽了电子货币的外延。

20世纪90年代，伴随着互联网商业化进程的加快，记账货币也逐渐从银行体系走向大众，而电子商务浪潮又进一步推动了商业记账货币体系的发展，也就是后面会重点讲的"第三方支付"。1998年Paypal成立，标志着基于互联网的、非银行体系主导的电子货币系统真正面向大众。2002 年，Paypal 被 eBay 收购后不仅成为 eBay 的主要支付通道，还成为更广泛的互联网电子商务的主要支付手段。中国电子货币起步较晚，这主要表现为信用卡的普及远远滞后于西方，但是，当下中国最主流的移动支付却在世界上独占鳌头，这就与阿里巴巴支付宝、财付通等密切相关。

需要指出的是，通过电子信息记录和转移货币的记账系统在广义上属于电子货币范畴，但是当前的发展已经使电子货币呈现出两种态势：一种是在银行系统内部记录和转移的电子货币系统；另一种是更加开放的互联网支付系统。因此，有必要对基于不同系统的货币表现形式进行区分。

（五）数字化支付时代：数字货币与虚拟货币

数字货币是货币制度不断演进的必然结果，如果说纸币实现了货币从具体物品到抽象货币符号的转变，那么数字货币就实现了纸币从有到无的飞跃。随着互联网的发展，数字货币的形式也越来越多样化。数字货币根据发行者不同，可以分为央行发行的数字货币和私人发行的数字货币，前者是指中央银行发行的、以代表固定金额的加密数字串为表现形式的法定货币；后者是由私人发行且不受政府监管、在一个虚拟社区的成员间流通的数字货币。数字货币还可以根据定义范围的不同，分为狭义的数字货币和广义的数字货币，前者主要是指纯数字化、不需要物理载体的货币，例如，比特币；后者包括电子货币，泛指一切以电子形式存在的货币，包括电子货币、数字货币和虚拟货币，例如，Q 币和 Libra 等。

数字货币起源于 20 世纪 80 年代密码学家 David Chaum 的一篇关于电子现金设想的论文。20 世纪 90 年代，David Chaum 创建了第一种可保证交易匿名的数字货币 Digicash。2009 年，私人数字货币的典型代表——比特币出现。随后，全球各私人机构纷纷推出各种数字货币，例如，以太坊、瑞波币、莱特币、狗狗币等。数字货币市场规模呈现指数级增长。这些私人数字货币改变了传统货币的形态、流通方式及支付方式，并根据其设计的不同产生了不同的内在价值（巴曙松等，2020）。

随着网络技术和数字经济蓬勃发展，社会公众对零售支付的便捷性、安全性、普惠性、隐私性等方面的需求日益提高。不少国家和地区的中央银行或货币当局紧密跟踪金融科技发展成果，积极探索法定货币的数字化形态（李国辉和马梅若，2021）。截至 2021 年 11 月，全球已有 6 个国家（巴哈马、圣基茨和尼维斯、安提瓜和巴布达、圣卢西亚、格林纳达、尼日利亚）正式推出央行数字货币。中国关于法定数字货币即数字人民币的研发也走在世界前列。据中国人民银行数字货币研究所数据，截至 2021 年 10 月 22 日，已累计开设数字人民币个人钱包 1.4 亿个，企业钱包 1000 万个，累计交易 1.5 亿笔，交易额近 620 亿元。目前，共有 155 万商户可支持数字人民币钱包，包括公用事业支付、餐饮服务、交通出行、购物和政务服务等方面。

【趣味小知识：世界上最大的货币】

三、支付的分类

（一）基于"支付工具+法律视角"分类

按照支付工具是否为现金，可以将交易粗略地分为现金交易和非现金交易。现金交易是指以现金为支付媒介的商品交易。在现金交易中，商品的价值运动、所有权转让与商品实体运动是同时完成的，这种商流与物流合一的运动方式是现金交易的本质特征。现金交易的特点是"一手交钱，一手交货"，其功能在于保证商品流通与货币流通的相向运动。现金支付也存在一些缺点，例如，现金需要印制、保管、携带、运送、查验等，交易成本高；现金交易没有交易记录，因此不便于监管，易成为犯罪分子清洗黑钱的首选。

近年来，伴随着互联网金融技术在支付领域的渗透，现金支付的比例正在逐渐下降，非现金支付增长迅猛。非现金交易是指以现金以外的其他支付手段进行商品交易的支付方式。按照支付中介不同，非现金交易又可以分为传统银行支付手段和新兴电子支付手段（史浩，2020）。前者主要是指依托商业银行，以汇票、支票、本票等非现金支付工具为主体，以汇兑、电子银行、个人跨行转账、个人跨行通存通兑、定期借记、定期贷记等结算方式为补充的非现金支付工具体系；后者主要是指依托非银行金融机构（或第三方支付机构），通过金融电子化网络，以电子信息传递形式实现货币支付和资金流通的支付工具体系。

根据《中华人民共和国中国人民银行法》等法律法规，中国人民银行制定了《非金融机构支付服务管理办法》①，其中规定，非金融机构支付服务（第三方支付服务）是指非金融机构在收付款人之间作为中介机构提供下列部分或全部货币资金转移服务，包括网络支付、预付卡的发行与受理、银行卡收单和中国人民银行确定的其他支付服务。

具体来看，网络支付是指依托公共网络或专用网络在收付款人之间转移货币资金的行为。根据支付媒介不同，又可以分为货币汇兑、互联网支付、移动电话支付、固定电话支付、数字电视支付等。其中，货币汇兑是指支付机构依托银行，在小额电子商务交易双方之间，提供跨境互联网支付所涉的外汇资金集中收付及相关结售汇服务。互联网支付是指以互联网为媒介，通过台式电脑、便携式电脑等设备完成在线支付、资金转移与结算等活动。移动支付是指以移动通信网

---

① 资料来自 http://www.gov.cn/flfg/2010-06/21/content_1632796.htm。

络为媒介，将移动电话与金融系统相结合，为用户提供商品交易、生活缴费、银行账号管理等金融服务的业务，其又分为远程支付和近场支付两种方式。固定电话支付是指消费者使用普通电话机具或其他类似电话的终端设备，根据语音提示选择商品或服务，输入账户信息，通过银行系统就能从个人银行账户里直接完成付款的方式。数字电视支付是指将电视和银行支付业务相结合，用户可用通过"电视+遥控器"的方式进行银行卡支付，方便、快捷地完成缴费、查询欠费、订购节目包等业务，主要面向家庭客厅场景。

预付卡是指以盈利为目的，通过特定载体和形式发行的、可在特定机构购买商品或服务的预付凭证，包括采取磁条、芯片等技术以卡片、密码等形式发行的预付卡。按发卡主体不同，可以分为单用途预付卡和多用途预付卡（金大薰，2016）。单用途预付卡是由从事零售业、住宿和餐饮业、居民服务业等商业企业发行的仅限于在本企业或本企业所属集团内兑付货物和服务的预付凭证，包括以磁条卡、芯片卡、纸券等为载体的实体卡和以密码、串码、图形、生物特征信息等为载体的虚拟卡。多用途预付卡是指由第三方支付机构发行且可跨机构使用的预付卡。需要指出的是，单用途预付卡发行机构无须取得《支付业务许可证》，只需备案，受商务部监管①。

银行卡收单业务是指收单机构与特约商户签订银行卡受理协议，在特约商户按约定受理银行卡并与持卡人达成交易后，为特约商户提供交易资金结算的服务行为。银行卡收单业务以 POS 机具为介质，实现签约银行向商户提供的本外币资金结算服务。银行卡收单业务主要参与方有发卡行、收单机构、卡组织、商户，依据《非金融机构支付服务管理办法》开展业务（陈福录，2013）。中国人民银行针对非金融机构开展的支付业务为其颁布相应的支付牌照②。

【知识加油站：非金融机构支付牌照】

然而，从金融支付体系的变化态势来看，上述分类变得不合时宜。一方面，当前互联网支付与移动电话支付的边界日渐模糊。《非金融机构支付服务管理办法》于 2010 年 6 月首次颁布，当时业务主要集中在 PC 端，该阶段主流的支付业务也就是利用网络、借助 PC 进行支付，且支付方式大多为网关型③。然而当前已进入移动互联网时代，大量流量集中在移动端而非 PC 端，因此两种支付边界日益模糊。另一方面，固定电话支付和货币兑换业务基本边缘化。例如，央行于

---

① 商务部于 2012 年 9 月 21 日颁布了《单用途商业预付卡管理办法》，对单用途商业预付卡的定义、发卡企业的资质和条件要求、备案流程、具体卡发行和销售等问题作出了详细的规定，有兴趣的读者可以去研读一下。但实际上，目前很多单用途商业预付卡仍未严格执行相关政策规定。

② 可通过以下链接查询支付机构的牌照持有情况：https://www.mpaypass.com.cn/pay/。

③ 网关型支付的概念会在本书的后面章节中涉及。

2012年就开始取消货币兑换业务的业务许可证。此外，随着线上线下的深度融合，移动支付和收单业务也开始融合交集，出现越来越多的新型支付方式。

（二）基于"支付中介+支付介质"分类

鉴于上述分类已不能完全反映当今支付领域的发展情况，在总结相关资料的基础上，笔者认为当前的支付可以从支付中介和支付介质两个维度进行分类。按照支付中介的不同，可以分为基于银行的支付和基于第三方机构的支付。按照支付介质的不同，又可以分为有形介质支付和无形介质支付。支付介质就是指支付信息如何传递，是通过有形介质传递，还是通过无形介质传递，例如，网络等。在分类之前需说明的是，无论哪一种非现金支付方式都必须依托"账户"进行，因此"账户"是支付的入口。对于账户的基本知识，我们将在第二章进行介绍。

1. 银行支付层面

（1）基于有形介质的支付主要是指银行结算业务。即使用一定的形式和条件来实现各主体之间的货币收付，包括银行汇票、商业汇票、银行本票、支票、汇兑、委托收款、异地托收承付七种。对于这类支付工具和支付方式，我们将在第三章进行介绍。

（2）基于无形介质的支付主要是指电子银行业务。即商业银行利用电子信息技术，通过语言或其他自动化设备，以人工辅助或自动形式向客户提供方便、快捷的金融服务，包括账户管理、转账汇款、投资理财等（本书主要探讨与支付相关的业务）。按照应用场景的不同，又可以分为网银、手机银行和其他电子银行，包括电话银行、短信银行、自助终端、电视银行、微信银行等。对于这类支付方式，我们将在第四章进行介绍。

2. 第三方支付机构层面

（1）基于有形介质的支付主要是指银行卡业务，即使用刷卡的方式来实现各主体之间的货币收付。银行卡是指经批准由商业银行向社会发行的具有消费信用、转账结算、存取现金等全部或部分功能的信用支付工具。进一步按照银行卡收单业务是否经过卡组织清算，又可以分为由卡组织清算的银行卡业务和由第三方支付公司清算的银行卡业务。这里可能会有疑问，银行卡既然是银行发行的，那为什么会归属于基于第三方的支付介质，而不是基于银行呢？经过卡组织清算和由第三方支付公司清算有什么区别和差异呢？对这些问题的回答涉及第三方支付中的"一类"重要业务即收单业务，我们将在第五章进行介绍。

（2）第三方支付层面中基于无形介质的支付。根据网络类型不同可以分为互联网支付、通信网支付（主要指移动支付）和电视网支付。互联网支付是伴随着电子商务的发展而兴起的。按照提供服务的不同，又可以分为支付网关模式和虚拟账户模式，我们将在第四章对此进行介绍。

智能手机的出现和发展开启了通信网支付的新时代,尤其是移动支付得到迅猛发展。按照支付场景的不同,又可以分为远程支付和近场支付。远程支付主要是指用户使用移动终端,通过短信、WAP、App 等方式远程连接到移动支付后台系统,实现支付等功能。从定义来看,远程支付的支付原理与互联网支付类似,区别在于前者是基于智能手机,后者是基于 PC 电脑。移动支付的发展便利了我们的线上购物,也便利了我们的线下日常生活,例如,二维码支付、NFC 支付、声纹支付等。对于移动支付中的近场支付,我们将在第六章进行介绍。

而当前数字货币的蓬勃发展为支付回归"点对点",即为绕开支付中介提供了可能。无论是基于区块链的比特币支付,还是各国政府正在研发的央行数字货币,都是绕开了支付中介的支付方式。此外,数字货币的发展还进一步扩展了传统的支付介质,拐杖、手套、衣服等都可能成为支付介质。对于数字货币支付,我们将在第八章进行介绍。

第二节 支付流程和支付模式简述

由上述分类可知,各类支付场景纷繁复杂,各类支付工具层出不穷。因此,为了更好地理解各类支付场景的落地和支付工具的作用,有必要对支付流程和支付模式进行了解。

一、支付流程

现代支付作为资金的运动,可以分为行动运动、信息运动和资金运动,相对应的就是交易、清算和结算过程(见图 1-4)。交易即客观上发生的交易行为动作及对相关能力、意愿的确认,清算即对支付活动产生的金融信息数据进行撮合、传递、归集和清分,结算即对支付活动进行最终的资金转移和确认。从形态运动属性来看,交易伴随着商品的流动,即"物流";清算伴随着信息的流动,即"信息流";结算伴随着资金的流动,即"资金流"。

下面结合一个日常例子对上述过程进行详细说明:小王进超市购物,待商品选完后,欲使用银行信用卡支付 300 元。收银员接过卡片放在 POS 机上,小王输入密码,几秒后 POS 机弹出一张回单,小王在回单上签字后拿着商品离开。这里,小王所刷银行卡的发行银行被称为发卡行,假设本例中为 A 银行;超市的收款银行即布放 POS 机的银行被称为收单行,假设本例中为 B 银行。在第五章,我们会对发卡行、收单行等概念进行详细介绍。上述交易和支付的过程看似短短几秒钟,实际上这笔支付业务是由一系列过程组成的。

①交易	②清算	③结算
支付指令的发起、确认和发送。	对支付信息的数据进行撮合、传递、归集和清分。	在账户机构间完成货币债权的最终转移。

图1-4 支付流程三环节

注：图片由笔者绘制。

（一）交易

交易是支付的第一个环节，包含支付指令的发起、确认和发送。具体来看，包括支付者发起支付活动，也包括受理端对支付者的身份、使用的支付工具和是否具备支付能力进行确认。结合小王刷卡消费的例子来看，他将银行卡递给收银员，收银员将卡片放在 POS 机上，然后让小王输入密码，这一系列行为属于支付者发起支付活动。随后，POS 机会打出一张单子，小王签字确认后拿着商品离开。POS 机出单这个行为背后又包含 POS 机将交易指令、支付报文发送至 A 银行后台以验证小王身份、查询交易是否合法以及银行卡余额是否充足等，信息确认无误后，A 银行扣除小王账户余额 300 元，并将支付数据报送清算组织。

需要指出的是，该阶段只是确认了交易行为，数据信息的归集和资金的划拨等活动尚未开始。对于小王信用卡的发卡行而言，尽管小王的账户上减少了 300元，但是资金并未实际减少，只是增加了一笔应付账款。对于这一点，就需要结合本章提到的货币具有"记账"这一属性来理解，A 银行通过网络以数字方式记录小王账户中钱的变动情况，但实际上此时小王账户的钱还未真正地流动到商家的银行账户中。对于小王而言，在 POS 单上签了字，他的交易行为就完毕了，可以将商品带走，即商品"物流"产生。然而，对于整个支付流程而言，这只是个开始。

（二）清算

清算是支付的第二个环节，主要是根据实际交易业务的发生而准确地进行"记账"和"算账"，是对支付信息的数据进行撮合、传递、归集和清分的过程。该过程主要通过相关的清算机构（例如，银联、VISA 等）的系统完成。在上述小王消费的例子中，信用卡的发卡行在小王刷卡的时候接收到支付信息，然后将交易数据报文发送给清算组织，这个过程便是数据信息的传递和归集。清算组织接收到交易报文后，记录数据并发送给收单行，这个过程便是数据信息的清分。

清分是指针对交易日志中记录的成功交易，逐笔计算交易本金及交易费用，然后按清算对象汇总轧差形成应收应付金额。从定义来看，清分的过程有两个步骤，一是计算每笔交易的本金和交易费用，交易费用主要是指该笔交易的手续费，本金就是交易金额扣减交易费用后的金额。在小王刷卡消费的例子中，清算组织会根据刷卡手续费计算发卡行、收单行和银行卡清算机构在本笔消费中的手续费分成。为简化分析，假设刷卡手续费为1%，发卡行、收单行和清算组织按照7:2:1分成。结合例子，本次消费的交易本金为297元，交易费用为3元，其中发卡行得手续费2.1元，收单行得0.6元，清算组织得0.3元。

二是按清算对象汇总轧差形成应收应付金额。轧差是指取得一方对另一方的一个数额的净债权或净债务。要理解清分的第二步，就需要结合现实经济活动的交易来看。在实际经济运行中，每时每刻都在发生成千上万笔交易。在小王刷卡购物的同时，可能还有许多人同时在进行刷卡消费，清算组织机构要汇总并记录所有的交易数据，然后围绕清算对象计算其净债权或净债务。假如小王刷卡消费的当天，清算组织汇总所有的交易后得到A银行应付款总计1000万元，应收款总计2000万元，因此针对A银行，清算组织进行轧差计算净额，得到A银行当天应收1000万元的结果，然后再将汇总的数据向支付系统传递，完成清算过程。

可以看出，清算的过程伴随着"信息流"产生，清算组织不仅掌握消费者每笔消费的信息，也包括交易双方、金额流向以及具体交易金额，还掌握最终应收应付的交易信息。此外，尽管消费者不能直观感受清算，但这个环节对交易各方都至关重要，且对各方面要求极高，一旦出现问题便会影响到交易参与方。因此，清算系统被视为重要的金融基础设施。担任我国银行卡跨行交易清分角色的是银联，担任我国非银行支付机构网络交易清分角色的是网联。

（三）结算

结算是支付的第三个环节，主要根据清算的结果在指定的时间对各方进行货币债权的最终转移，是账户余额的实际变动和最终确认，资金由付款账户转移到收款账户。在上述小王消费的例子中，考虑手续费后，信用卡的发卡行应付超市297.9（300−2.1）元，超市账户所在的收单行应收297.6（297+0.6）元，清算组织应收0.3（300×1%×10%）元。在经过清算组织清算以后，会将上述应付应收信息报送给支付系统，由支付系统最后完成资金的划拨，即资金从小王所在银行流向超市开户银行，该操作是通过备付金账户余额的变动来实现的。在我国，该过程主要在央行建设运行的中国现代化支付系统（CNAPS）中完成，包括大额实时支付系统、小额批量支付系统、网上支付跨行支付系统等（王祥峰，2018a）。可以看出，通过支付系统进行资金转移的过程伴随着"资金流"产生。

需要指出的是，各支付系统在支付时间、支付数额等支付原则上有差异；同一银行内部的交易不经过支付系统，在各自系统内完成即可。此外，根据收单机构的不同，支付结算系统也有差异。关于我国支付体系，我们将在第七章进行详细阐述；关于国际支付体系，我们会在第九章进行详细阐述。

二、支付模式

（一）两方模式

两方模式即是最传统的支付模式，两方分别指消费者和商户（见图1-5）。两方模式下，最常见的就是"一手交钱，一手交货"，即消费者直接将货币支付给商户的同时，商户将货物交给消费者，此时，支付的行为运动、信息运动和资金运动融合在一起。换句话说，在发生支付行为时也就完成了信息和资金的交互。物流、资金流和支付信息流"三流合一"。按照支付流程来看，该模式不存在"清算"过程，消费者交易和结算是同时发生的。

消费者　　　　　　商户

图1-5　两方支付模式

注：图片由笔者绘制。

消费者和商户之间达成信任关系后，逐渐衍生出"多次交货，一次交钱"的支付方式，即交易先通过赊销的方式进行，商户多次让消费者取走货物，消费者在规定日期向商户支付货款。在这种方式下，物流同资金流和支付信息流分离，物流是伴随消费者取走货物所产生的，而资金流和支付信息流是伴随消费者一次性支付所产生的。此时，商家就会开始执行"清算"职能，消费者每一次赊销，就会记上一笔"消费者应付"，到某日，消费者进行支付，完成"结算"过程。

（二）三方模式

两方模式下，当消费者的消费范围不再局限于某一商户、商户也和多个消费者进行交易时，交易成本会骤增。一方面，每一位消费者需要和商户进行谈判达成赊销约定；另一方面，商户需要对每一位消费者进行详细调查才能确定是否达成合约。这就催生出专门在消费者和商家间达成赊销约定的机构，例如，早期的大莱俱乐部。这类机构会向其会员客户发行一种专门的凭证（即信用卡雏形），应允客户在指定商户进行消费后向商户出示该凭证即可完成交易。这类机构会在指定时间将其会员的消费款项统一支付给商户，然后再在一定期限内向会员收取费用。关于这类机构的起源发展和功能演变，我们将在第五章第二节进行详细介绍。

至此，这类机构与消费者和商家一同构成了"三方模式"（见图1-6）。由于它们代替消费者履行支付义务，因此被称为"第三方支付机构"。从交易流程来看，消费者消费后出示由第三方机构发行的凭证，商户确认购买信息和消费者信息无误后记录该笔交易，消费者便可离店，此时属于消费者"交易"阶段，这一过程也伴随产生了物流。到一定时间上，发行消费凭证的第三方机构会计算其所有客户在该商户消费的金额，此时属于第三方机构"清算"阶段，伴随产生了信息流。同时，该机构会将客户消费资金垫付给商户，此时属于第三方机构"结算"阶段，伴随产生了资金流。一定期限内，该机构再将客户的消费记录发给持卡人，然后持卡人按约定方式付款给该机构。

消费者　　第三方支付机构　　商户

图1-6　三方支付模式

注：图片由笔者绘制。

　　相较于两方模式，三方模式意味着分工的细化，主要表现为交易与支付的分离，即物流与信息流和资金流分离。但需要注意的是，此时支付结算与清算仍然集中在一起，即信息流和资金流仍在一起，且都由第三方支付机构来完成。

　　（三）四方模式

　　三方模式下，市场上存在大量第三方支付机构、消费者和商户，每家第三方机构与N家商户展开业务，每家商户也可成为N家第三方机构的客户，交易关系错综复杂。为了降低商户和第三方机构两两清算的成本，专门的清算组织开始出现，例如，银联、VISA等。

　　至此，清算组织与消费者、商家和第三方支付机构一同构成了"四方模式"（见图1-7）。从交易流程来看，首先，消费者利用消费凭证在商户进行交易，该阶段与三方模式一致，伴随产生了物流。其次，第三方支付机构将消费者交易信息发送给清算组织。与三方模式不同的是，此时发行消费凭证的第三方机构不再执行"清算"职能，统一由专门的清算组织来执行。清算组织汇集消费信息后，计算出支付给每家商户的金额然后将其告知商户，此时属于清算组织的"清算"阶段，伴随产生了信息流。再次，第三方支付机构会将客户消费资金垫付给商户，此时属于第三方机构"结算"阶段，伴随产生了资金流，该阶段与三方模式一致。最后，在一定期限内，该机构再将客户的消费记录发给持卡人，然后持卡人按约定方式付款给该机构，该阶段与三方模式一致。

相较于三方模式，四方模式意味着分工的进一步细化，主要表现为交易、清算和支付分离，即物流、信息流、资金流分离。值得注意的是，清算组织本身不负责发行消费凭证，也不负责主动从商户那里收集消费信息，只负责从第三方机构处接收交易信息，然后向商户发送收款信息。而且，四方模式下，清算组织不与消费者和商户发生直接的金钱关系，只承担清算职能以及与之相关的标准制定、市场秩序维护等工作。

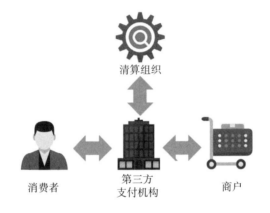

图 1-7　四方支付模式

注：图片由笔者绘制。

相比之下，四方模式加入了清算组织一方后，在产业端形成三足鼎立，形成相互制约和协调的关系，这种结构更加稳定。中国银联和国际卡组织一直坚守"四方模式"，VISA 相关负责人表示，四方模式在过去的几十年中被证明是一个非常成功的模式，四方模式帮助我们很好地平衡了整个支付系统中各方的利益。关于清算组织加入后的支付流程，我们会在第五章第二节进行详细介绍；关于清算组织本身的运行流程，我们会在第七章进行详细介绍。

（四）直连模式

在我国，伴随着电子商务的发展，开始出现一种不同于四方模式的"直连模式"。在该模式下，第三方支付机构不再将交易信息通过清算组织发给商户，而是通过与商户（或商户所在银行）直接签订合作清算协议的方式，直接将交易信息转送给商户（或商户所在银行）处理并完成资金清算。

在该模式下，第三方支付机构与众多商户（或商户所在银行）一一签协议。交易在第三方平台的账户内部完成，不需要清算组织的加入。这意味着这类支付机构实际上履行了清算组织的工作，清算组织无法掌握完整的信息流和资金流，有大量的交易处在监管之外，给金融安全稳定带来了较大的风险，存在较大的合规隐患。需说明的是，尽管当前我国不允许直连模式存在，但是其在我国支付进程中产生一定程度的影响，因此我们也有必要了解直连模式下的支付流程。这部分我们将在第五章第三节进行详细介绍。

第三节 支付体系

一、支付体系的概念

根据《现代汉语词典（第 7 版）》，"体系"是指若干有关事物或某些意识互相联系而构成的一个整体。故"支付体系"就是与支付相关的事物互相联系而构成的整体。进而有两个问题需要回答，一是哪些是与支付相关的事物呢？二是这些事物为什么互相联系？

对于第一个问题，杨道法（2015）认为，支付体系主要由支付账户、支付工具、支付服务组织、支付系统、支付体系监督管理、支付体系法规制度六个部分组成。史浩（2020）认为，支付体系主要由支付参与方、支付清算基础设施、支付工具或渠道以及支付安全和监督等要素组成。中国支付清算协会（2020）认为，支付体系主要由支付账户、支付工具、支付系统、支付服务组织、支付体系监督管理等要素构成。亢林等（2021）认为，支付体系主要由支付服务组织、支付系统、支付工具和支付体系监督管理等要素组成。对于第二个问题，国际清算银行认为，这些事物是为发起、转移对中央银行和商业银行的货币债权而形成的有机组合。中国人民银行认为，这些事物是为实现资金转移而形成的有机组合。杨道法（2015）认为，这些事物是为实现和完成支付活动所形成的有机整体。

结合上述文献，我们将"支付体系"定义为：为实现货币资金转移而相互联系的有机整体，具体包括支付服务组织、支付工具、支付账户、支付系统和支付体系监督管理五大要素，具体如图 1-8 所示。

二、支付服务的供给：支付服务机构

支付服务机构主要有两类，一类是指向客户提供支付账户、支付工具、支付信息处理等支付服务的机构，包括商业银行和第三方支付机构；另一类是对跨支付机构的支付业务信息流进行批量处理，同时向底层支付系统发送轧差后的净额支付指令的支付清算组织（杨道法，2015；史浩，2020；中国支付清算协会，2020）。

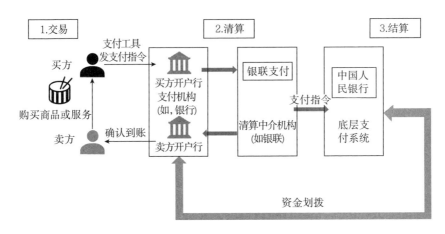

图1-8 我国支付体系

注：图片由笔者绘制。

当前我国已形成以商业银行为主体、第三方支付机构为补充，清算组织覆盖线上线下的支付服务机构体系。其中，处理银行清算业务的是银联，处理非银行支付机构清算业务的是网联。各类支付服务机构分工明确、各司其职，确保支付高效、有序地运行。

三、支付服务的载体：支付工具

支付工具是指传递收付款人支付指令，实现债权债务关系清偿和资金转移的载体。支付工具的种类和形态具有鲜明的历史特征，在现代社会，根据支付工具的形态，可以分为实体支付工具和虚拟支付工具。进一步地，实体支付工具按照是否为现金，又可以分为现金和非现金，其中非现金主要包括银行卡、预付卡、纸质票据等；虚拟支付工具主要包括虚拟钱包、虚拟银行卡、电子票据、数字货币等。

在数字经济蓬勃发展的当下，各类电子化的虚拟支付工具逐渐取代实体支付工具，支付行为也不断走向无感化和数字化。

四、支付服务的基础：支付账户

账户是经济主体进行资金管理活动的基础。支付账户就是一个资金池，是一切支付活动的起点，也是终点（杨道法，2015）。若支付工具为现金，则支付账户就好像我们的钱包；若支付工具由商业银行所提供，例如，银行卡或纸质票据等，则支付账户就是我们在银行开立的银行结算账户；若支付工具由第三方支付机构所提供，例如，虚拟钱包等，则支付账户就是我们在第三方支付机构开立的虚拟账户。

伴随着支付服务机构和支付工具的多样化，当前我国支付账户也呈现出以银行结算账户为主、第三方支付机构的虚拟账户为辅的多元化局面。

五、支付服务的设施：支付系统

支付系统是有机连接各个金融市场、为金融市场提供高效安全的资金清算服务的金融基础设施。广义来讲，支付系统由管理货币转移的规则、实现支付指令传递以及资金清算的专业技术手段构成，是用于实现债权债务及资金转移的一系列制度和安排（中国支付清算协会，2020）。狭义来讲，支付系统是支撑各种支付工具应用、实现资金清算并完成资金最终转移的各个系统（杨道法，2015）。各个系统主要进行资金流处理，即接受清算中介机构发来的支付指令，实现对各支付机构备付金账户间的资金划拨。

目前，我国已基本建成以现代化支付系统为核心、各商业银行行内系统为基础、其他支付系统为辅助的支付清算系统，主要包含大额实时支付系统、小额批量支付系统、网上支付跨行清算系统、境内外币支付系统、银行业金融机构行内支付系统、银行卡跨行支付系统、城市商业银行汇票处理系统和支付清算系统、农信银支付清算系统、人民币跨境支付系统、网联清算系统。

六、支付服务的监管：中央银行和法规制度

支付监管一般是指中央银行依据国家制定的有关支付方面的法律、法规和规章制度，综合运用经济、法律和行政手段对支付结算活动和支付市场实施监督管理的行为（杨道法，2015）。国际上，中央银行一般承担着对支付市场、支付服务组织和支付业务的监管职能。

中国人民银行是我国支付体系的监管者、组织者以及支付基础设施的建设者和运营者，其职责是确保支付体系安全高效运行（中国支付清算协会，2020）。与此同时，央行也在致力于推动建设完备的监管法规制度，对维护我国支付体系的健康稳定发展至关重要。

【行业动态：2021 年第二季度我国支付体系运行总体情况】

第四节 支付的作用

一、支付与经济增长

支付体系主要从三个方面影响经济增长（王祥峰，2018b）：一是加快资本

流动，提高经济活动效率。清算市场作为资金运动的"大动脉"，为社会金融运行提供了快捷、高效的资金转移渠道，加速了生产要素的流动。同时，现代化支付系统的覆盖范围也决定了金融服务的可得性和便利性，扩大了支付系统的覆盖范围，可以促进普惠金融的发展，推动偏远地区农村经济的发展。二是节约交易成本，促进市场繁荣。支付体系的发展降低了各级经济活动的交易成本，使更多的资金可以用于再投资、消费等环节，有利于进一步壮大市场。三是新型支付方式改变消费观念。近年来，银行卡、网上银行、二维码等支付方式得到广泛应用，改变了以往高储蓄、低消费的现象，通过刺激消费、拉动内需来促进经济增长。

二、支付与货币政策

支付体系主要从三个方面影响货币政策传导（刘凯，2010）：一是制定货币政策的重要信息源。支付系统能够实时、客观、准确地掌握市场资金供求信息，为央行进行宏观调控提供重要的信息，是央行制定货币政策的重要支撑。中央银行通过支付清算系统及时捕捉社会资金流量、流向、现金回笼投放等信息，分析和判断货币政策传导效果，准确把握市场经济脉搏，及时制定适应性的货币政策，减小政策时滞带来的负面效应。

二是货币政策有效实施的重要载体。支付系统是央行实施货币政策最直接的手段。央行以支付系统为载体，通过组织和管理各金融机构的清算资金、监测资金供求状况，特别是通过提高或降低存款准备金率（法定存款准备金率和超额存款准备金率），降低或提升信用创造乘数，从而达到紧缩或放松银根的效果，最终影响市场的货币供给量。

三是畅通货币政策传导渠道的关键环节。现代化支付系统的有效运行可以加速货币政策传导过程中的资金周转，弱化该过程中的时滞效应，是畅通货币政策传导渠道的重要保证。首先，现代化支付系统实现了资金的实时转移，极大提高了资金清算和公开市场操作的效率，同时，由于支付清算系统的安全性和高效性，金融机构获取流动性资金的能力也有了很大的提高，这直接影响到银行业金融机构的超额准备金，起到了调节货币供应水平的作用。其次，现代化支付系统实现了异地资金清算的"零在途"。当名义货币供应量一定时，支付清算系统的高效运行能够缩短资金支付周期，加快货币流通速度，具有增加基础货币和提高货币乘数的作用。

三、支付与金融稳定

支付体系主要从三个维度影响金融稳定（吴心弘和裴平，2020）：从支付系统本身的维度来看，支付系统是支付体系的底层技术架构，其可靠性和灵活性是保证整个支付体系稳定运行的关键。目前，我国的主要支付体系在社会经济实践中发挥着极其重要的作用。与此同时，它还将在时间和空间两个维度对金融稳定产生影响。从时间维度来看，支付系统处理的巨大业务量可能会由于技术原因导致自身系统出现故障或崩溃。从空间维度来看，随着我国经济活动的日益频繁和深入，各个支付系统间可能存在大规模的业务交叉。这不仅会导致支付系统间的风险传播和扩散，还会导致风险溢出到其他金融部门和金融市场。

从第三方支付市场结构来看，第三方支付与实体经济尤其是公众的消费密切相关。发展第三方支付可以提高实体经济的运行效率、降低实体经济的运行成本。然而，当前我国第三方支付市场的结构属于寡头垄断，市场集中度很高，特别是支付宝和财付通这两家公司占据了相当的市场份额。这两家支付公司控制大量的支付资源，占据支付通道，在大数据、云计算和人工智能等金融科技的加持下，甚至能够引导和影响消费者行为，因此具有"大而不倒"的特征。一旦这些第三方支付机构因内部不当行为或外部监管不力而发生支付链条断裂时，将直接威胁一国金融稳定，进而产生系统性金融风险，波及整个金融体系。

从跨境支付来看，近年来，我国人民币跨境支付系统承担的业务量飞速增加，但也伴随着许多潜在的支付风险。一是第三方支付机构的跨境支付仍存在诸多灰色地带。某些第三方支付机构利用监管漏洞，无证开展跨境支付业务，或为客户或自身利益在跨境支付灰色地带开展支付业务，使得跨境资金的流向及金额与其真实性不符。二是国内客户与国外持牌支付机构合作，使得国内商业银行或第三方支付机构在整个资金流和信息流中处于从属地位，这使得国内监管部门难以掌握跨境交易的真实性，因此无法实施穿透式监管，这会对我国现有外汇管理的有效性造成冲击。

【学术链接：数字化支付时代的货币政策传导：理论推演与经验证据】

思考题

1. 基于支付中介和支付介质，支付可以分为哪几类？分别举例说明。
2. 结合例子简述支付的三个流程。
3. 支付的模式有哪几类？简述其在物流、信息流和资金流中的差异。
4. 简述支付体系的构成要素及其作用。
5. 简述支付在生活中的作用。
6. 简述支付对经济增长的影响。
7. 简述支付对货币政策的影响。

【知识加油站："支付"一词最早在我国的记载】

"支付"在我国典籍中最早可追溯至《元典章·户部一·告假事故俸例》："诸官员上任，依上月尽其间支付。"《元典章》是至治二年（1322年）以前元朝法令文书的分类汇编，全名《大元圣政国朝典章》。

【趣味小知识：世界上最大的货币】

雅浦岛是太平洋上的一个小岛屿，岛上的土著人以石币作为流通货币，又称为"费"。石币由石灰岩制成，外形像个"甜甜圈"，是当今世界上最大的货币。雅浦岛本地没有石灰石，当地人需要去其他地方将石材运回家乡，加之物以稀为贵，大多数当地人愿意用自己已有的物品来交换石灰岩，逐渐石灰岩被加工成石币，成为交易媒介。

石币的价值由其大小、质地、工艺、背后故事决定，石币越大、质地工艺越好，则越有价值，倘若石币和当地人都熟知的名人有过交集，则石币的价值越高。石币具有很强的信任度，当交易发生时，较轻的石币由人们抬到新主人家门口，较重的石币只需要在石币上签上新主人的名字，由见证人见证交易发生的过程，货币支付便结束，并且岛上居民都知道谁拥有哪块石币，所以不会发生"偷钱"的行为。

另外，即便物理上的石币已经消失了，但只要岛民们都承认理论上的石币存在，石币就依然具备购买力，依然具有货币价值。岛民的生活方式虽然还处于原始社会状态，但关于石币的认知却和比特币的概念相近。石币与比特币都具有稀缺性，它们交易的账目均采用分布式存储，具有强大的信任体制，但区别在于石币是大脑记忆，而比特币是计算机存储。

【知识加油站：非金融机构支付牌照】

据零壹财经不完全统计，截至2021年6月，我国已获支付牌照的机构有228家，已注销牌照的机构有39家。在现有已获支付牌照的机构中，具有网络支付类（互联网支付、移动电话支付、固定电话支付、数字电视支付）牌照的有100家机构。其中，取得数字电视支付及固定电话支付牌照的分别有4家。同时取得互联网支付、移动电话支付、固定电话支付的有3家公司，分别为上海汇付数据服务有限公司、天翼电子商务有限公司、联通支付有限公司。银行卡收单牌照业务范围为全国的机构有44家，其中广东最多为12家，北京和上海各10家；牌照业务范围仅为部分地区的有13家，其中上海5家，北京3家，广东2家，海南、山东、四川各1家。获预付卡发行与受理类牌照的机构有140家，其中北京27家，上海29家，江苏12家；业务范围为全国的有112家公司，其中7家公司预付卡发行与受理业务仅能为线上实名账户充值；业务范围为地区的有28家。具体如图1-9所示。

图 1-9　非银行支付机构支付业务许可证查询

注：图片来自 http://www.mpaypass.com.cn/pay.asp。

【行业动态：2021 年第二季度我国支付体系运行总体情况】

银行账户方面，账户数量小幅增长。截至 2021 年第二季度末，全国共开立银行账户 131.19 亿户，环比增长 2.05%，增速较上季度末下降 0.5 个百分点。

非现金支付业务方面，2021 年第二季度，全国银行共办理非现金支付业务 1038.94 亿笔，金额 1080.82 万亿元，同比分别增长 24.10% 和 6.25%，其中，银行卡交易量稳步上升；全国共发生银行卡交易 1013.17 亿笔，金额 240.25 万亿元，同比分别增长 24.38% 和 9.66%；票据业务量总体保持下降趋势，全国共发生票据业务 3212.05 万笔，金额 27.87 万亿元，同比分别下降 9.96% 和 6.29%；移动支付业务量保持增长态势，银行共处理电子支付业务 673.92 亿笔，金额 745.74 万亿元。

支付系统方面，2021 年第二季度，支付系统共处理支付业务 2250.54 亿笔，金额 2303.32 万亿元，支付系统业务金额是同期 GDP 的 81.43 倍。

【学术链接：刘生福．数字化支付时代的货币政策传导：理论推演与经验证据〔J〕．当代经济科学，2019，41（2）：1-12.】

该文分析了数字化支付发展对货币乘数和货币供给变动的影响机制。研究发现，支付领域的创新不仅提高了支付结算的效率，改变了消费者支付习惯，还对传统的货币政策运行条件和传导渠道产生了影响。数字化支付环境下，基于数量型调控的传统货币政策框架中的政策传导效率大打折扣，梗阻明显增多。为此文章建议发展监管科技，完善数字化支付大数据监测与预警，为货币政策决策提供必要的数据支撑和稳定的金融环境，同时加快推动货币政策调控框架由数量型向价格型转变。

第二章 支付入口

——账户

账户是根据会计科目设置、具有一定格式和结构的用于反映会计要素的增减变动情况及其结果的载体。所有的非现金支付都是基于账户进行的，账户既是资金活动的起点，也是终点。账户一般是指银行账户，但也可以是第三方支付机构系统的账户。具有支付功能的金融账户是金融体系的基础和服务支撑（中国支付清算协会，2020）。

本章主要围绕现代支付体系涉及的账户展开介绍，包括银行结算账户、银行和支付机构在中国人民银行（以下简称"央行"）的账户、支付机构账户等。第一节围绕银行结算账户展开，包括银行结算账户、个人银行结算账户和单位银行结算账户。第二节围绕央行账户展开，包括央行机构设置以及央行账户。第三节围绕其他支付账户展开，包括虚拟账户和非支付机构备付金账户。

第一节 银行结算账户

银行结算账户是现今社会支付最为基本的载体，无论是传统支付工具，例如，商业汇票、本票、支票等，还是新型支付工具，例如，虚拟账户支付、数字人民币支付等，在执行资金划拨、结算过程中都离不开银行结算账户（杨道法，2015）。

一、银行结算账户

银行结算账户是指存款人在经办银行开立的办理资金收付结算的人民币活期存款账户，按存款人分为个人银行结算账户和单位银行结算账户。

第一，哪些人属于存款人？存款人是指在中国境内开立银行结算账户的机关、团体、部队、企业、事业单位、其他组织、个体工商户和自然人。这里需注意的是，个体工商户是指在法律允许范围内，依法经校准登记，从事工商经营活动的自然人和家庭。在之前的《中华人民共和国民法通则》《中华人民共和国民法总则》和现在的《中华人民共和国民法典》中，均将个体工商户规定在了"自然人（公民）"中，并未将其规定为"非法人组织"或"其他组织"，可见，个体工商户是与自然人紧密联系在一起的，甚至是作为自然人来对待的。但是，个体户银行结算账户与个人银行结算账户不同。

第二，哪些银行可以开户？银行是指在中国境内经央行批准经营支付结算业务的政策性银行、商业银行（含外资独资银行、中外合资银行、外国银行分行）、城市信用合作社、农村信用合作社。

【知识加油站：什么是信用合作社？】

第三，银行结算账户对币种有何规定？结算账户只能存放人民币，不能存放外汇。外汇由专门的外汇账户进行管理，按照《中华人民共和国外汇管理条例》《结汇、售汇及付汇管理规定》《国家外汇管理局关于完善资本项目外汇管理有关问题的通知》以及《个人外汇管理办法》等规定执行。

第四，什么是资金收付结算？这类业务是相对于资金存取业务而言的。在银行术语里，个人资金存取被称为"储蓄"。根据《储蓄管理条例》，储蓄是指个人将属于其所有的人民币或者外币存入储蓄机构，储蓄机构开具存折或者存单作为凭证，个人凭存折或者存单可以支取本金和利息，储蓄机构依照规定支付存款本金和利息的活动。简言之，储蓄的基本功能是存取本金和支取利息，因此用于办理资金存取业务的人民币储蓄存款账户被称为储蓄账户。需注意的是，按照我国相关规定，只有个人才拥有储蓄账户，且该账户只能办理本人名下的存取款业务和转账，而不能对他人或单位转账，也不能接受他人或单位的资金转入。个人在办理对外的资金转出或接受外部的资金转入时（包括本人异地账户汇款），只能通过个人结算账户办理。

第五，什么是活期存款账户？这类账户是相对于定期存款账户而言的。活期存款是无须任何事先通知，存款人可随时存取的银行存款账户。定期存款亦称"定期存单"，是银行与存款人双方在存款时事先约定期限、利率，到期后支取本息的存款。定期存款的期限通常有 3 个月、6 个月、1 年、2 年、5 年等，一般期限越长，利率越高。由于办理资金收付需要随时进行存取，因此办理结算的存款在性质上属于活期存款。

我们可以通过两个维度来理解银行结算账户，见图 2-1 和图 2-2。

图 2-1 中，银行存款账户按照存款人可以分为单位存款账户和个人存款账户。单位存款可以分为单位活期存款、单位定期存款、单位通知存款和单位协议存款。个人存款可以分为储蓄存款和结算存款，而储蓄存款可以进一步分为活期储蓄存款和定期储蓄存款，结算存款属于活期存款。因此，银行结算账户中的存

款包括单位活期存款和个人结算存款。

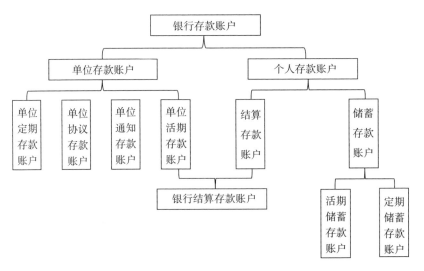

图 2-1　银行存款账户分类 1

注：图片由笔者绘制。

　　图 2-2 中，银行存款账户按照存取期限可以分为活期存款账户和定期存款账户。其中，活期存款包括个人储蓄存款、外币存款和结算存款。定期存款包括个人定期储蓄存款、单位定期存款。结算存款按照存款人不同，可以分为个人结算存款和单位结算存款。

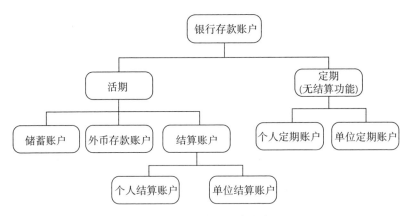

图 2-2　银行存款账户分类 2

注：图片来自文献。史浩．互联网金融支付（第二版）［M］．北京：中国金融出版社，2020.

　　2009 年我国颁布的《人民币银行结算账户管理办法》提到："本办法所称银行结算账户，是指银行为存款人开立的办理资金收付结算的人民币活期存款账户。""银行结算账户按存款人分为单位银行结算账户和个人银行结算账户。"因此，个人储蓄账户、单位定期存款账户、个人定期账户以及非银行金融机构为投资者或委托人开立的内部账户不适用于上述管理办法。

二、个人银行结算账户

（一）概念和开户条件

个人银行结算账户是自然人以居民身份证或其他有效身份证件，因投资、消费、结算等而开立的可办理支付结算业务的银行结算账户。该账户需区别于储蓄账户，前者用于办理个人转账收付和现金支取业务，后者仅限于办理现金存取业务，不得办理转账结算业务。

有下列情况的，可以申请开立个人银行结算账户：①使用支票、信用卡等信用支付工具的。②办理汇兑、定期借记、定期贷记、借记卡等结算业务的。自然人可根据需要申请开立个人银行结算账户，也可以在已开立的储蓄账户中选择并向开户银行申请确认为个人银行结算账户。

（二）个人银行结算账户新规

1. 2015 年《中国人民银行关于改进个人银行账户服务　加强账户管理的通知》［银发〔2015〕392 号］①

为改进个人银行结算账户服务，减少持卡人的闲置账户，遏制犯罪分子冒用、盗用他人账户转账，同时有效防范资金诈骗案件的发生，央行于 2015 年 12 月 25 日发布本《通知》，建立个人银行账户分类管理机制。

该机制为在现有个人银行账户基础上，增加银行账户种类，将个人银行账户分为Ⅰ类银行账户、Ⅱ类银行账户、Ⅲ类银行账户（以下分别简称Ⅰ类户、Ⅱ类户、Ⅲ类户），不同类别的个人银行账户有不同的功能和权限。

（1）Ⅰ类户：全功能银行结算账户。具体介绍如下：

功能：Ⅰ类户属于全功能的银行结算账户，为存款人提供存款、购买投资理财产品等金融产品、转账、消费及缴费支付、支取现金等服务。

开户要求：Ⅰ类可通过柜面、远程视频柜员机和智能柜员机等自助机具提交开户申请，银行工作人员需现场核验身份信息开立。

（2）Ⅱ类户：可电子划账、买理财产品。具体介绍如下：

功能：Ⅱ类户主要满足直销银行、网上理财产品等支付需求，为存款人提供存款、购买投资理财产品等金融产品、限定金额的消费和缴费支付等服务。

开户要求：Ⅱ类户可通过柜面、远程视频柜员机和智能柜员机等自助机具提

---

① 资料来自 http://www.pbc.gov.cn/goutongjiaoliu/113456/113469/2995472/index.html。

交开户申请，银行工作人员无须现场核验身份信息。

使用限制：单日支付限额 10000 元，年累计限额为 20 万元。

与Ⅰ类户的差异：银行不得通过Ⅱ类户为存款人提供存取现金服务，存款人不能通过Ⅱ类户向非绑定账户转账，Ⅱ类户无实体介质。

（3）Ⅲ类户：专注小额快捷、免密支付。具体介绍如下：

功能：Ⅲ类户则主要用于快捷支付，比如"闪付""免密支付"等，为存款人提供限定金额的消费和缴费支付服务。

开户要求：Ⅲ类户可通过柜面、远程视频柜员机和智能柜员机等自助机具提交开户申请，银行工作人员无须现场核验身份信息。

使用限制：单日支付限额 1000 元，年累计限额为 10 万元。Ⅲ类户账户余额不得超过 1000 元，账户剩余资金应原路返回同名Ⅰ类户。

与Ⅱ类户的差异：Ⅲ类户仅能办理限额消费和缴费支付。

此次《通知》（银发〔2015〕392 号）首次建立个人银行账户分类管理机制，明确账户类型、每类账户的功能、开户要求和使用限制，是顺应互联网时代发展的重大举措，同时也有利于进一步强化银行账户管理、防范资金风险和满足存款人差异化支付服务需求。

2. 2016 年《中国人民银行关于落实个人银行账户分类管理制度的通知》【银发〔2016〕302 号】①

为进一步明确账户级别不同及对应的功能、额度的差异，2016 年 11 月 25 日，央行下发了《中国人民银行关于落实个人银行账户分类管理制度的通知》。

功能上，Ⅱ类户可以办理存款、购买投资理财产品等金融产品、限额消费和缴费、限额向非绑定账户转出资金业务。经银行号柜面、自助设备加以银行工作人员现场面对面确认身份的，Ⅱ类户还可以办理存取现金、非绑定账户资金转入业务，可以配发银行卡实体卡片。其中，Ⅱ类户非绑定账户转入资金、存入现金日累计限额合计为 1 万元，年累计限额为 20 万元；消费和缴费、向非绑定账户转出资金、取出现金日累计限额合计为 1 万元，年累计限额合计为 20 万元。此外，银行可以向Ⅱ类户发放本银行贷款资金并通过Ⅱ类户还款，Ⅱ类户不得透支。发放贷款和贷款资金归还，不受转账限额规定。个人可以将在支付机构开立的支付账户绑定本人同名Ⅱ、Ⅲ类户使用。

Ⅲ类户可以办理限额消费和缴费、限额向非绑定账户转出资金业务。经银行柜面、自助设备加以银行工作人员现场面对面确认身份的，Ⅲ类户还可以办理非绑定账户资金转入业务。其中，Ⅲ类户账户余额不得超过 1000 元；非绑定账户

---

① 资料来自 http://www.pbc.gov.cn/zhifujiesuansi/128525/128535/128620/3301187/index.html.

资金转入日累计限额合计为 5000 元，年累计限额为 10 万元；消费和缴费、向非绑定账户转出资金日累计限额合计为 5000 元，年累计限额合计为 10 万元。此外，个人可以将在支付机构开立的支付账户绑定本人同名 Ⅱ、Ⅲ 类户使用。具体对比如表 2-1 所示。

表 2-1　银发〔2016〕302 号关于 Ⅰ 类户、Ⅱ 类户和 Ⅲ 类户的对比

	Ⅰ 类户	Ⅱ 类户	Ⅲ 类户
主要功能	全功能	存款、购买投资理财产品等金融产品、限额消费和缴费、限额向非绑定账户转出资金业务（申请后可办理存取现金、非绑定账户资金转入业务）	限额消费和缴费、限额向非绑定账户转出资金业务（申请后可办理非绑定账户资金转入业务）
账户余额	无限额	无限额	不超过 1000 元
使用限制	无限制	消费和缴费、向非绑定账户转出资金、取出现金日累计限额合计为 1 万元，年累计限额合计为 20 万元	消费和缴费、向非绑定账户转出资金日累计限额合计为 5000 元，年累计限额合计为 10 万元
账户形式	实体卡	电子账户（申请后可配实体卡）	电子账户

此次《通知》（银发〔2016〕302 号）扩大了 Ⅱ、Ⅲ 类户的应用范围，允许 Ⅲ 类户办理存取现金、非绑定账户资金转入业务并设定相应转入限制，同时可以配发银行卡实体卡片；允许 Ⅲ 类户办理非绑定账户资金转入业务并设定相应转入限制。此外，银行可以向 Ⅱ 类户发放本银行贷款资金并通过 Ⅱ 类户还款。

3. 2018 年《中国人民银行关于改进个人银行账户分类管理有关事项的通知》【银发〔2018〕16 号】①

为了促进 Ⅱ、Ⅲ 类账户开户及应用，2018 年 1 月 19 日，中国人民银行下发了本《通知》，从开户、资金转入转出及限额等方面，都作了很多优化和改进，扩大了 Ⅱ、Ⅲ 类账户的应用范围。

个人 Ⅱ 类户、Ⅲ 类户开户方面：第一，2018 年 12 月底前，所有银行要实现在本银行柜面和网上银行、手机银行等电子渠道办理个人 Ⅱ、Ⅲ 类户开立等业务。第二，采用可靠验证方式登录电子渠道开立 Ⅱ、Ⅲ 类户时，如绑定本人本银行 Ⅰ 类银行结算账户或者信用卡账户开立的，开立 Ⅱ、Ⅲ 类户时无需个人填写身份信息、出示身份证件等。第三，当同一个人在本银行所有 Ⅲ 类户资金双边收付

---

① 资料来自 http://www.pbc.gov.cn/tiaofasi/144941/3581332/3730327/index.html。

金额累计达到 5 万元（含）以上时，应当要求个人在 7 日内提供有效身份证件并登记相关信息。第四，同一银行法人为同一个人开立Ⅱ类户、Ⅲ类户的数量原则上分别不得超过 5 个。第五，同一家银行通过电子渠道非面对面方式为同一个人只能开立一个允许非绑定账户入金的Ⅲ类户。

Ⅱ类户、Ⅲ类户使用要求方面：第一，Ⅲ类户任一时点账户余额不得超过 2000 元（2015 年和 2016 年为 1000 元）。第二，经银行面对面核实身份新开立的Ⅲ类户，消费和缴费支付、非绑定账户资金转出等出金日累计限额合计下调为 2000 元（2016 年为 5000 元）、年累计限额合计下调为 5 万元（2015 年和 2016 年为 10 万元）。第三，银行可以向Ⅲ类户发放本银行小额消费贷款资金并通过Ⅲ类户还款，Ⅲ类户不得透支（2015 年只有Ⅰ类账户有此功能，2016 年Ⅱ类账户有此功能）。第四，除充值资金提回外，支付账户不得向Ⅱ、Ⅲ类户入金，但允许非绑定账户入金Ⅱ、Ⅲ类户，以满足个人之间小额收付款、发放红包、与个人支付账户对接、银行或商户小额返现奖励等场景需求。

此次《通知》（银发〔2018〕16 号）进一步扩大了Ⅱ、Ⅲ类户的应用范围，推动了Ⅱ、Ⅲ类户成为个人办理网上支付、移动支付等小额消费缴费业务的主要渠道。用户在使用银行账户办理转账、消费、缴费等业务时会更加便利，优化了个人银行账户开立和使用服务。各账户功能和Ⅲ类户应用范围，如图 2-3 所示。

图 2-3　各账户功能和Ⅲ类户应用范围

注：图片来自文献。史浩．互联网金融支付（第二版）［M］．北京：中国金融出版社，2020.

（三）银联建立Ⅱ、Ⅲ类账户互联互通合作机制

自2015年底以来，央行陆续发文启动账户管理制度改革，明确银行账户分为Ⅰ、Ⅱ、Ⅲ类，各类账户在资金来源、交易权限及使用场景等方面各不相同。Ⅱ、Ⅲ类账户业务发布后，各行积极开展自身的电子渠道业务，但在业务发展过程中，部分银行形成不同的合作联盟，虽然联盟内开放Ⅱ、Ⅲ类账户跨行合作，但联盟间及未参加联盟的诸多银行间却无法合作。尤其是大量的中小型银行无法很好地参与Ⅱ、Ⅲ类账户业务的跨行合作中，使得支付产品和业务模式创新无法落地，给广大持卡人服务也带来极大不便。

在上述局面下，中国银联作为实现中国银行卡联网通用的卡组织，为支持央行账户分类管理政策的落地实施，继续充分发挥卡组织平台优势，联合各商业银行共同制定了基于银联网络的Ⅱ、Ⅲ类账户业务整体解决方案，即银联Ⅱ、Ⅲ类账户互联互通合作机制，支持跨行开户验证、账户绑定、资金划拨以及开立账户的使用。

2017年5月12日，中国银联组织全国性银行、城商行以及农商行代表在北京共同召开"银行Ⅱ类、Ⅲ类账户互联互通合作启动会议"。银联在会议上公布了"公平、对等、合作、共赢"为原则的Ⅱ、Ⅲ类账户业务互联互通合作机制，同时公布的还有银联Ⅱ、Ⅲ类账户风险保障服务、差错争议解决方案及市场推广计划等一系列配套增值服务，为互联互通合作机制保驾护航。

银联Ⅱ、Ⅲ类账户互联互通合作机制的创新如下：一是对于参加互联互通合作机制内的银行，无需两两协商，只需按照银联的业务规则、技术标准和价格标准即可快速实现业务联通，充分发挥卡组织平台型作用。同时，银联网络也支持机构间以优惠价格两两协商等个性化的需求。例如，对于加入银联互联互通合作机制的银行客户，只需在任意一个银行拥有一个Ⅰ类户，就可在其他手机银行、网络银行等各类渠道随时、随地开立Ⅱ、Ⅲ类账户，享受便捷、全面、多样化的金融服务（见图2-4）。二是对于账户互验、资金互通过程中的各种业务风险，银联也制订了专项风险责任界定机制及差错争议解决方案，通过完善现有的差错争议处理平台，实现Ⅱ、Ⅲ类账户业务风险责任的快速界定和快速解决，确保风险损失一旦形成就能够被快速解决。三是银联Ⅱ、Ⅲ类账户风险损失赔付服务，对于通过银联网络开立的Ⅱ、Ⅲ类账户，银联还对其在银联网络内（包括银联"云闪付"、银联在线支付等各类银联产品服务）的交易损失提供高达3万元/人的风险保障兜底服务，进一步鼓励创新业务发展，确保银行客户支付无忧。

图 2-4　银联建立 II 类、III 类账户互联互通合作机制

注：图片由笔者截取。

【学术链接：商业银行账户互联互通的战术意义】

三、单位银行结算账户

单位银行结算账户是指存款人以单位名称开立的银行结算账户。需注意，个体工商户凭营业执照以字号或经营者姓名开立的银行结算账户纳入单位银行结算账户管理。单位银行结算账户按用途可以分为基本存款账户、一般存款账户、专用存款账户、临时存款账户，主要适用于单位。

（一）基本存款账户

基本存款账户是存款人因办理日常转账结算和现金收付开立的银行存款结算账户。存款人日常经营活动的资金收付及其工资、奖金和现金的支取，应通过该账户办理。存款人只能在银行开立一个基本存款账户，其他银行结算账户的开立必须以基本存款账户的开立为前提，必须凭基本存款账户开户登记证办理开户手续，并在基本存款账户开户登记证上进行相应登记；基本存款账户的开立须经央行核准后才能由开户银行核发开户登记证。

可以申请开立基本存款账户的存款人包括：①企业法人；②非法人企业；③机关、事业单位；④团级（含）以上军队、武警部队及分散执勤的支（分）队；⑤社会团体；⑥民办非企业组织；⑦异地常设机构；⑧外国驻华机构；⑨个体工商户；⑩居民委员会、村民委员会、社区委员会；⑪单位设立的独立核算的附属机构；⑫其他组织。

有些单位虽然不是法人组织，但具有独立核算资格，包括非法人企业（如分公司）、外国驻华机构、个体工商户、单位设立的独立核算的附属机构（单位附属独立核算的食堂、招待所、幼儿园）等，也可以开立基本存款账户。但是，单位内部的非独立核算机构不得开立基本存款账户。

（二）一般存款账户

一般存款账户是存款人因借款和其他结算需要，在基本存款账户开户银行以外的银行开立的银行结算账户。一般存款账户主要用于办理存款人借款转存、借款归还和其他结算的资金收付业务。一般存款账户可以进行现金缴存，但不得进行现金支取。

开立基本存款账户的存款人都可以开立一般存款账户。只要存款人具有借款或其他结算需要，都可以申请开立一般存款账户，且没有数量限制。

（三）专用存款账户

专用存款账户是指存款人按照法律、行政法规和规章要求，对有特定用途的资金进行专项管理和使用而开立的银行结算账户。专用存款账户用于办理各项专用资金的收付，例如，基本建设资金、更新改造资金、财政预算外资金、粮/棉/油收购资金、单位银行卡备用金、证券交易结算资金、期货交易保证金、金融机构存放同业资金、收入汇缴资金和业务支出资金、党/团工会设在单位的组织机构经费及其他按规定需要专项管理和使用的资金等。

只有法律、行政法规和规章规定要专户存储和使用的资金，才纳入专用存款账户管理。例如，合格境外机构投资者在境内从事证券投资开立的人民币特殊账户和人民币结算资金账户纳入专用存款账户管理。

（四）临时存款账户

临时存款账户是存款人因临时需要并在规定期限内使用而开立的银行结算账户。临时存款账户用于办理临时机构以及存款人临时经营活动发生的资金收付。

有下列情况的，存款人可以申请开立临时存款账户：①设立临时机构（工程指挥部、筹备领导小组、摄制组等）；②异地临时经营活动（建筑施工以及安装单位等在异地的临时经营活动）；③注册验资；④境外（含港澳台地区）机构在境内从事经营活动等。

存款人为临时机构的，只能在其驻地开立一个临时存款账户，不得开立其他银行结算账户；存款人在异地从事临时活动的，只能在其临时活动地开立一个临时存款账户；建筑施工及安装单位在异地同时承建多个项目的，可以根据建筑施工及安装合同开立不超过项目合同个数的临时存款账户。

【行业动态：中国人民银行关于取消企业银行账户许可】

第二节　央行账户

一、央行机构和商业银行机构设置

（一）央行机构设置

我国央行机构设置如下：

一是内设部门，包括办公厅、条法司、货币政策司、宏观审慎管理局、金融市场司、金融稳定司、调查统计司、会计财务司、支付结算司、货币金银局、反洗钱局等25个部门。

二是上海总部，成立上海总部，主要是围绕金融市场和金融中心的建设来加强央行的调节职能和服务职能。

三是直属机构，包括中国人民银行机关服务中心、中国人民银行集中采购中心、中国反洗钱监测分析中心、中国人民银行征信中心等16个单位。

四是分支机构，包括2个营业管理部（北京、重庆），9个辖区分行（分别设立在上海、天津、沈阳、南京、济南、武汉、广州、成都、西安）；辖区分行根据管辖范围下设不同的省会城市中心支行（25个）、市地州中心支行和县支行。以成都辖区分行为例，其在四川省、贵州省、云南省、西藏自治区行政区划内履行中央银行有关职能，下辖1个营业管理部，3个省会城市中心支行（贵阳、昆明、拉萨）、50个市地州中心支行、267个县支行。由此可见，辖区分行的管辖范围是本辖区，营业管理部、城市中心支行管辖范围是本市，县支行的管辖范围是本县级行政区。

除内设部门以外的央行机构设置如图2-5所示。

（二）商业银行机构设置

我国商业银行的组织体系基本是按照行政区划进行设置。

以大型国有商业银行（工、农、中、建、交）为例，目前，其分支机构主要是按照省（自治区、直辖市）、地级市、县级市（县区）、乡镇等行政级别逐级设置，形成包括"总行、一级分行、二级分行、支行、分理处及储蓄所"等五个层级在内的管理链条。以中国银行为例，总行下设38个分行（一级分行），每个分行下设市州分行（二级分行）、县级支行等。例如，中国银行四川分行下设16个市州分行、6个城区直属支行和39个县级支行。

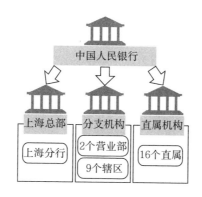

图 2-5　除内设部门以外的央行机构设置

注：图片由笔者绘制。

二、央行账户

对于任何一家银行（省级分行、市州分行、县级支行等），其标准和业务处理程序可能依据地区不同而有所不同，因此每一家商业银行都可以看作是独立的实体，都是一个独立的支付业务处理单位。因此，每家商业银行都会在其对应层级的中央银行开设独立账户。例如，中国银行总行会在北京营业管理部开设账户，其 38 个分行会在对应的辖区央行分行开设账户，如四川分行会在央行成都分行开设账户。进一步地，四川分行的 6 个城区支行和 16 个市州分行会在央行的市地州中心支行开设账户，四川分行的 39 个县级支行会在央行的县支行开设账户。此外，商业银行分理处隶属商业银行县支行，因此其账户开设在央行的县支行。一般来说，同一管理等级上各商业银行、各分行相互不开设账户，同一级人民银行分/支行之间也互不开立账户。因此，跨行支付实际是跨分/支行支付。

那么商业银行在央行开设的账户用于存放什么资金？有什么作用呢？为了进一步了解商业银行在央行开设的账户的结构，有必要先了解我国的准备金制度。我国的存款准备金制度始于 1984 年，最初设置的目的主要是确保银行票据兑付和银行体系流动性，之后才逐渐演化出支付清算功能以及成为货币政策工具。设立之初，规定企业存款准备金率为 20%，农村存款准备金率为 25%，储蓄存款准备金率为 40%。1985 年，央行将法定存款准备金率统一调整为 10%。央行规定金融机构在当地与其同级央行设立"缴来一般存款"账户，专门用于存放法定存款准备金。例如，建设银行总行在央行总行开立"缴来一般存款"账户，建设银行四川分行在央行成都分行（辖区分行）开立"缴来一般存款"账户，建设银行绵阳分行在央行绵阳市中心支行（市州级）开立"缴来一般存款"账户，建设银行江油支行在央行江油市支行（县级）开立"缴来一般存款"账户。1989 年初，为了进一步提高银行的清偿力，央行又规定金融机构在同级央行设立"备付金存款"账户，专门用于办理资金收付。

为了进一步完善存款准备金制度，理顺央行与商业银行等金融机构之间的资金关系，增强金融机构资金自求平衡能力，充分发挥存款准备金作为货币政策工具的作用，经国务院批准，央行决定，从 1998 年 3 月 21 日起对现行存款准备金制度实施改革。这项改革概括起来即将商业银行各分行以及支行的"缴来一般存款"统一存入其总行所在地的央行，同时将"备付金存款"账户改称为"准备金存款"账户，这意味着各分行和支行取消了在其对应层级的央行"缴来一般存款"账户，仅保留"备付金存款"账户并更名；将商业银行各总行在其对应央行开设的"缴来一般存款"账户和"备付金存款"账户两个账户合并，称为"准备金存款"账户。

尽管商业银行总行在对应层级央行开设的"准备金存款"账户与各分行和支行在其对应层级央行开设的"准备金存款"账户名称相同，但是其构成和功能大不相同。对应总行的账户主要用于存放为保证客户提取存款和资金清算需要而在央行的存款，即"存款准备金"。这部分资金分为法定存款准备金和超额存款准备金，其中法定存款准备金是按央行的比例存放，超额存款准备金是金融机构除法定存款准备金以外在央行按任意比例存放的资金。前者是银行为保证客户提取存款而放在央行的资金，按央行规定比例存放；后者是为保证资金清算需要而放在央行的资金，比例由金融机构自行决定。与此不同的是，对应分行和支行的账户仅用于存放用于资金清算的资金即"备付金存款"。也就是说，存放法定存款准备金的账户仅会开设在商业银行总行对应的央行。央行账户结构如图 2-6 所示。

在弄清商业银行在央行的账户及其资金构成以后，接下来就要聚焦到本书关注的"支付"问题，即各个商业银行如何利用在央行开设的"准备金存款"账户进行跨行支付呢？简单来说，商业银行总行在其对应层级央行开设的"准备金存款"账户中超过法定存款准备金的部分用于银行间支付结算，连接着央行支付清算系统俗称"二代支付系统"；而负责银行跨行清算的组织是银联，因此在央行账户结构中，还有一个账户是银联开立的，关于这部分将在第九章进行详细介绍。与此同时，商业银行分行和支行在其对应层级央行开设的"准备金存款"账户中所有资金用于地域性银行间支付结算，连接人民银行的其他支付系统，但没有连接"二代支付系统"，作为央行二代支付清算系统的有效补充。

此外，我们还需要知道，从 2021 年 1 月 24 日起，央行账户体系中还多了一类账户即非银行支付机构备付金账户。由于该账户涉及"非银行支付机构"，而

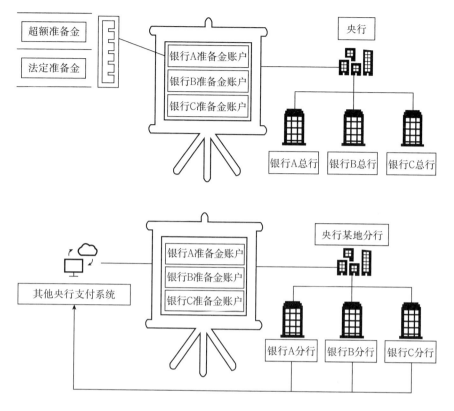

图 2-6 央行账户结构

注：图片由笔者绘制。

与这类机构相关的一个概念是"虚拟账户"（见图 2-7），因此我们把这部分知识放在下一节讲。

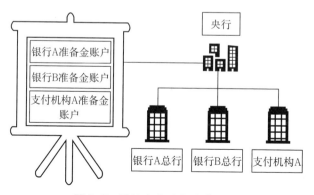

图 2-7 2021 年起央行账户结构

注：图片由笔者绘制。

第三节 其他支付账户

一、虚拟账户

(一) 虚拟账户兴起

什么是虚拟账户？它有什么样的作用？是在什么样的背景下产生的？这一切都要从支付宝成立之初说起。

我国电子商务兴起于2000年初，最开始的模式是消费者通过网页选择商品，然后在线下向同城商家进行支付和提货。跨地区在线支付始终无法发展，原因是交易双方的信任问题无法得到解决：先付款，买家怕自己汇完款收不到货；货到付款，卖家又怕买家不给钱。为了解决该问题，当时最大的电商网站淘宝创新性地想出一种"担保交易"模式，买家在网站选好商品后，通过银行汇款或者网银支付的形式将钱打给淘宝；淘宝收到钱后通知卖家发货；买家收到货后，淘宝再将钱打给卖家。该模式能够有效解决网上交易双方资金和实物交割的信任问题。担保交易的完整过程大致可以分为三个阶段：第一阶段，买家购买商品并付款。淘宝要向银行确认买家是否已经付款到淘宝的银行账户，网银转账需要隔天查询，邮局汇款至少几天。第二阶段，淘宝通知卖家发货。由于没有发达的物流，路上运输又是几天。第三阶段，买家确认收货。与此同时，工商银行西湖支行也和淘宝展开合作，负责交易汇款单据的收集、整理、填写回执、款项支付等。2003年10月，淘宝推出支付宝服务，但是一开始仅作为淘宝网的支付渠道来收集交易信息。

不过这个模式伴随着交易量的与日俱增，操作起来越发困难重重。一是耗时，待卖家真正收到货款时，往往半个月过去了。二是费力，交易双方跑邮局进行汇款和取款费时费力，淘宝作为中间人也要耗费大量的时间进行信息核对、手工记账、对账、联系客户、调配资金等。三是与淘宝合作的工商银行压力也越来越大。2004年下半年，淘宝每天的交易笔数达到8000笔，两名支行员工一天完成4000笔交易的各种资料填写已是极限。这时，淘宝开始酝酿"虚拟账户"，用以存放买卖双方交易结余的款项，等到想用的时候再一并划入银行，这样就极大地提高了结算效率，也降低了转账成本。又经过一段时间的探索，2004年12月浙江支付宝网络科技有限公司正式成立，将原来的淘宝支付宝业务独立出来，同时筹备虚拟账户的开发。

（二）虚拟账户概述

广义上来说，虚拟账户是指无实体介质、承载支付功能的载体。根据前文，我们已经知道当前银行推出的Ⅲ类电子账户无实体卡，属于虚拟账户。不过，我们这里所指的虚拟账户是相对银行账户来说的，是指由非银行支付机构为便利在线支付而推出的支付载体①。具体来看，是用户在非银行支付机构平台开设的用于支付和交易管理的账户，该账户可以供用户进行查询、充值、转账、提现等操作。例如，支付宝和微信钱包就是典型的虚拟账户（亢林等，2021）。

我们以线上购物为例来说明虚拟账户的运作。假设消费者在某电商平台进行购物，付款时有两种支付途径，一是通过银行账户支付，二是通过支付机构的虚拟账户支付。基于银行账户的支付主要分为银行网关支付和银行卡快捷支付，这部分内容我们会在第四章进行详细介绍。简单来说，网关支付就是消费者在电商平台提交订单，页面跳转至其自有的支付平台或合作支付机构平台，消费者选择"银行卡支付"后，页面会通过支付接口从支付方式页面跳转到所选银行的支付页面，待消费者输入相关信息包括姓名、身份证号、银行卡卡号、密码等后，银行系统自动进行验证并扣款，然后页面又再次跳转回电商平台即算完成支付。快捷支付就是电商平台自有或合作支付机构与客户签署代扣协议②，进行支付时，页面不会跳转到银行页面，也不必输入并验证银行卡信息，只需要输入电商平台自有或合作支付机构的支付密码即可完成支付。这两种支付方式实际上都是基于银行账户、通过扣减银行卡的资金来完成支付的。

通过支付平台或机构的虚拟账户完成支付的流程如下：当消费者选购完商品提交订单以后，页面转入电商网站自有支付平台或合作机构支付平台供消费者选择付款方式，此时消费者选择"账户余额"支付，即可完成支付。此时资金的扣减是通过扣减消费者在支付平台或机构的虚拟账户中的余额实现的。不过实行这种支付方式的前提是消费者首先在支付平台或机构注册虚拟账户，并通过银行卡往账户里充值。

需要明确的是，根据我国《非银行支付机构网络支付业务管理办法》（以下简称《办法》）【中国人民银行公告〔2015〕第43号】③，能够允许消费者开立虚拟账户的支付机构必须是依法取得《支付业务许可证》，可以办理网络支付业务的非银行机构。此外，该《办法》还说明，支付账户里所反映的余额其本质

①　非银行支付机构是官方说法，俗称第三方支付机构。

②　有一些电商网站例如淘宝有其自己的支付平台——支付宝，但还有一些电商网站只能通过连接第三方支付机构，例如快钱等支付机构。因此，为了严谨起见，我们这里表述为"电商平台自有或合作支付机构"。

③　资料来自 http：//www.gov.cn/gongbao/content/2016/content_5061699.htm。

是预付价值，与客户的银行存款不同；该余额资金虽然所有权归属于客户，却未以客户本人名义存放在银行，而是支付机构以其自身名义存放在银行，并实际由支付机构支配与控制。一旦支付机构出现经营风险或信用风险，将可能导致支付账户余额无法使用，不能回提为银行存款，使客户遭受财产损失。

我们用一张图来说明银行账户和支付机构虚拟账户的区别（见图2-8）。同一个消费者可以在商业银行和非银行支付机构开设账户，前者对应实体账户，后者对应虚拟账户。与此同时，非银行支付机构以其名义在商业银行开设账户，用以存放客户存入其虚拟账户的资金①。消费者存入银行账户的存款受《中华人民共和国人民银行法》《中华人民共和国商业银行法》及《存款保险条例》保障。消费者存入支付机构虚拟账户的存款不受上述法律和法规的保护。

图 2-8　银行实体账户和支付机构虚拟账户

注：图片由笔者绘制。

《办法》还规定，与银行开立结算账户一样，电商自有支付平台或第三方支付机构应当遵循"了解你的客户"的原则，建立健全客户身份识别机制。支付平台或机构为客户开立虚拟账户的，应当对客户实行实名制管理，登记并采取有效措施验证客户身份基本信息，按规定核对有效身份证件并留存有效身份证件复印件或者影印件，建立客户唯一识别编码，并在与客户业务关系存续期间采取持续的身份识别措施，确保有效核实客户身份及其真实意愿，不得开立匿名、假名支付账户。此外，《办法》还规定，个人支付账户也实施分类管理机制。根据开户申请人身份信息核验方式和风险等级，个人支付账户分为功能依次递增的Ⅰ、Ⅱ、Ⅲ类账户。不过，与银行个人账户分类相反，支付宝每类账户开立的条件要求依次增多，支付限额依次增大。

---

①　该表述适用于2019年1月以前，此后，非银行支付机构不得在商业银行开立客户备付金账户，特殊业务除外。

【官方解读：银行账户余额与支付账户余额区别的解读】

（三）虚拟账户运作

本节主要基于虚拟账户分情况描述虚拟账户下的充值、转账、支付、提现等运作流程。

1. 虚拟账户充值

假设消费者 A 欲从其开户行向虚拟账户充值，支付机构和消费者都在同一银行开立账户，其过程如下：

（1）消费者 A 登录虚拟钱包发起充值指令。

（2）收到 A 的指令后，支付机构向银行发起充值指令。

（3）银行收到支付机构充值指令后，扣减 A 在银行的账面余额，增加支付机构在 A 的账面余额，返回结果。

（4）银行返回充值结果给支付机构，支付机构增加 A 的虚拟账户余额，返回充值结果给 A。

至此，A 的银行账户余额减少，在金融机构的虚拟账户余额增加，同时，支付机构在银行的账户余额增加。

2. 虚拟账户向虚拟账户转账

假设消费者 A 欲通过支付机构虚拟账户向 B 的虚拟账户进行转账，假设 A、B 以及支付机构在同一银行开立账户，其过程如下：

（1）消费者 A 登录虚拟钱包，输入 B 虚拟账户信息，发出转账指令。

（2）收到 A 的指令后，支付机构减少 A 的虚拟账户余额，同时增加 B 的虚拟账户余额，返回结果给 A。

至此，A 的虚拟账户余额减少，B 的虚拟账户余额增加，支付机构的银行账户余额不变。

3. 虚拟账户向银行账户转账

（1）A 和 B 在同一银行开户。假设消费者 A 欲通过支付机构虚拟账户向 B 的银行账户进行转账，假设 A、B 和支付机构都在同一银行开立账户，其过程如下：

1）消费者 A 登录虚拟钱包，输入 B 姓名、卡号和转账金额后，发出转账指令。

2）收到 A 的指令后，支付机构向银行发起转账指令。

3）银行收到支付机构指令后，扣减支付机构在银行的账面余额，同时增加 B 在银行的账面余额，返回结果。

4）收到结果后，支付机构减少 A 的虚拟账户余额，返回结果给 A。

至此，A 的虚拟账户余额减少，B 的银行账户余额增加，支付机构的银行账户余额减少。

（2）A 和 B 在不同银行开户。假设消费者 A 欲通过支付机构虚拟账户向 B 的银行账户进行转账，假设 A 和 B 的开户银行分别为银行 1 和 2，支付机构同时在银行 1 和 2 开户，其过程如下：

1）消费者 A 登录虚拟钱包，输入 B 姓名、卡号和转让金额后，发出转账指令。

2）收到 A 的指令后，支付机构向银行 2 发起转账指令。

3）银行 2 扣减支付机构在银行 2 的账面余额，同时增加 B 在银行 2 的账面余额，返回结果。

4）收到结果后，支付机构减少 A 的虚拟账户余额，返回结果给 A。

至此，A 的虚拟账户余额减少，B 的银行账户余额增加，支付机构在银行 2 的账户余额减少，支付机构在银行 1 的账户余额不变，支付机构在两个银行的账户总额减少。

4. 消费者经虚拟账户向商家支付

假设消费者 A 欲通过支付机构虚拟账户向商户 B 进行支付，假设 A 和 B 的开户银行分别为银行 1 和银行 2，支付机构同时在银行 1 和银行 2 开户，其过程如下：

（1）消费者 A 在电商网站提交商品订单，选择支付机构以后，页面跳转至该支付机构页面。

（2）消费者 A 登录虚拟账户，选择"虚拟账户"支付，发出支付指令。

（3）收到 A 的指令后，支付机构减少 A 的虚拟账户余额，返回结果，即 A 支付完毕。

（4）待 A 收到商品后，点击"确认收货"，商户 B 发出收款指令。

（5）收到 B 的指令后，支付机构增加 B 的虚拟账户余额，返回结果，即 B 收付完毕。

如果 B 不选择提现，至此，A 的虚拟账户余额减少，B 的虚拟账户余额增加，支付机构的银行账户余额不变。如果 B 立刻选择提现，其进一步过程如下：

（6）商户 B 登录虚拟钱包发起提现指令。

（7）收到 B 的指令后，支付机构向银行发起提现指令。

（8）银行收到支付机构提现指令后，减少支付机构在银行的账面余额，增加 B 在银行的账面余额，返回结果。

（9）收到结果后，支付机构减少 B 的虚拟账户余额，返回提现结果给 B。

至此，B 的虚拟账户余额减少，B 的银行账户余额增加，支付机构的银行账户余额减少。

对于上述所有流程，需说明的是：一是过程中涉及的银行账面余额增加都还不曾涉及资金的真实流动，一般待到日终才会将款项划到相应账户，后面讲支付系统时再详细阐述。二是过程仅考虑了基于虚拟账户余额的常见交易。

此外，从上述账户变动关系也可以看出，如果交易只是从虚拟账户到虚拟账户不涉及银行账户，那么支付机构存放在银行账户的资金不发生变动，支付机构会通过内部系统在相关虚拟账户进行"数字"上的变动。如果交易涉及虚拟账户和银行账户，支付机构会通过内部系统在相关虚拟账户进行"数字"上的变动，更重要的是商业银行会通过其内部系统改变支付机构的银行账户余额。而支付机构开立在银行的账户非常重要，被称为"备付金专用存款账户"，简称"备付金账户"。我国于2010年在监管层面正式提出该概念后，其概念内涵以及使用发生了多次变化。截至2019年1月14日，除某些业务以外，支付机构实际上已经不允许在商业银行开设备付金账户，因此我们上面的例子仅适用于2019年以前的情形。但之所以还是要列举出来，一方面是为了区别银行账户和支付机构支付账户（虚拟账户），另一方面是为后面讲第三方支付相关行业变化埋下伏笔。这里，我们先来谈谈备付金账户的系列变化。

二、非支付机构备付金账户

客户备付金是指支付机构为办理客户委托的支付业务而实际收到的预收待付货币资金。正如我们前面的例子一样，凡是在支付机构虚拟账户里的资金，实际上都是以支付机构名义存放在商业银行的资金。自2010年央行出台相关政策开始整顿和监管支付机构起，备付金的相关政策也随之不断演变。

2010年以前，消费者存入第三方支付机构虚拟账户的资金，或者因在线交易而预付给支付机构的资金都存入支付机构合作银行。资金规模大了以后，会产生三大方面问题：一是沉淀资金利息归属问题。很多第三方支付机构依靠获取巨额沉淀资金的高额利息为主要收入来源，但实际上它们并不拥有这笔资金的所有权。二是消费者面临资金风险。这笔本不属于支付机构的钱极有可能被挪用或被卷跑。三是绕开监管市场会面临金融诈骗风险。一方面，从前面"虚拟账户—虚拟账户"的交易就可以看出，如果交易双方的资金流向仅通过虚拟账户实现，这笔交易就可以在支付机构内部系统完成，这就使得支付机构可以绕开央行跨行清算系统，变相从事跨行清算业务；另一方面，等到用户真正提现时，其实是支付机构与交易者以及支付机构和银行之间的清算，这就掩盖了资金的真实走向，易助长金融犯罪和滋生金融风险。关于第三点，我们还会在后面反复提到。

在此背景下，2010年6月14日，央行公布《非金融机构支付服务管理办法》（以下简称《办法2010》），首次围绕客户备付金提出相应监管原则，就业务准入、备付金性质、存管方式等业务规范方面进行了规定。《办法2010》首次明确"备付金不属于支付机构自有财产，支付机构只能根据客户发起的支付指令转移备付金，禁止以任何形式挪用备付金"。同时，"支付机构接受客户备付金的，应当在商业银行开立备付金专用存款账户存放备付金。只能选择一家商业银行作为备付金存管银行，且在该商业银行的一个分支机构只能开立一个备付金专用存款账户"。例如，支付宝就选定工商银行为备付金存管银行。

《办法2010》首次建立统一了非金融机构支付业务市场准入机制，结束了支付机构备付金"无监管"状态。但是，支付机构在实际运营中仍存在客户备付金与自有资金不分、银行账户数量多且过于分散、资金存放形式多样、资金账户的关联关系复杂且透明度低等问题。因此，2013年6月7日，央行公布《支付机构客户备付金存管办法》（以下简称《办法2013》），进一步明确和细化人民银行关于客户备付金的监管要求，强化支付机构的资金安全保护意识和责任，以及备付金银行的监督责任。[①]

（一）《办法（2013）》【银发〔2013〕第6号】[②]

第一，《办法2013》首次对客户备付金进行了明确的规定：是指支付机构为办理客户委托的支付业务而实际收到的预收待付货币资金。其中，重点强调"实际收到"和"预收待付"，不属于"预收待付"以及虽属于"预收待付"但未实际收到的资金（即在途资金）不属于客户备付金。

第二，在《办法2010》基础上，《办法2013》进一步强调客户备付金的应用范围，规定"客户备付金只能用于办理客户委托的支付业务和本办法规定的情形"，且"任何单位和个人不得擅自挪用、占用、借用客户备付金，不得擅自以客户备付金为他人提供担保"。

第三，《办法2013》明确"两银行"和"三账户"（见图2-9）。一方面，考虑到支付机构与多家银行收付款项的需求，在《办法2010》提出"备付金存管银行"基础上，新办法提出"备付金合作银行"，规定"备付金存管银行可为支付机构办理客户委托的跨行收付业务，备付金合作银行仅为支付机构办理客户备付金的收取和本行支取业务"。另一方面，新办法明确了"三类备付金专用账户"，即存管账户、收付账户和汇缴账户，各类账户功能、数量、使用条件不同，功能上由强到弱。其中，"存管账户"由存管银行开立和管理，功能齐全，具备本行和跨行收付款、调整备付金账户头寸、结转手续费和计提风险准备金等功能，支付机构在同一个省（自治区、直辖市、计划单列市），只能开立一个备付

---

① 详见 http：//www. gov. cn/gzdt/2013-06/09/content_2423739. htm。

② 资料来自 http：//www. pbc. gov. cn/tiaofasi/144941/3581332/3587112/index. html。

金存管账户。"收付账户"由合作银行开立和管理，仅具备本行付款功能，支付机构在同一备付金合作银行或其授权的分支机构只能开立一个备付金收付账户。"汇缴账户"由存管银行或合作银行开立，支持本行收款和原路退回业务，资金日终清零，考虑到汇缴账户不具备付金出金功能，风险较为可控，其数量由支付机构根据业务需要、账户维护及管理成本等因素，自主确定，并向央行报备。

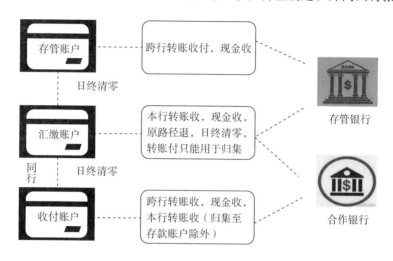

图 2-9　银发〔2013〕第 6 号"两银行/三账户"

注：图片由笔者绘制。

图 2-9 这样的设计，导致客户备付金只有一个去向——存管账户或者收付账户。由于这两类账户数量是严格限制的，因此监管也简单明了。同时，由于汇缴账户日终清零，因此每日必须划拨入本行的收付账户或者存管账户。存放在备付金合作银行的客户备付金，除直接转至备付金存管银行外，不能直接进行其他跨行划转。此方法虽然减少了风险，但却增加了跨行、异地资金划拨的次数，提供了运营成本，因此支付机构往往在多家银行及其各地分支机构设立多个备付金收付账户，以便使异地、跨行支付转化为更便宜快捷的本地、同行支付。

第四，为进一步加强客户权益保障，建立客户备付金损失赔偿和分担机制，《办法 2013》借鉴国内外金融行业管理经验，设计了从客户备付金利息收入中动态计提风险准备金的机制，以覆盖客户备付金特定损失。同时，考虑我国支付机构市场的现状，经过慎重论证、评估，确定了 10% 的基础计提要求。

此外，《办法 2013》还对如何加强对客户备付金使用和划转环节监管、如何发挥商业银行在客户备付金存管过程中的监督职能以及央行加强客户备付金监管的措施等方面进行了详细规定。

《办法2013》从客户备付金的范围和性质界定、备付金银行和账户体系设计、支付机构和商业银行备付金业务的规范合作与管理方面出发，明确了备付金银行分类和账户分层管理、资金封闭运行和使用、备付金信息核对校验、重要监管指标动态调整以及央行、自律组织和商业银行共同监督等系列监管措施，全面规范了客户备付金的存放、归集、使用、划转等存管活动。

（二）《非银行支付机构风险专项整治工作实施方案》【银发〔2016〕第112号】①

2013年是我国的互联网金融元年，各类互联网金融机构争相发展，但是在市场准入、风险防范等监管措施上一直较为宽松，存在潜在风险。2016年10月13日，《国务院办公厅关于印发互联网金融风险专项整治工作实施方案的通知》【国办发〔2016〕21号】，对包括P2P网贷、股权众筹、互联网资管、房地产金融、非银行支付机构、互联网金融领域广告等互联网金融机构提出了重点整治内容及相关要求。其中针对非银行支付机构，明确提出"人民银行或商业银行不向非银行支付机构备付金账户计付利息，防止支付机构以'吃利差'为主要盈利模式，理顺支付机构业务发展激励机制，引导非银行支付机构回归提供小额、快捷、便民小微支付服务的宗旨。""非银行支付机构不得连接多家银行系统，变相开展跨行清算业务"。

在此基础上，央行会同13部委制定并印发了《非银行支付机构风险专项整治工作实施方案》（以下简称《实施方案》），主要围绕开展支付机构备付金风险和跨机构清算业务以及无证经营支付业务展开整治。其中，有关备付金的主要内容如下：

第一，提出建立支付机构客户备付金集中存管制度；要求支付机构将客户备付金统一缴存人民银行或符合要求的商业银行；研究互联网金融平台资金账户的统一设立和集中监测。

第二，逐步取消对支付机构客户备付金的利息支出，降低客户备付金账户资金沉淀，引导支付机构回归支付本原。

第三，支付机构开展跨行支付业务应通过央行跨行清算系统或者具有合法资质的清算机构进行，实现资金清算的透明化、集中化运作。推动清算机构按照市场化原则共同建设网络支付清算平台；逐步取缔支付机构与银行直接连接处理业务的模式。

该《实施方案》透露了两个重要信息，一是未来支付机构不能再通过客户备付金收取利息；二是欲搭建网络支付清算平台，这样一来支付机构就无法与银

---

① 资料来自 http://www.gov.cn/xinwen/2016-10/13/content_5118605.htm。

行直接连接处理业务，进而也无法变相开展跨行清算业务。第一个信息与我们这里讲的备付金账户密切相关，第二个信息我们会在后面的章节中再次提及。

（三）《中国人民银行办公厅关于实施支付机构客户备付金集中存管有关事项的通知》【银办发〔2017〕第10号】[①]和《中国人民银行办公厅关于支付机构客户备付金全部集中交存有关事宜的通知》【银办发〔2018〕第114号】[②]

2017年1月13日，为贯彻落实中共中央、国务院关于互联网金融风险专项整治工作总体部署，根据【国办发〔2016〕21号】提出的"非银行支付机构不得挪用、占用客户备付金，客户备付金账户应开立在人民银行或符合要求的商业银行。人民银行或商业银行不向非银行支付机构备付金账户计付利息"相关要求，央行正式决定对支付机构客户备付金实施集中存管。主要规定如下：

一是规定"自2017年4月17日起，支付机构应将客户备付金按照一定比例交存至指定机构专用存款账户，该账户资金暂不计付利息"。二是对于不同的支付业务类型和评级结果进行不同比例缴纳。其中，网络支付业务分别为12%（A类）、14%（B类）、16%（C类）、18%（D类）、20%（E类）；银行卡收单业务分别为10%（A类）、12%（B类）、14%（C类）、16%（D类）、18%（E类）；预付卡发行与受理分别为16%（A类）、18%（B类）、20%（C类）、22%（D类）、24%（E类），交存基数为上一个月客户备付金日均余额。此外，商业银行为支付机构交存的客户备付金不计入一般存款，不纳入存款准备金交存基数。自此，央行正式开始了备付金集中存管的征程。

2018年6月29日，《中国人民银行办公厅关于支付机构客户备付金全部集中交存有关事宜的通知》【银发〔2018〕第114号】（以下简称《通知（2018）》），决定将支付机构客户备付金集中交存比例逐步提高至100%。

第一，《通知（2018）》指出，自2018年7月9日起，按月逐步提高支付机构客户备付金集中交存比例，到2019年1月14日实现100%集中交存。

第二，除规定跨境人民币备付金账户、基金销售结算专用账户、预付卡备付金账户和外汇备付金账户外，支付机构应于2019年1月14日前注销在商业银行的其余备付金账户。这意味着三类备付金存款专用账户全部取消。

第三，支付机构应于2019年1月14日前在法人所在地央行分支机构开立"备付金集中存管账户"；支付机构"备付金集中存管账户"的资金划转应当通过中国银联股份有限公司或网联清算有限公司办理。自此通知后，至2019年1月14日，实现支付机构备付金100%集中交存。

---

① 资料来自 http://www.pbc.gov.cn/goutongjiaoliu/113456/113469/3234922/index.html。
② 资料来自 https://www.mpaypass.com.cn/download/201806/30100549.html。

（四）《非银行支付机构客户备付金存管办法》【中国人民银行令〔2021〕第1号】①

自 2010 年开始对支付机构备付金账户进行监管、2013 年公布《支付机构客户备付金存管办法》以来，支付机构备付金账户制度，包括账户结构、账户开立、账户利息、款项存放等经历了多次变化。尤其是 2019 年 1 月后，备付金三级账户模式已取消、备付金已实现全部集中存款。因此，原有办法已无法适应新的备付金模式，2021 年 1 月 22 日，央行官网发布《非银行支付机构客户备付金存管办法》（以下简称《办法 2021》），围绕客户备付金提出相应监管原则，在账户管理、客户备付金使用和划转等业务规范方面进行了规定。

主要内容如下：

第一，明确相关概念。客户备付金，是指非银行支付机构为办理客户委托的支付业务而实际收到的预收待付货币资金。备付金账户包括备付金集中存管账户和预付卡备付金专用存款账户，前者是指非银行支付机构在央行开立的专门存放客户备付金的账户，后者是指非银行支付机构因开展预付卡发行与受理业务，在商业银行开立的专门存放客户备付金的账户。此外，还对特定业务待结算资金、业务银行和存款账户进行明确。

第二，账户开立。非银行支付机构应当在住所地央行分支机构开立一个备付金集中存管账户；开展预付卡发行与受理业务的支付机构可在一家备付金银行开立一个预付卡备付金专用存款账户。开展跨境人民币支付业务、基金销售支付业务和跨境外汇支付业务的支付机构，可在特定业务银行开立存款账户。

第三，备付金的使用与划转。客户备付金的划转应当通过清算机构办理。非银行支付机构应当基于真实交易信息发送划转客户备付金的支付指令，确保支付指令的完整性、一致性、可跟踪稽核和不可篡改，并确保相关资金划转事项的真实性、合规性。非银行支付机构之间不得相互直接开放支付业务接口，不得相互开立支付账户。

第四，备付金的监管方面。《办法 2021》建立了由央行及其分支机构、清算机构和备付金银行组成的备付金监督管理体系。

思考题

1. 银行存款账户按照存款人（单位/个人）可以如何分类？

2. 比较 2015 年、2016 年和 2018 年国家关于个人银行结算账户分类管理政策的差异。

---

① http://www.gov.cn/gongbao/content/2021/content_5598124.htm。

3. 简述 2017 年银联建立银行 II 类、III 类账户互联互通合作机制的意义。

4. 单位结算账户可以分为哪几类？分别简述其用途。

5. 举例说明商业银行各级银行是如何在央行开立账户的。

6. 简述央行账户结构的演变历程。

7. 简述自 2010 年开始我国对备付金账户管理的政策演变。

8. 消费者通过支付机构虚拟账户往其银行卡提现，虚拟账户的运作流程是什么？

9. 消费者 A 通过支付机构虚拟钱包向商户 B 进行支付，假设 A 和 B 的开户银行分别为银行 1 和银行 2，支付机构同时在银行 1 和银行 2 开户；支付后，商户 B 立即进行提现，此时的虚拟账户运作流程是什么？

10. 结合账户概念，思考区块链账户体系是怎样的。

【知识加油站：什么是信用合作社？】

信用合作社是银行类金融机构，以吸收存款为主要负债，以发放贷款为主要资产，以办理转账结算为主要中间业务，直接参与存款货币的创造过程。信用合作社又是信用合作机构，所谓信用合作机构是由个人集资联合组成的以互助为主要宗旨的合作金融机构，以互助、自助为目的，在社员中开展存款、放款业务。信用社的建立与自然经济、小商品经济发展直接相关。由于农业生产者和小商品生产者对资金需要存在季节性、零散、小数额、小规模的特点，使得小生产者和农民很难得到银行贷款的支持，但客观上生产和流通的发展又必须解决资本不足的困难，于是就出现了这种以缴纳股金和存款方式建立的互助、自助的信用组织。

【行业动态：中国人民银行关于取消企业银行账户许可】①

银行开户许可证是由中国人民银行核发的一种开设基本账户的凭证。凡在中华人民共和国境内金融机构开立基本存款账户的单位可凭此证，办理其他金融往来业务。

2018 年 12 月 24 日国务院常务会议决定，在分批试点基础上，2019 年底前完全取消企业银行账户许可，优化企业银行账户服务，强化银行账户管理职责，全面加强事中事后监管，切实做到"两个不减、两个加强"，即企业开户便利度不减、风险防控力不减，优化企业银行账户服务要加强、账户管理要加强，全面提升服务实体经济水平，支持企业尤其是民营企业、小微企业高质量发展。

取消许可业务范围：境内依法设立的企业法人、非法人企业、个体工商户（以下统称企业）在银行办理基本存款账户、临时存款账户业务，由核准制改为

---

① 资料来自 http://www.pbc.gov.cn/tiaofasi/144941/3581332/3774254/index.html。

备案制，人民银行不再核发开户许可证。机关、事业单位等其他单位办理银行账户业务仍按现行银行账户管理制度执行。

【学术链接：商业银行账户互联互通的战术意义。蔡宁伟．商业银行Ⅰ、Ⅱ、Ⅲ类账户管理的历史演进与发展展望［J］．金融理论与教学，2019（4）：10-15.】

本文将商业银行Ⅱ、Ⅲ类账户互联互通对客户、对金融机构的影响归为战术层面。包括：

一是方便广大客户的使用和交易。其中，Ⅱ类账户的互联互通可以方便客户选择不同商业银行的理财产品、转账渠道等，从而更好地通过跨机构"钱包"管理资产和交易；Ⅲ类账户的互联互通则可以方便客户的小额消费、缴费和支付，从而更好地通过跨机构"零钱包"选择机构和产品，享受更有附加值、更为便利的服务。

二是丰富银行的营销和渠道。一方面，从渠道上看，商业银行借助Ⅱ、Ⅲ类账户的互联互通增加了一种虚拟渠道，使得转账交易更为方便，并为理财、外汇、贵金属等交易奠定了资金融通的基础。另一方面，商业银行借助Ⅱ、Ⅲ类账户的互联互通可以实现交叉营销，谁的理财产品收益率更高、谁的支付折扣力度更大、谁的缴费流程更快一目了然，在这一机制下，实现了"公平、公正、公开"的竞争。

三是提升银行的内控管理和监督。从2010年起，个别商业银行分支机构的极个别员工利用"内部人"身份参与大额交易、资金归集等活动，可能存在非法集资、民间放贷等违规甚至违法行为。这类员工行为往往相对隐蔽，在东窗事发之前难以发觉，但又极易引发银行的声誉风险甚至信用风险，后果难以估量。由此，Ⅱ、Ⅲ类账户的互联互通可以帮助银行实施跨行追踪，按照监管要求进一步加强对员工行为的管控，进而提升内控管理和日常监督的水平。

【官方解读：银行账户余额与支付账户余额区别的解读】[①]

什么是银行账户？什么是支付账户？银行账户就是存款人在银行开立的可以办理收款、付款、转账、理财等资金收付结算的人民币存款账户。付款账户则是客户在非银行支付机构开立的，用以记录支付交易明细信息及余额，并可接受客户发起的支付指令的电子账本。

银行账户和支付账户里的钱有什么不一样？银行账户里面的钱可以按照客户的指令进行有效支配。强调实名的重要性也是在这里。账户监管的第一原则是知道客户是谁，确认了客户的身份和开户意愿，客户就可以使用这个账户了。银行

---

① 资料来自 http://wuhan.pbc.gov.cn/wuhan/2929354/3000032/index.html。

账户里的钱出了问题受到存款保险制度的保护，由存款保险机构支付部分或全部存款，最高偿付限额为人民币 50 万元。支付账户里的钱不是存款，只是客户预付价值的余额，仅代表非银行支付机构的信用。也就是说，支付账户里的钱看上去是客户的钱，每天告诉客户有多少钱，但无法保障这个钱一定可以被客户支配使用，而且这部分资金是没有存款保险制度保护的，客户可能面临无法挽回的损失。

第三章 传统银行支付结算

银行支付结算又称银行转账结算，是指单位、个人在社会经济活动中，通过在银行账户间划转款项，完成货币给付及其资金清算的业务。按所使用的支付结算工具不同，银行支付结算业务可分为"一卡""三票""三方式"。其中，"一卡"是指银行卡，"三票"是指汇票、本票和支票，"三方式"是指汇兑、委托收款和托收承付（史浩，2020）。

本章主要介绍"三票"和"三方式"构成的七大主要银行结算方式：即银行汇票、商业汇票、银行本票、支票、汇兑、托收承付和委托收款。第一节围绕票据业务展开，主要介绍票据业务在我国的起源和发展以及汇票、本票和支票等的相关知识。第二节主要围绕汇兑、委托收款和异地托收承付业务展开。

第一节 票据业务

一、票据业务在我国的起源和发展

（一）票据的源头——飞钱和书帖

我国在唐代出现了一种名为"飞钱"的票券，学者们多认为"飞钱"是我国现代票据的起源。《新唐书·食货志》这样表述："时商贾至京师，委钱诸道进奏院及诸军、诸使、富家，以轻装趋四方，合券乃取之，号飞钱。"

唐宪宗时期（806~820年），各地茶商交易、往来频繁，但交通不便，携带款项困难。为方便起见，创制了"飞钱"。商人在京城长安把现金支付给地方驻京的进奏院等机关，或者在各地方设有联络处的富商，由他们发放半联票券，另半联票券则及时送往有关的院、号。持券的商人到目的地时，凭半联票券与地方的有关院、号进行"合券"，然后支取现金。需要说明的是，"飞钱"只是一种运输、支取现金的工具，不是通用的货币。

此外，在这一时期还出现了"书帖"，是功能上类似于近代支票的信用票据。书帖主要用于转账，解决货币支付的问题。商人可以在书帖上写好要付款的数量、付款日期和收款人，付款时只要出具书帖就可以完成交易。

（二）清朝票据开始普及

票据经过唐宋明时期的萌芽与发展，票据在清朝开始发展和大规模普及。李宏龄在《山西票商成败记》称："溯我票商一业，创始放前清康熙、乾隆时代。"

在清朝，商人为了方便交易而设立票号，发行票券。票号是一种专门经营汇兑业务的机构，亦称"票庄"。因票号多为山西人开设，又被称为"山西票号"或"西号"。票号产生的时间说法不一，通常认为是由清代山西商人雷履泰的天津西裕成颜料庄演变而成。范椿年《山西票号之组织及沿革》称："雷履泰、李正华于嘉庆二年创立日升昌票号。"

清朝的前中期，汇兑业务广泛开展，票据流通制度日趋完善，使得票据流通更加便利规范，其汇兑和支付结算功能得到了加强。当时市场上主要的票据类型分为会票和钱票两种。钱票是票号凭借自身信用而发行的票据，可代替现银和现钱流通，在某种程度上相当于小范围流通的货币。会票更接近于现代意义上的汇票，不仅用于汇兑，还可以开立期票用于贷款支付，而且具有流通转让性，流通时须在票据上记录流通情况，可视为背书的萌芽。

到了晚清时期，由于西方列强的入侵，外资势力打开了中国市场的大门，外资银行纷纷在各通商口岸设立分行，西方的票据制度也渐渐地被引入中国。这一时期，我国的票据也开始发生了深刻变化。1897年，中国通商银行设立，华资银行登上历史舞台，其仿照西方银行发行新式票据，极大地推动了我国新式票据的发展。

（三）民国时期第一部票据法

随着华资势力的不断壮大，票号钱庄、外商银行、华资银行"三足鼎立"。相应的票据市场新旧并立、中西共存、种类繁多、样式各异，票据流通极为混乱。其间，各机构纷纷出台规章制度规范票据流通，但都缺乏真正意义上的法律规范。

直到1929年，《中华民国票据法》出台，标志着中国第一部票据法律的诞生。该法案第一次以法律形式对票据进行了详细的规范，规定了票据分为本票、支票、汇票三种形式。票据立法实现了从无到有的突破，票据市场法律制度渐趋完善，有效地促进了票据市场的发展。

20世纪30年代末，随着国外贴现理论的传入，我国又掀起了第一次承兑贴现汇票的热潮。交通银行率先试办和推广贴现业务，并设计创立了承兑汇票。此后，银行界、企业界相继加入，推动了票据业务的发展。

随后上海银行票据承兑所成立，标志着一个区域性的票据市场在上海逐渐形成。上海银行票据承兑所的成立表明中国票据贴现市场雏形的形成，带来了票据贴现业务的迅猛发展，银行承兑汇票、商业承兑汇票、承兑所承兑汇票等新型交易工具逐渐被推广开来，贴现业务作为融通资金的重要渠道受到各界的重视，票据的信用功能得到显现。

（四）新中国成立以来的票据市场

新中国成立后的一段时期内，我国经历了金融体制的不断变化与探索过程。在计划经济时期，我国经济实行高度集中的管理制度，为缓解粮食产需、供销矛盾，从根本上解决粮食问题，我国开始定制并发放大米票、马料票等票证。然而，此时的票据并不是真正意义上的商业汇票，更像是一种货单，是统购统销计划时期的经济管理手段。由于缺乏商业汇票发展的基础条件，票据的功能受到限制。

直到改革开放后，商品经济开始活跃，商品流通下的支付结算工具匮乏成为当时亟须解决的问题，为解决"三角债"问题，商业汇票的支付结算功能重新被提及，各种票据业务摸索和试点纷纷进行。在发展商业信用的特殊背景下，票据的融资功能开始显现。

1981年，在杨浦和黄浦两个区办事处的协作下，试办了第一笔同城商业承兑汇票贴现。此后，多地央行分支机构加入票据业务试点。1984～1990年是我国商业汇票市场发展的起步时期，此时期，央行相继颁布了《商业汇票承兑贴现暂行办法》《再贴现实行办法》《银行结算办法》等制度规章，推动了票据市场的发展。

1995年《中华人民共和国票据法》出台，开启了我国票据发展史上规范发展与制度化建设的新阶段。此后，央行相继颁布了《票据管理实施办法》《支付结算办法》《商业承兑、贴现与再贴现管理暂行办法》等一系列制度，加强了对商业汇票的宏观管理和制度建设，商业银行开展票据业务的法律法规初步确立。到1999年末，我国票据市场相关法律框架基本形成，为票据市场的进一步发展奠定了坚实的基础。

【趣味小知识：圣殿骑士与现代金融业务】

二、票据概述

（一）票据含义、票据行为和票据性质

1. 票据含义

票据是由出票人签发的，约定本人或者委托付款人在见票时或指定的日期向收款人或持票人无条件支付确定金额的有价证券。

对于票据定义，我们可以围绕六个问题对上述定义进行进一步剖析：一是签发人，即出票人签发。二是付款者即出票人本人或出票人委托的其他付款人。三是支付时间，即见票即付或指定日期支付。四是支付对象，即收款人或持票人。五是支付条件，即无条件。六是支付金额，即出票时确定的金额。

从上述定义可知，票据涉及如下基本当事人：出票人、付款人、收款人和持票人。其中，出票人是指依法定方式签发票据并将票据交付给收款人的人。根据票据种类的不同，出票人也有所不同。付款人是指由出票人委托付款或自行承担付款责任的人，不同种类的票据所要求的付款人也有所差异。票据付款人可以是出票人，也可以是出票人委托的其他人。收款人是收取票据所载金额的人，是票据的主债权人，又称票据权利人。持票人是指持有票据的人。持票人一般是收款人，但在某些情形下，持票人与收款人也可能不一致。对于这里提到的票据基本当事人和应用场景的差异，后面会进行详细介绍。

需说明的是，一些票据还涉及如下非基本当事人：承兑人、背书人、被背书人、保证人等。由于这类当事人仅在某些票据下才存在，这里我们不作详细介绍，仅通过下图进行说明，后面涉及专门票据时再进行介绍。

如图 3-1 所示，假设 A 签发了一张票据给 B，委托其开户银行 a 银行进行付款，此时的票据行为被称为出票。该票据关系中，A 是出票人，B 是收款人也是持票人，a 银行是付款人。如果这张票据是到期支付的，a 银行承诺到期会支付，此时 a 银行为承兑人，这时票据行为被称为承兑，到期支付时 a 银行为付款人。注意，承兑人仅在汇票下存在。

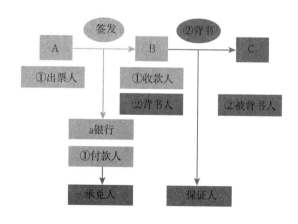

图 3-1 票据当事人举例

注：图片由笔者绘制。

如果该票据允许转让，B 将票据转让给 C，同时在票据背后进行签名确认，此时的票据行为被称为背书。在该票据关系中，B 为背书人，C 为被背书人，同时也是票据最终的收款人和持票人。如果 C 不相信 B 的背书，要求找到第三方进行担保，即保证该票据的效力，此时找到的第三方就是保证人，这时的票据行为被称为保证。

2. 票据行为

上述提到的票据出票、承兑、背书、保证等行为被称为票据行为。具体而言：

（1）出票。出票是指出票人签发票据并将其交付给收款人的票据行为，它包括"作成"和"交付"两种行为。所谓"作成"就是出票人按照法定款式制作票据，在票据上记载法定内容并签名。由于现在各种票据都由一定机关印制，因而所谓"作成"只是填写有关内容和签名而已。所谓"交付"是指根据出票人本人的意愿将其交给收款人的行为。不是出于出票人本人意愿的行为，如偷窃票据不能称作"交付"，因而也不能称作出票行为。

（2）承兑。承兑是指汇票的付款人承诺支付票据债务的行为，承兑为汇票所独有。出票人签发汇票，但并不等于付款人就一定付款，持票人为确定汇票到期时能得到付款，在汇票到期前向付款人进行承兑提示。如果付款人签字承兑，那么他就对汇票的到期付款承担责任，否则持票人有权对其提起诉讼。

（3）背书。背书是指持票人转让票据权利与他人。票据的特点在于其流通，票据转让的主要方法是背书。背书转让是持票人的票据行为，只有持票人才能进行票据的背书。背书是转让票据权利的行为，票据一经背书转让，票据上的权利也随之转让给被背书人。

（4）保证。保证是指除票据债务人以外的人为担保票据债务的履行、以负担同一内容的票据债务为目的的一种附属票据行为。票据保证的目的是担保其他票据债务的履行，适用于汇票和本票，不适用于支票。

3. 票据性质

票据的基本性质主要有以下两个方面（杨道法，2015）：一方面，票据是代表一定数量货币请求权的有价证券，即货币证券。有价证券是一种代表财产所有权或债权的、以一定金额来记载的证书。有价证券可分为物权证券、货币证券、资本证券等，其中，货币证券是代表一定数量货币请求权的有价证券，可以在法定的范围和条件下流通。但是，货币证券并不是货币本身，它不具有由法律所规定的货币强制通用效力，它只是在法定的特殊范围和条件下才可以发挥其作用。票据正是因为属于货币证券，代表了一定数量的货币请求权，并具有流通作用，所以，它才可能发挥它的汇兑、支付、结算和信用等基本功能。所以，货币证券是票据的基本性质之一。

另一方面，票据是反映债权债务关系的书面凭证。票据是在市场交换和流通中发生的，反映了当事人之间的债权债务关系。具体地说，在财产（商品、货币及其他财产权利）交换中，双方当事人各自享有财产方面的、一定的权利和义务，即发生了债权债务关系，这就要求以书面形式确定和表现出来，以保障双方实现各自的权利和履行义务。票据正是在这个基础上产生的。没有真实的债权债务关系，就没有票据。所以，反映债权债务关系的书面凭证，是票据的基本性质之一。

（二）票据的特征

一般来说，票据具有设权、债权、流通、无因、文义、要式、提示、返还这八个法律特性。

1. 设权性

该特征表明票据权利的发生必须首先作成证券。票据作成前，票据权利不存在，票据权利是在票据作成的同时发生的。没有票据，就没有票据上的权利。票据的作用在于创设一定的权利。因此，票据权利的产生、转移和行使与票据不能分离开来。

2. 债权性

该特征表明票据所表示的权利是一种以一定金额的给付为标的的债权。具体来讲，票据所创设的权利是金钱债权，票据持有人可以针对票据记载的一定数量的金钱向票据的特定债务人行使请求付款权，因此票据是债权权证中的金钱债权证券。

3. 流通性

该特征表明票据是可以流通的。在西方国家，票据制度强调票据的流通性，英、美等国就以"流通证券"来形容票据。例如，《英国票据法》第八条就规定了汇票的流通原则，具体内容可概括如下：除非票据上表明"禁止转让"字样，或者表示它是不可转让的以外，一切票据不论采用何种形式支付票款给持票人，该持票人都有权把它流通转让给别人。一般来说，无记名票据，仅依交付就可转让；记名票据，必须经背书才能交付转让。

4. 无因性

该特征表明持有票据的人行使权利时无需证明其取得证券的原因，这个特性也使票据被称为"无需过问原因的证券"。各国票据法都认为，票据上的法律关系只是单纯的金钱支付关系，无需调查票据出票、转让的原因等。只要票据记载合格，票据的权利和义务关系就成立，持票人就能取得票据文义载明的权利，无须证明其取得证券的原因。即使权利人取得票据的原因关系无效，对票据权利的行使也没有任何影响。

5. 文义性

该特征是指票据所创设的权利义务内容严格依据票据上所载文义而定,不能随意解释或者根据票据以外的任何其他文件确定。简言之,就是持票人只能依照票据上记载的内容来行使权利和承担义务。因此,即使票据上记载的文义有误,也要以该文义为准,不得拿票据之外的内容来补充或更改。例如,当票据上记载的出票日期与实际出票日期不一致时,以票据上所记载日期为准。

6. 要式性

该特征是指票据的作成格式和记载事项都由法律严格规定,不按法律规定作成票据或不按法律规定记载事项,会影响票据的效力甚至会造成票据无效。各国法律对于票据所必须具备的形式条件都作了具体的规定。此外,票据的签发、转让、承兑、付款、追索等行为也必须严格按照票据法规定的程序和方式进行。

7. 提示性

该特征是指票据的债权人请求债务人履行票据义务时,必须向付款人提示票据,请求其付款。如果持票人不提示票据,付款人就没有付款的义务。因此,票据法规定了票据的提示期限,超过该期限则丧失票据权利。

8. 返还性

该特征是指票据的持票人领到票款时,应将签收的票据交还给付款人,从而结束票据的流通。

(三) 票据的功能

1. 汇兑功能

票据最初的功能是汇兑,即其是异地输送现金和兑换货币的工具。早先,随着商品经济的发展和市场范围的扩大,在异地贸易中携带现金不方便、不安全,还存在不同种类货币之间兑换困难等问题。因此产生了如下的汇兑业务:商品交易当事人通过货币经营者(现为银行)的汇款业务和货币兑换业务,在本地将现金交付货币经营者,并取得票据作为汇款和货币兑付凭证,并凭该票据在异地同货币经营者兑换现金,从而克服了现金支付的空间困难。清代文康的《儿女英雄传》第十三回有"把银子汇到京都交到门生家里"的描述,这里的"汇"就是指通过票据的形式将银子从某地划拨到京都家中。

2. 支付功能

由于票据有汇兑功能,可异地兑换现金,是一种金钱给付的债权凭证,因而它逐渐发展为具有支付功能,即可以通过法定流通转让程序,代替现金在交易中进行支付。在市场经济中,货币作为交换媒介和一般等价物,会经常发生大量收付货币的现象。用票据代替现金作为支付工具,例如,使用支票方式支付,具有便携、快捷、安全等优点。因此，在现代经济中，票据支付在货币支付中占有越来越大的比重。

3. 结算功能

这是指票据作为货币给付的手段，可以用它在同城或异地的经济往来中，抵销不同当事人之间收款、欠款或支付关系，即通过票据交换，使各方收付相抵，债务相互冲减。例如，经济往来中有 A、B 两家企业，A 开具一张票据欲支付给 B 100 万元，B 开具一张票据欲支付给 A 80 万元。如果票据无结算功能，那么两笔业务将分别进行，但是由于票据具有结算功能，即 A、B 之间的债务关系可以互相抵偿，最终 A 只用支付给 B 20 万元即可。这种票据结算的方式和使用现金相比，更加便捷、安全、经济。因而，其成为了现代经济中银行结算的主要方式之一。

4. 信用功能

票据可作为信用工具，在商业和金融中发挥融资等作用。其中，在商品交易中，票据可作为预付货款或延期付款的工具，发挥商业信用功能。例如，甲方向乙方开出票据后，乙方可先期交付商品或者先行预付货款，即提供商业信用。然后乙方再在票据上指定日期，向甲方收回已经交货的货款或者收回已经预付货款的商品。在金融活动中，企业可以将尚未到期的票据向银行进行贴现，取得货币资金，以解决企业一时的资金周转困难。这时，票据就发挥了信用功能。

5. 融资功能

票据的融资功能主要是通过票据贴现来实现的，即票据持有人通过对未到期的票据进行买卖以融通资金。票据持票人通过出卖票据而从他人手中获取现款，将票据的信用能力贴现为现实的资金能力，票据融资是以融资性票据为基点，让"死钱"变成"活钱"，完成融资目标。

票据的以上基本功能，使票据制度成为现代市场经济的一项基本制度。商业信用、银行信用的票据化和结算手段的票据化，是市场经济高度发展的重要标志之一。

（四）票据的分类

票据有广义和狭义之分。广义上的票据包括各种记载一定文字，代表一定权利的文书凭证，如汇票、本票、支票、仓单、提单、股票、债券、国库券等一切有价证券。日常生活中，一些书面凭证如乘车、乘船的票证也可被称为票据。

狭义的票据是一个专有名词，专指票据法上规定的汇票、本票和支票。它们的共同特点是：在票据规定的期限内，持票人或收款人可向出票人或指定付款人无条件地支取确定金额的货币。从这个意义上讲，它们都属于体现一定债权债务关系的、可流通的、具有货币请求权的有价证券，是世界各国主要的结算和信用工具之一。

票据依据不同的标准有不同的分类：

（1）按票据法的规定，票据可分为汇票、本票和支票。后面会专门围绕这三类票据作详细介绍。

（2）按出票人的不同，票据可分为银行票据和商业票据。后面会提到这两类票据的差异。

（3）按付款期限的不同，票据可分为即期票据和远期票据。前者是见票即付的票据，后者是在票面上载明付款日期的票据。

（4）按收款人记载方式的不同，票据可分为记名票据和不记名票据。前者是指在票据上注明受款人姓名，可由收款人以背书方式转让，付款人只能向收款人或其指定的人付款的票据；后者是指票面上不记载收款人姓名，可不经背书而直接转让，付款人可以对任何持票人付款的票据。

（5）按票据产生的原因不同，票据可分为有贸易背景票据和融资性票据。前者是根据一定的商品购销活动签发的，是因商品交易关系而产生的债权债务记录；后者则是脱离了物资运动的单纯融资活动引起的债权债务记录。

三、汇票相关知识

（一）汇票的含义

汇票是由出票人签发的，委托付款人在见票时或者在指定日期无条件支付确定的金额给收款人或者持票人的票据。

在上述汇票的概念中，基本当事人有三个：一是出票人，即签发票据的人；二是付款人，即接受出票人委托而无条件支付票据金额的人，付款人可以是包括银行在内的他人，也可以是出票人；三是收款人，即持有汇票而向付款人请求付款的人。

（二）汇票种类

根据出票人的不同，汇票分为银行汇票和商业汇票。

1. 银行汇票

银行汇票是出票银行签发的，由其在见票时按照实际结算金额无条件支付给收款人或者持票人的票据。此类汇票中，收款人或者持票人可以是单位、个体经营户或者个人。同时，出票人和付款人都只能由银行担任。

在银行汇票关系中，当事人包括：一是出票人，即汇款人开户银行，在收取汇款人款项后签发银行汇票；二是收款人，可以是汇款人，也可以是汇款人指定的人，如汇款人的债权人；三是付款人，即被出票银行委托兑付票据的异地银行。

在银行汇票中，所形成的基础关系主要有：一是汇款人与出票银行之间的资金关系和委托关系，即银行汇票产生的基础是汇款人将其款项交存银行，委托银行签发汇票；二是出票银行同兑付银行即出票人与付款人之间形成的资金关系和委托关系，出票银行将资金解付给异地的兑付银行，兑付银行接受付款委托，有义务向持票人支付票据金额。

银行汇票一式四联，第一联为卡片联，第二联为真正的汇票，第三联为解讫通知，第四联为多余款收款通知。为进一步理解银行汇票的支付流程以及每一联的作用，本书以一个例子说明，具体如图3-2所示。

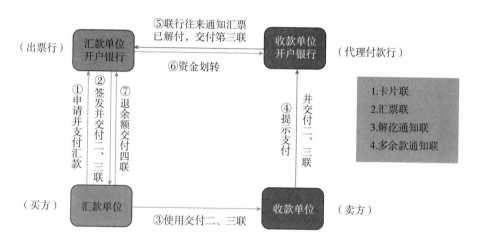

图3-2 银行汇票使用流程举例

注：图片由笔者绘制。

假设在一笔经济往来中，企业 A 欲向企业 B 支付 100 万元的货款，企业 A 首先向开户银行申请银行汇票，然后将 100 万元的款项交给其开户银行，企业 A 的开户银行出具 100 万元面值的银行汇票（一式四联）并交付第二联和第三联给企业 A。支付货款时，企业 A 将票据的二、三联交给企业 B，随后企业 B 拿着票据到其开户银行提示付款，并将票据的二、三联交给开户银行。B 企业的开户银行见票即付，然后通过银行内部的票据往来系统通知企业 A 的开户银行汇票已解付，将第三联交回出票银行，之后跟企业 A 的开户银行进行银行内部资金结算。如果实际结算金额小于 100 万元，即说明票据有余款，A 的开户银行将余款退给企业 A，并交付第四联。

2. 商业汇票

商业汇票是指银行和其他金融机构以外的工商企业签发的汇票，它是收款人或付款人签发，由承兑人承兑，并于到期日向收款人或持票人支付款项的票据。

对于该定义，我们需要理解几点：①商业汇票的出票企业，这个企业可以是付款方，也可以是收款方。②商业汇票是一种远期票据，付款期限由交易双方商定，但最长期限不超过六个月。由此可见，商业汇票并非见票即付的票据。③商业汇票适用于在银行开立存款账户的具有真实的交易关系或债权债务关系的法人及其他组织之间的款项结算，换言之，个人不能使用商业汇票。

在商业汇票关系中，基本当事人包括：①出票人，工商企业需要使用商业汇票时，可成为出票人。②收款人，其是商业汇票上实际载明的收取汇票金额的人。如果出票人是基础关系中的债务人，收款人应当是其相对债权人，该债权人收到票据后，向与出票人有资金关系的其他工商企业或银行提示承兑，该债权人即可凭票据在规定日期收取款项。如果出票人是基础关系中的债权人，那么出票人应当是收款人，在这种情况下，出票人作为债权人向其相对债务人签发汇票，再由该债务人向其开户银行提示承兑（并供应充足资金）后，将汇票还给出票人，原出票人可在规定日期持票通过银行收取债务人的票面金额。③付款人，即对商业汇票金额实际付款的人。在出票人是债务人时，其相对债权人收到票据后，可持票向出票人的开户银行提示承兑，由该银行从出票人的银行存款中代为付款，出票人是实际付款人；或者根据与出票人的约定，该债权人向与出票人有资金关系的其他工商企业提示承兑，该工商企业向该债权人付款并成为实际付款人。在出票人是债权人时，其相对债务人收到票据后，可持票向其开户银行提示承兑并供应充足的资金，由该银行从该债务人的银行存款中向出票人付款，该债务人是实际付款人；或者根据与出票人的约定，该债务人将收到的票据，向与其有资金关系的其他工商企业提示承兑，再将承兑的票据还给出票人，该工商企业向出票人付款并成为实际付款人。

上述定义不免有些复杂，我们通过一个例子进行说明：假设在一笔经济往来中，企业 A 需要向企业 B 支付 100 万元的货款，即债务人是 A，债权人是 B。如果出票人是债务人 A，此时收款人应当是债权人 B。B 收到票据后，可持票向出票人的开户银行提示承兑，由该银行从 A 银行存款中代为付款，此时 A 是实际付款人。B 也可向与 A 有资金关系的其他工商企业提示承兑，该工商企业向该债权人付款并成为实际付款人。根据商业汇票的性质，债权人 B 也可以是出票人。B 出票后，A 可持票向其开户银行提示承兑并供应充足的资金，由该银行从 A 的银行存款中向 B 付款，A 是实际付款人。A 也可向与其有资金关系的其他工商企业提示承兑，再将承兑的票据还给 B，该工商企业向 B 付款并成为实际付款人。

由上述例子可以看出，在商业汇票关系中，承兑人可以是债务人银行，也可以是与债务人有资金往来的其他工商企业。因此，根据承兑人的不同，商业汇票可以分为银行承兑汇票和商业承兑汇票。银行承兑汇票是由债权人或债务人签发，并由其向债务人开户银行申请，经银行审查同意承兑的票据。商业承兑汇票是由债权人或债务人签发，并由银行以外的付款人承兑的商业汇票。银行承兑汇票、商业承兑汇票分别如图3-3和图3-4所示。

银行承兑汇票（卡片）　1

出票日期（大写）　年　月　日　　　　　汇票号码

出票人全称		收款人	全　称	
出票人账号			账　号	
付款行全称			开户银行	
出票金额	人民币（大写）			亿 千 百 十 万 千 百 十 元 角 分
汇票到期日（大写）		付款行	行号	
承兑协议编号			地址	
本汇票请你行承兑，此项汇票款我单位按承兑协议于到期日前足额交存你行，到期请予以支付。　　　出票人签章		备注：　　　　　　　复核　记账		

此联承兑行留存备查，到期支付票款时作借方凭证附件

图3-3　银行承兑汇票示例

注：图片来自 https：//baike.baidu.com/item/银行承兑汇票/1163267？fromtitle＝银承汇票&fromid＝15966685。

商业承兑汇票（卡片）　1

出票日期（大写）　年　月　日　　　　　汇票号码

付款人	全　称		收款人	全　称	
	账　号			账　号	
	开户银行			开户银行	
出票金额	人民币（大写）				亿 千 百 十 万 千 百 十 元 角 分
汇票到期日（大写）			付款人开户行	行号	
交易合同号码				地址	
			备注：		
	出票人签章				

此联承兑人留存

图3-4　商业承兑汇票示例

注：图片来自 https：//baike.baidu.com/item/商业承兑汇票/4319617。

四、本票相关知识

(一) 本票的含义

本票是出票人签发的，承诺自己在见票时无条件支付确定的金额给收款人或者持票人的票据。我国票据法所称的本票，是指银行本票，即银行为出票人，也就是说，我国没有商业本票。此外，使用范围上，本票仅限同一票据交换区使用。

在上述本票的概念中，它的基本当事人只有两个：出票人和收款人。出票人即签发票据的人，在我国专指出票银行。收款人即持有汇票而向出票人请求付款的人。

我国的本票和汇票的区别主要有：①汇票的当事人有三个，而本票当事人只有两个。②本票出票人（也是付款人）限于银行，而汇票的出票人和付款人不限于是银行。③本票的付款方式只限于见票即付，而汇票可以定期付款。

假设在一笔经济往来中，企业 A 欲向企业 B 支付 100 万元的货款，企业 A 首先向开户银行申请银行本票，然后将 100 万元的款项交给其开户银行。企业 A 的开户银行出具 100 万元的银行本票并交付给企业 A。支付货款时，企业 A 将票据交给企业 B，随后企业 B 拿着票据到 A 开户银行提示付款，并将票据交付 A 的开户银行，A 企业开户银行立刻将票款支付。需要说明的是，A 银行开具的本票票面金额为 100 万元，支付时就需要严格按照 100 万元来支付，这一点与银行汇票可以退回余款有所差异。

(二) 本票的种类

根据我国票据法关于本票的规定和国际上关于本票种类的划分，我国票据法所规定的本票种类有即期本票、银行本票和记名本票。

1. 即期本票

根据本票付款期限的不同，国际上本票可分为即期本票和远期本票。所谓即期本票是见票即付的本票；远期本票包括定日付款本票、出票后定期付款的本票和见票后定期付款的本票。我国票据法规定了"本票是出票人签发的，承诺自己在见票时无条件支付确定的金额给收款人或者持票人的票据"。因此，我国票据法此处所指的是"见票时无条件支付"的即期本票。

2. 银行本票

根据签发本票的主体不同，国际上本票可分为企事业单位、个人签发的商业本票和银行签发的银行本票。我国票据法规定"本法所称本票，是指银行本票"。因此，我国票据法此处所指的是银行本票。

3. 记名本票

根据本票上是否记载收款人的名称，国际上本票可分为记名本票和无记名本票。我国票据法规定，本票必须记载收款人名称，否则，本票无效。因此，我国票据法所指的本票为记名本票。

我国票据法之所以只涉及即期本票、银行本票和记名本票，其原因是我国的社会主义市场经济尚处于起步阶段，信用制度还很不成熟。本票具有通过信用进行融资的功能，如果利用不当，流通中的本票没有相应的货币或商品作为保障，有可能产生信用膨胀，并扰乱经济秩序，特别在目前我国信用制度尚不健全的阶段，上述情况更有可能发生。所以，我国票据法在现阶段只涉及信用度较高的即期本票、银行本票和记名本票。

五、支票相关知识

（一）支票的含义

支票是由出票人签发的，委托办理支票存款的银行或者其他金融机构在见票时无条件支付确定的金额给收款人或者持票人的票据。

支票的基本当事人有三个：①出票人，即在开户银行有相应存款的签发票据的人；②付款人，即银行等法定金融机构；③收款人，即接收付款的人。

我国的支票同汇票的不同，其区别主要有：①支票的付款人必须是银行等法定金融机构，汇票的付款人不限于金融机构；②支票的付款方式只限于见票即付，汇票可以定期付款。

（二）支票的种类

根据是否限制支付方式，我国票据法把支票分为没有限制支付方式的支票和有限制支付方式的支票。

1. 没有限制支付方式的支票

该类支票可以支取现金，也可以转账，也被称为普通支票（见图3-5），票面上载明"支票"。用于转账时，应当在支票正面注明，如果没有注明，其就是支取现金的支票。注明的方式可以写明"转账"二字，也可以根据日内瓦公约的规定，在支票正面左上角画两条平行线以表明只能转账，故也被称为"划线支票"（见图3-6）。

2. 限制支付方式的支票

该类支票又分为现金支票（见图3-7）和转账支票。现金支票是专门用于支取现金的支票，是出票人委托付款人支付一定数额现金给收款人的支票，票面上载明"现金支票"。转账支票是只能用于转账的支票，是出票人签发给收款人办理转账结算的支票，不得支取现金，票面上载明"转账支票"。

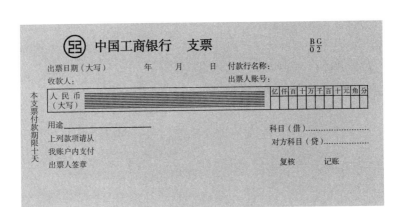

图 3-5　普通支票示例

注：图片来自 https：//china. findlaw. cn/gongsifalv/piaojufa/zpzl/yhzp/1380391. html。

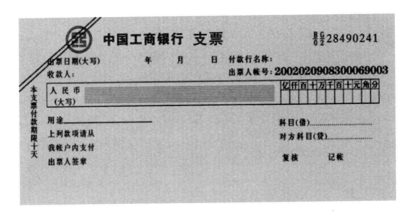

图 3-6　划线支票示例

注：图片来自 http：//www. 91exam. org/cy/426-279/279067. html。

图 3-7　现金支票示例

注：图片来自 https：//www. kjszjd. com/newsshow_ 11276. html。

【行业动态：2020 年我国票据业务总体运行情况】

第二节 汇兑、委托收款和托收承付业务

一、汇兑业务

汇兑是汇款人委托银行将其款项支付给收款人的结算方式。单位和个人各种款项的结算均可以使用这种结算方式。汇兑结算无金额起点限制，且应用范围很广，除了适用于单位之间的款项划拨外，也可用于单位向异地的个人支付有关款项，如退休金、医药费、各种劳务费、稿酬等，还可适用个人对异地单位所支付的有关款项，如邮购商品、书刊等。

汇兑结算中，汇款人的开户银行被称为汇出行，收款人的开户银行被称为汇入行。根据划转款项方法的不同以及传递方式的不同可以分为信汇和电汇。信汇是汇款人向银行提出申请，同时向汇款银行交存一定款项，汇出行将委托书以邮寄的方式寄给汇入行，授权汇入行支付一定金额给收款人的一种汇款方式。电汇是汇款人向银行提出申请，同时向汇款银行交存一定款项，汇出行将委托书用电报或电传等方式传递给汇入行，授权汇入行支付一定金额给收款人的一种汇款方式。在这两种汇兑结算方式中，信汇费用较低，但速度慢；电汇速度快，但是汇款人要负担较高的电报、电传费用，通常在紧急情况下或者金额较大时使用。电汇发展到现在，通过网络方式传送汇款信息成为主流。

签发汇兑凭证时必须记载的事项包括：①表明"信汇"或"电汇"字样；②无条件支付的委托；③确定的金额；④收款人名称；⑤汇款人名称；⑥汇入地点、汇入行名称；⑦汇出地点、汇出行名称；⑧委托日期；⑨汇款人签章。图3-8 是信汇凭证示例。

以一个例子说明汇兑业务的支付流程：假设在一笔经济往来中，企业 A 欲向异地的企业 B 支付 100 万元的货款，企业 A 首先将 100 万元的款项交给其开户银行，然后委托该银行办理汇款。A 企业的开户银行受理以后，在汇款单上盖章并将汇款回单退回给企业 A，该汇款回单表明银行已经受理了 A 企业的汇款委托。接下来，汇款方 A 企业的开户银行将资金划转给收款方 B 企业开户银行的指定账户。收到款项后，B 企业的开户银行会通知收款方款项已存入，此时出示的单据叫收账通知。汇总业务流程如图 3-9 所示。

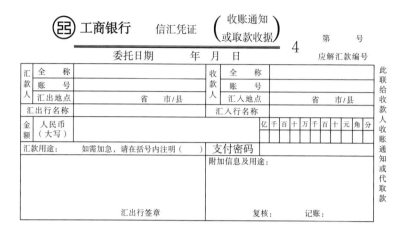

图 3-8　信汇凭证示例

注：图片来自 http://www.mianfeiwendang.com/doc/e0ada878f5c172c395f8edcb。

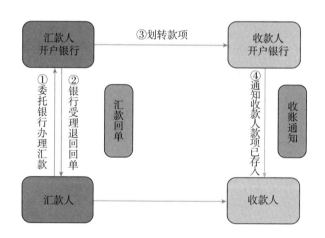

图 3-9　汇兑业务流程举例

注：图片由笔者绘制。

二、委托收款

委托收款是收款人委托银行向付款人收取款项的结算方式。凡在银行开立账户的单位和个人凭已承兑商业汇票、债券、存单等付款人债务证明办理款项结算的，均可以使用委托收款结算方式。该方式在同城、异地均可以使用。使用范围包括商品交易，公用事业单位向用户收取水电费、邮电费、煤气费、公房租金、劳务款项以及其他应收款项。

签发委托收款凭证时必须记载的事项包括：①表明"托收"字样；②确定的金额；③付款人名称；④收款人名称；⑤委托收款凭据名称及附寄单证张数；⑥委托日期；⑦收款人签章。图3-10为委托收款凭证示例。

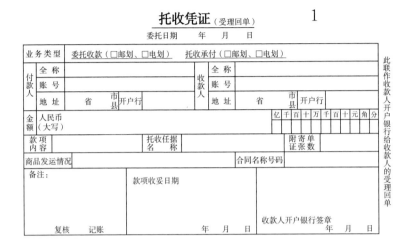

图3-10 委托收款凭证示例

注：图片来自 https：//doc.docsou.com/bf8400f57c54f9597c6390221.html。

若银行为付款人，则银行应当在收到委托凭证的当时将款项主动支付给收款人。若单位为付款人，那么付款人应于接到银行通知的当日书面通知银行付款；若付款人未在接到通知日的次日起3日内通知银行付款的，视同付款人同意付款，银行盈余付款人在接到通知日的次日起第4日上午开始营业时，将款项划给收款人。

以一个例子说明委托收款的支付流程：假设在一笔经济往来中，收款人向付款人提供商品或劳务后，收款人提供收款依据，填写委托收款凭证，委托开户银行进行收款。收款人开户行受理后，向付款人开户银行传递委托收款凭证。付款人开户行收到凭证后，通知付款人付款。付款人接到其开户银行通知后，当日书面通知其银行进行付款，然后由付款人开户行和收款人开户行之间进行银行间资金划转。之后，收款人开户行通知收款人款项已收妥入账。

三、托收承付

托收承付是根据购销合同由收款人发货后委托银行向异地付款人收取款项，由付款人向银行承认付款的结算方式。

与汇兑和委托收款相比，托收承付的应用范围更严格。第一，该结算方式仅适用于单位结算，个人无法使用。第二，使用该结算方式的收款单位和付款单位，必须是国有企业、供销合作社以及经营管理较好并经开户银行审查同意的城乡集体所有制工业企业。第三，托收承付结算有金额起点，一般是每笔为 1 万元；新华书店系统例外，其每笔的金额起点为 1000 元。第四，代销、寄销、赊销商品的款项，不得办理托收承付结算。第五，办理托收承付结算的款项，必须是商品交易以及因商品交易而产生的劳务供应的款项。第六，双方使用托收承付结算方式必须签有符合《中华人民共和国合同法》规定的购销合同，并在合同中标明使用托收承付结算方式。

【学术链接：我国票据市场创新发展的新格局、新趋势浅析】

思考题

1. 简述票据的几大行为。
2. 简述票据的主要特征。
3. 简述票据的主要功能。
4. 汇票的必要记载事项有哪些？
5. 举例说明本票的支付流程。
6. 简述本票和汇票的主要区别。
7. 举例说明汇兑业务的支付流程。

【知识加油站：圣殿骑士与现代金融业务】

任何金融市场都是通过不断的完善形成的，现代欧美金融市场依然是如此。1177 年蒙吉萨战役中，鲍德温四世率领的数百名骑士将萨拉丁率领的三万大军杀得溃不成军，其中圣殿骑士们战绩尤为显著，一时名声大噪。由于圣殿骑士团具有极强的战斗力和受到贵族及教会上层的支持，于是圣殿骑士团不断接受社会各界的捐赠，并逐渐有了地位和财力。骑士团还具有极高的信誉，其原因在于自身的操守和宗教背景，此外更是因为当时的欧洲处于各国分权制衡的状态，在这样的大环境下，即使是贵族、国王，也不敢轻易违约，于是在这种相互制约的环境下产生了信用关系网络。教会虽然引领着全欧洲的精神文明，但对世俗事务的介入能力有限，所以骑士团抓住契机，扮演着金融中介的角色。

欧洲各地来往的朝圣者众多，不便携带钱财，于是圣殿骑士团开始提供"便民服务"，开办了异地托管机构。圣殿骑士团的机构具有分部多、范围广的特点，可以实现各个分部间钱款周转、统筹和战略物资的调度，即可以提供异地汇兑业务，所以人们愿意把钱存在具有极高信誉和强大战斗力的骑士团那里，骑士团采用复式记账法对存款金额进行记录，待存款人需要时，骑士团再归还。具备足够资金实力的骑士团还开展了贷款业务。对国家来说，各国交战时，国王可以向骑士团借款购买军需用品。对个人来说，可以向骑士团借款，骑士团只收取少部分利息。13世纪以后，骑士团的经营网络由"十字军"的辅助服务者发展为专业的金融机构，业务延伸至委托征税、押运税款、吸纳存款、代为支付、土地买卖中介、信托理财、发行抵押债券、汇兑业务和国际贸易等，奠定了现代金融体系的基础。

【行业动态：2020年我国票据业务总体运行情况】①

2020年，我国票据业务量总体保持下降趋势。全国共发生票据业务1.49亿笔，金额123.78万亿元，同比分别下降21.33%和7.49%。其中，支票业务1.26亿笔，金额103.28万亿元，同比分别下降24.96%和9.98%；实际结算商业汇票业务2285.27万笔，金额19.93万亿元，同比分别增长8.47%和9.19%；银行汇票业务18.26万笔，金额1511.59亿元，同比分别下降21.64%和14.10%；银行本票业务36.65万笔，金额4178.90亿元，同比分别下降46.71%和34.90%。

【学术链接：我国票据市场创新发展的新格局、新趋势浅析。汪小政，张涤尘．我国票据市场创新发展的新格局、新趋势浅析［J］．中国货币市场，2011（11）：20-23．】

《上海票据交易所发展规划（2021-2023）》提出了未来三年市场创新的路径与创新的重点，对未来票据业务创新具有极强的指导意义。

一是抓票据源头，不断拓展市场深度。未来，上海票据交易所将重点推动应收账款票据化，完善供应链票据平台；在票据支付、融资环节，将积极构建票据支付应用场景，创设良好的票据市场生态，通过完善"票付通"、"贴现通"、标准化票据等产品，实现票据支付、融资的便利、高效，降低融资成本，拓宽融资渠道。

二是推重点业务，引领市场发展突破。上海票据交易所将重点推进完善供应链票据平台，引导更多企业实现应收账款票据化、短期贷款票据化，促进供应链票据业务持续发展，推动票据切实服务实体经济。

三是建立跨境服务平台，有效拓展市场广度。上海票据交易所还将进一步推进跨境人民币贸易融资转让服务平台建设，可以预见，将来在此平台可以实现涉外票据资产的签发、贴现及转让交易，吸引外资进入市场，上海票据交易所有望成为全球票据资产交易中心。

四是研究商业承兑汇票评级，完善票据市场制度。上海票据交易所将持续推动完善票据市场法律法规体系建设，探索研究商业承兑汇票评级制度，引导市场规范发展。

---

① 资料来自 http：//www.pcac.org.cn/eportal/ui？pageId=595055。

第四章 电子银行

随着货币结算电子化和网络技术的日趋成熟，银行业已经迈入网络时代。电子银行业务以物理网点无可比拟的优势，成为打造现代商业银行核心竞争力的有力手段。与此同时，电子商务的兴起为电子银行的变革创造了机遇，而移动金融又为电子银行的发展开辟了全新的模式。伴随着电子银行业务的不断创新和发展，电子银行支付应运而生。

本章将主要围绕电子银行和与其相关的支付方式展开介绍。第一节是电子银行概述，主要介绍电子银行的基本概念、发展背景和其在我国的发展实践。第二节介绍电子银行业务，包括网上银行、手机银行等。第三节主要围绕电子银行支付方式展开，包括电子银行支付概述和网上银行支付模式及流程。

第一节　电子银行概述

一、电子银行含义

电子银行（Electronic Banking）起步较晚，但发展迅速，其发展模式也在不断演化，其目前尚无统一的定义。在不同发展阶段其表现形式也不同，学术界和实务界给出了不同的定义。

早期一些学者认为电子银行就是指银行电子化，即银行业务和行政档案等通过电子计算机系统进行处理和管理。随后，一些学者将这个概念的外延进行延伸，将其从银行内部电子化扩展为银行对外服务电子化。例如，1983 年，学者帕德拉克·费隆以花旗银行为例，将电子银行定义为"电子金融业务的发展"，即银行利用电子技术为顾客服务。

1998 年 3 月，巴塞尔银行监督管理委员会公布了《电子银行与电子货币活动中的风险管理》报告，其中将电子银行定义为通过电子渠道，为客户提供零售、小额金融产品和服务的银行系统，这些产品和服务包括存款、贷款、账户管理、金融投资顾问、电子账单支付和其他一些像电子货币等电子支付的产品与服务。该定义将电子银行提供的金融服务作了明确的规定。

同年，国际清算银行提出，电子银行业务泛指利用电子化网络通信技术从事与银行业相关的活动，包括电子银行业务和电子货币行为，是通过电子渠道提供的银行产品和服务，提供产品和服务的方式包括商业银行 POS 机终端、ATM 自动取款机、电话自动应答系统、个人计算机、智能卡等。该定义对电子银行业务的开展渠道进行了清晰说明。

在此基础上，1999 年，欧洲银行标准委员会在其发布的《电子银行》公告中，将电子银行定义为：利用网络，为通过使用计算机、网络电视、机顶盒和其他一些个人数字设备连接上网的消费者和中小企业提供银行产品服务的银行。2000 年 10 月，巴塞尔银行监督管理委员会又对电子银行概念作了相关补充，新的定义认为，电子银行是利用电子手段为消费者提供金融服务的银行，这类服务既包括零售业务，也包括大额和批发业务。同年，美国财政部货币监理署给电子银行作如下定义：为了更好地方便和服务顾客，以互联网中介而开展的信息、产品、服务等业务的银行就是电子银行。英国金融服务局也给出类似定义：通过网络设备和其他电子设备等为银行客户提供有关产品或服务的银行。

结合国际经验和实践，2006 年 11 月，中国银行业监督管理委员会颁布的《电子银行业务管理办法》指出："电子银行业务是指商业银行等银行业金融机构利用面向社会公众开放的通信通道或开放型公众网络，以及银行为特定自助服务设施或客户建立的专用网络，向客户提供的银行服务。"具体而言，"电子银行业务包括利用计算机和互联网开展的银行业务（以下简称网上银行业务），利用电话等声讯设备和电信网络开展的银行业务（以下简称电话银行业务），利用移动电话和无线网络开展的银行业务（以下简称手机银行业务），以及其他利用电子服务设备和网络，由客户通过自助服务方式完成金融交易的银行业务"。①

从上述电子银行的定义演化过程可以发现，电子银行是伴随着计算机和互联网技术的发展而产生的银行金融创新产物。此外，从上述定义可以得到电子银行的一些共性：一是实施主体，即商业银行；二是实施途径，即通过电子化渠道，既包括网络渠道，也包括电子服务设备；三是提供的服务，即银行金融服务。

结合该定义以及中国当前的发展现状，我们认为我国电子银行的具体业务形式包括：①网上银行；②手机银行；③电话银行；④短信银行；⑤微信银行；

---

① 资料来自 http://m. law-lib. com/law/law_view. asp? id=131637。

⑥自助银行（ATM、POS等）。① 示例见图4-1和图4-2。

图4-1　中国建设银行电子银行具体业务形式

图片来源：笔者截取。

图4-2　中国工商银行电子银行具体业务形式

图片来源：笔者截取。

———————————

① 需指出的是，不同商业银行提供的电子银行也有所差异，我们主要讲述普遍存在的几种类型。

二、电子银行发展背景

（一）银行电子化为电子银行产生奠定技术基础

银行电子化是指通过计算机技术、通信技术、网络技术等现代化技术手段，改造银行业传统工作方式，实现银行业务处理自动化、银行服务电子化和银行决策科学化。银行电子化的目标是建立集业务处理、信息管理和经营决策为一体的现代银行信息系统。

1946 年，人类历史上第一台电子计算机诞生于美国宾夕法尼亚大学。而后，计算机被广泛应用于科学技术、国防建设、工业生产、社会经济等各个领域。1955 年开始，美国的美洲银行率先使用 IBM702 型电子计算机记录储蓄业务和编制各类银行报表，由此拉开了银行电子化的序幕。此时银行电子化的表现形式为：银行利用单机电脑进行记账和结算。

20 世纪 60 年代中期开始，单机计算机可通过通信线路实现多个主机之间的互联互通。在此背景下，美国许多银行将总行与分行之间、分行与各营业点之间、各营业分点之间的主机系统连接起来，搭建起银行内部联机系统，实现银行存款、贷款、汇兑、结算等业务的后台电子化综合管理。此后，西欧的一些大银行也相继推动电子化发展。该阶段银行电子化的表现形式为：银行利用通信网络搭建内部联机网络进而处理各项银行后台业务。

20 世纪 60 年代末至 70 年代，计算机通信技术的进一步发展使得银行电子化从后台业务处理直面前台客户。1967 年 6 月，位于英国伦敦的巴克莱银行安装了世界上第一台自动柜员机（Automatic Teller Machine，ATM），客户取现金可不再受银行经营时间的限制。由此，银行电子化发展进入了直面客户的崭新阶段，现代意义的电子银行业务诞生。

自首台 ATM 诞生后，欧美各国围绕 ATM 的功能进行不断的完善和改造。在短短几年内，ATM 经历了一系列的变革，从最初的只能自助取款，到可以自助存款，再到可以兑换外币、信息查询，ATM 逐渐发展成为集多业务于一体的自助银行设备。1972 年 3 月，世界上第一家完全意义上的自助银行（Self Service Bank）诞生于美国俄亥俄州哥伦布市，该银行为享奇顿国民银行总行。随后，ATM、自助银行等电子设备迅速覆盖人口密集场所如车站、机场、商场、娱乐中心等地，从而突破了银行业务经营的时间和空间的限制。该阶段银行电子化的表现形式为：银行利用通信网络和电子服务设备向客户提供自助金融服务。

20 世纪 90 年代伊始，美国政府首先提出了"国家信息基础设施"的建设计划，这一计划被形象地称为"信息高速公路"计划。该计划拟搭建一个集电话、电视、电脑等功能于一体，能够综合传输和处理图、文、声、像等各种信息的一个全社会的立体化通信网。在此背景下，1995 年 10 月，美国三家银行联合在互联网上成立了全球第一家无任何分支机构的网络银行——安全第一网络银行（SFNB）。此后，许多银行纷纷效仿开设网络银行。该阶段银行电子化的表现形式为：银行利用互联网向客户提供自助金融服务。

【知识加油站：世界上首台 ATM 的诞生和发展】

（二）电子货币为电子银行发展奠定应用基础

电子货币的出现，被认为是货币形式的第二次标志性变革（冯静，2019）。1998 年，巴塞尔银行监管委员会（BCBS）将电子货币定义为：通过销售终端和设备直接转账，或电脑来完成支付的储存价值或预付机制。这里所谓的"储值"就是保存在物理介质如卡片中用于支付的价值；而"预付机制"则是网络或软件中用于传输及支付的一组电子数据。在此基础上，已有教材普遍将电子货币定义为：以商用电子化机具和各类交易卡为媒介，以网络技术和通信技术为手段，以电子数据形式存储在计算机系统中，以电子信息传递形式实现流通支付功能的货币支付机制（帅青红和苗苗，2015）。归根结底，电子货币是由数字记录、通过网络进行信息传输的虚拟货币形态。

实际上，电子货币的出现弱化了货币的支付职能，凸显了其价值尺度即记账职能。记账货币是以数字记录方式确定归属和转移的货币，美索不达米亚的泥板、古希腊的石碑、古代中国的竹简、造纸术发明后的纸质账本等都是人类历史上出现过的"账本"载体（刘昌用，2020）。计算机的出现使记账货币的形态发生了根本性变化，实物账本被电子账本取代，也就出现了"电子货币"的概念。

货币形态从实体走向虚拟，货币职能从支付走向记账，这种改变为电子银行业务的发展奠定了坚实的应用基础。无论是 20 世纪 50 年代出现的银行记账系统，还是 60 年代出现的 ATM 机，再到 70 年代出现的自助银行等，这些银行电子化形式的出现都是以电子货币的发展为前提的。例如，当付款方通过不同电子银行形式进行支付转账时，现实中并没有实际支付的发生，但是支付信息则通过计算机网络在付款方和收款方账户所在银行之间进行传递，最终表现为付款方电子账户上货币数量的扣减、收款方电子账户上货币数量的增加。支付信息以电子货币形式在不同账户之间进行传送，极大地提高了交易的效率，为电子银行业务的发展提供了应用基础。

（三）电子商务为电子银行的发展创造外部条件

电子商务是指依托通信网络，以电子货币为支付和结算工具，以交易双方客户的电子数据为依托进行的生产、营销、销售和流通的全新商务模式。电子商务最早产生于 20 世纪 60 年代，当时主要是电子数据交换贸易。20 世纪 90 年代以来，得益于计算机和网络技术的迅速发展及广泛普及，电子商务业务规模急剧增长。

商业银行在电子商务中扮演着两种角色：一方面，它是电子商务的积极推动者。在电子商务中，商业银行主要承担着电子支付与结算功能，是连接电子商务的生产企业、商业企业和消费者的重要纽带，银行能否有效保障电子支付是电子商务成败的关键。在电子商务支付解决方案的提供者中，除商业银行以外，第三方支付清算平台如支付宝也发挥了至关重要的作用，对于这一点，我们将在后面章节进行介绍。

另一方面，商业银行也是电子商务的直接受益者。电子商务拓宽了商业银行的电子银行业务，尤其是网上银行业务，增加了其收入来源，为银行业务多元化发展创造了有利的外部环境，给在交易环节中起关键作用的银行带来了千载难逢的机会，对银行业的发展具有深远影响。可以说，没有电子商务的兴起，网上银行就不会如此高速度地发展。蓬勃发展的电子商务持续刺激商业银行不断提高其信息化水平、增加金融服务产品和手段，不断提高电子银行的服务质量。与此同时，电子商务的发展也使得第三方支付清算公司迅速崛起，这无疑给商业银行的电子银行业务带来了冲击。因此，如何在电子商务支付业务的残酷竞争中脱颖而出、如何优化网上银行支付流程。如何提升网上银行支付效率，也成了摆在商业银行面前的重要问题。

伴随着电子商务的蓬勃发展，自 1995 年世界上第一家网上银行——安全第一网络银行成立以来，美国各地网上银行数量、资产和客户数在短短 5 年时间的增速远远超出了传统银行的增速，覆盖了除现金外的所有零售业务。作为一种新型的客户服务方式，网上银行在世界其他国家也以增长率高达 50% 以上的速度发展，成为国际银行界关注的焦点（董德民，2002）。

（四）移动金融为电子银行的发展开辟全新模式

近年来，伴随着移动通信技术的发展和普及，金融服务全面移动化，这标志着移动金融时代的到来。移动金融是指使用移动智能终端及无线互联技术处理金融企业内部管理问题及对外提供产品服务，移动终端泛指以智能手机为代表的各类移动设备，其中，智能手机、平板电脑和无线 POS 机目前应用范围较广。移动金融不仅实现了传统金融和现代化互联技术两者的融合，还突破传统 PC 网络金融服务时间和空间的限制，使得金融服务更具有灵活性、普惠性，已经成为金融行业的发展趋势（罗姣娣，2018）。

在移动互联网金融的猛烈冲击下，各大传统商业银行纷纷重构电子银行业务。例如，招商银行于 2014 年 12 月推出移动金融产品"一闪通"，突破手机支付的范畴，全面支持银行各项业务的办理，这意味着用户使用手机即可在招商银行千余家网点办理业务，也可以在招商银行万余台 ATM 机上进行存取款。同年，工商银行完成了个人网银与手机银行渠道的整合，实现了 PC 网银服务与移动金融服务的无缝对接，全面提升了移动金融服务的客户体验。

在优化和完善已有电子银行业务的同时，商业银行还积极开展业务创新，不断提升移动金融服务的供给能力。一方面，各大商业银行顺应消费者对移动通信方式变革的趋势，相继推出全新电子银行业务——微信银行服务。据艾瑞咨询调查数据，2014 年微信银行用户数量较上年增长 127%，使用微信银行的用户比例为 34.47%，已超越电话银行的 26.1%。另一方面，各大商业银行纷纷以打造移动互联网金融服务入口为目标，不断创新电子银行服务模式。例如，工商银行推出了音频 U 盾、手机无卡取现、手机号汇款、移动生活、工银 e 支付等多项服务。同时在平台战略的引领下打造融 e 购、融 e 联、融 e 行、工银 e 投资等横跨电商、即时通信、直销银行、专业投资等领域的交易和交流平台。

【学术链接：金融科技时代的电子银行】

三、我国电子银行初期实践

与发达国家电子银行的发展历史相比，我国电子银行的发展起步较晚，但发展迅速。1985 年第一台 ATM 机问世，就此拉开了我国电子银行业务的序幕，此后的数十年间，我国电子银行业务实现了快速增长。

（一）自助银行

我国电子银行业务开端于 ATM 机。1985 年，珠海中国银行一名员工在香港探亲过程中，偶然发现当地人可以只带一张银行卡就能轻易完成取现、支付等交易。好奇心和求知欲令他带回了与这张卡相关的所有资料，并向上级领导提出开发金融新产品的设想。随后，该行立即成立银行卡筹备小组进行自主设计、研发，最终让国内第一张信用卡——"中银卡"成功问世。然而当时中国并没有生产和使用 ATM 机的厂家，珠海中行便从境外一家公司订购整机，并于 1987 年正式投入使用，这是当时国内的第一台人民币 ATM 机。ATM 机每天开放 10 个小时，是当地银行业为数不多的自动化电子设备，每天来参观、使用这台机器的人络绎不绝。

1997 年我国第一家自助银行由中国建设银行上海分行开设，标志着我国自助银行开始发展。自助银行在中国的发展颇具中国特色，其应用初衷并非像国外那样是为了分流客户，而是为了树立银行高科技、现代化的崭新形象。因此，一开始我国的自助银行设备多数安装在网点的内部。国内银行的竞争在当时也才刚刚开始，多数居民还不知道银行卡为何物，已办卡的也多停留在"贵族卡""身份卡"的认知阶段。同时，国内各家银行自成系统，各发各的卡，各用各的设备，加上当时居民还不易接受等方面的原因，多数人宁愿排长队等候服务也不愿享受机器提供的方便自助服务，甚至许多人还不懂使用这些机器。因此，自助银行设备的利用效果很不理想（傅晓，2008；伍冬松，2009；李青，2012）。

（二）电话银行

我国首个电话银行系统于 1992 年正式开通。客户可以通过电话的方式开展部分原营业厅的业务，例如，查询信息、向指定账户转账、缴费等。然而区别于电信业最早开展"114"客户服务，我国银行业采用 IVR 交互式语音应答系统，即电话银行作为客户服务中心的开始。1999 年，工行上海分行、建行北京分行、建行广州分行等国内首批银行客户服务中心相继建立。我国电话银行大致经历了普通语音电话银行、语音传真电话银行、微机图文电话终端银行和银行电话服务中心几大阶段。1999~2000 年是我国银行业客户服务中心大发展阶段。到 2000 年底，我国银行业客户服务中心的市场规模约占整个客户服务中心市场的 30%，市场总规模为 25 亿元，座席总数量约为 5000 个。其中，国有商业银行的客户服务中心座席数约占本行业的 82%，是市场中的绝对主体。

2001~2003 年，银行客户服务中心建设进入稳定增长期和调整期。股份制商业银行开始建设全国性的客户服务中心。在借鉴和总结国内大型国有银行客户服务中心建设经验的基础上，提出建设全国性中心的构想，即一个拥有统一号码、座席分布在不同城市的网络客户服务中心，在总行和分行的客服代表间实现统一监控、统一路由、统一分配、集中管理的功能，这将银行客户服务中心建设提升到一个战略高度（陈阳，2007；荣卫民，2009）。

（三）网上银行

1997 年 4 月，招商银行建立了自己的网站 www.cmbchina.com，成为国内第一家"上网"的银行。不过，当时网站的主要功能仅限于信息浏览和查询，未涉及基于网络开展实际业务。次年 4 月，招商银行便推出"一网通"服务，为众多企业和电子商务网站网上支付提供解决方案，成为中国网上银行业务的市场导引者。"一网通"使招行在一定程度上摆脱了网点较少对规模发展的制约，为招商银行在网络经济时代实现传统银行业务与网上银行业务的有机结合奠定了坚实的基础。

此后，各大商业银行纷纷推出网上银行系列产品。例如，1999 年 3 月，中国银行正式推出网上银行系列产品。1999 年 4 月，中国建设银行正式推出网上银行业务，为客户提供网上查询、转账、代理缴费、挂失等服务。银行致力于将传统柜面业务迁移到网上，增加了转账支付、缴费、网上支付、金融产品购买等交易功能。

中国工商银行于 2000 年推出网上银行业务，并将网上银行、电话银行和手机银行服务归为一类，统称为电子银行业务，并树立了以"金融 e 通道"为主品牌，"金融@家""工行财e通""95588"为子品牌的电子银行品牌体系，形成集资金管理、收费缴费、金融理财、电子商务和营销服务功能于一体的综合金融服务平台。

（四）其他电子银行形式

1999年我国首次开发手机银行业务，主要是为用户提供账户查询、缴费、转账与证券交易等服务。那时国内的手机银行大多基于STK方式，用户需要把随身携带手机的SIM卡转换成专门的STK卡，出于换卡成本较高以及对系统安全方面的担忧，STK卡模式并未得到市场的广泛认同（康家驹，2020）。

2000年5月，中国银行又率先开通通过有线网络电视提供网上银行服务的业务——家居银行，它是在有线电视视讯宽带网的基础上，以电视机与机顶盒为客户终端实现联网、办理银行业务。随后，家居银行逐步建立由企业银行、个人银行、网上证券、网上商城、网上支付组成的较为完善和成熟的网上银行体系。

2000~2003年，中国工商银行、中国银行、中国建设银行和招商银行先后推出了基于GSM短信中心和由银行系统构成的短信手机银行服务，从此步入了短信银行时代。短信银行拥有使用门槛低、易于接受等特点，功能主要包括信息查询、自助缴费、银行转账和查询外汇报价等信息。

第二节　电子银行业务

一、网上银行

（一）定义

网上银行又称网络银行、在线银行。该概念经常与电子银行混淆，通过前面的分析，我们已经知道，电子银行涵盖的业务范围更广，而网上银行仅是它的一个业务类型。然而目前对于网上银行还没有一个最终的科学、规范而准确的定义。中国人民银行在2001年颁布的《网上银行业务管理暂行办法》中指出网上银行业务是指银行通过互联网提供的金融服务。周虹（2009）指出，网上银行是通过技术手段在地理上虚拟延伸的银行。张敏敏（2013）认为，网上银行是指银行利用互联网技术，通过互联网向客户提供开户、销户、查询、对账、行内转账、跨行转账、信贷、网上证券、投资理财等服务。帅青红和苗苗（2015）认为，网上银行就是指采用互联网数字通信技术，以互联网作为基础交易平台和服务渠道，在线为公众提供办理结算、信贷服务的商业银行或金融机构服务系统。

我们可以从两个方面来理解网上银行：一是"网上"，即银行提供服务的载体。相较于其他电子银行服务载体，网上银行更强调互联网通信技术，即服务通过互联网提供。其他电子银行渠道，例如，手机银行主要基于移动通信技术、自助银行等金融设备主要基于有线网络等。二是"银行"，即银行提供的服务，包括商业银行负债，业务即存款业务、拆借业务等；资产业务，即贷款业务、投资业务等；中间业务，即查询业务、转账业务、缴费业务、结算业务、理财业务、信用卡等。只是在不同的发展阶段，受制于互联网通信技术的限制，网上银行提供的业务类型有所差异。

基于上述理解，综合已有学者给出的定义，我们认为网上银行就是采用互联网数字通信技术，以互联网作为信息传输载体，基于 PC 端为公众办理多种商业银行业务的电子银行业务类型。

（二）分类

按服务对象的不同，网上银行可以分为个人网上银行和企业网上银行。个人网上银行是指商业银行以互联网作为信息传输载体，基于 PC 端为个人和家庭办理多种商业银行业务的网上银行。企业网上银行主要是指商业银行以互联网作为信息传输载体，基于 PC 端为企业办理多种商业银行业务的网上银行。该分类比较直观，也较好理解，此处不再赘述。

按经营组织形式的不同，网上银行可以分为纯网上银行和分支机构网上银行。

1. 分支机构网上银行

分支机构网上银行是指传统银行将互联网作为新的服务手段，为客户提供在线服务，其实际上是传统银行服务在互联网上的延伸。这是绝大多数传统商业银行采取的网上银行发展模式。对于这类网上银行，大部分沿用其现有银行的名称和品牌。我国绝大部分网上银行都属于这类，即将传统银行的业务迁移至网络。

2. 纯网上银行

纯网上银行又称虚拟银行（Virtual Bank），起源于美国 1995 年 10 月成立的美国安全第一网络银行，是指没有物理网点，通过互联网、手机等电子渠道为客户提供银行服务的网上银行。由于这类网上银行具有独立法人地位，没有分支机构，也没有营业网点，一般只设有一个办公地址，因此也被称为"只有一个站点的银行"。相较于传统线下银行高额的运营成本，虚拟银行的线上运营有利于降低这部分运营成本，提供更高效、优质的服务。

自美国安全第一网络银行成立后数十年，虚拟银行处于探索和萌芽期。2008年起，伴随着智能移动技术的发展，U bank、Ally 和 Moven 三家虚拟银行分别成立。其间，这几家虚拟银行依靠存贷利差获利，除了服务渠道以外，在经营模式和业务流程上仍然无异于传统银行。随后的几年时间里，伴随着移动智能技术的普及，欧美地区先后涌现出多家虚拟银行。2014 年起，中国出现了微众银行、网商银行、新网银行和百信银行等；韩国、印度等亚洲其他国家也紧随其后，此后进入虚拟银行的爆发期。

综观世界范围内的虚拟银行，主要分为三种：一是创业型虚拟银行，即一些技术优势型初创公司设立的虚拟银行，主要涌现在金融政策利好地区和互联网发达地区，例如，新加坡等，专门提供某一类型的金融服务。

二是互联网巨头型虚拟银行。主要依托互联网巨头生态和流量优势建立的虚拟银行，这方面的代表是我国。我国典型的虚拟银行包括微众银行、网商银行和新网银行，其中，微众银行是由腾讯等企业发起成立的中国首家虚拟银行（2014年），网商银行是由蚂蚁集团作为大股东发起设立的虚拟银行（2015 年），新网银行是由新希望集团、小米、红旗连锁等为股东发起设立的虚拟银行（2016年）。

三是传统银行和互联网公司共同设立的虚拟银行，在欧美地区又被称为"直销银行"。"直销"是相对于有多层分支行经营架构的"分销"式传统银行而言的，因此这类虚拟银行的设置离不开传统银行。国内直销银行的代表是 2015 年11 月成立的百信银行，它是中国首家由互联网公司与传统银行深度合作、强强联合发起成立的虚拟银行。百信银行具有独立法人地位，没有线下网点，仅通过互联网提供金融产品和银行服务。区别于微众银行、网商银行、新网银行等虚拟银行（即国内所称的互联网银行），百信银行不仅依托互联网巨头百度，还依托传统银行中信银行。2021 年 12 月，邮储银行公告称已经收到银保监会对邮惠万家银行开业的批复。

服务范围方面，虚拟银行主要涉足存款和贷款业务，部分涉及投资、保险、支付等业务。从世界范围来看，现有虚拟银行都不曾开通信用卡业务，可能的原因是缺乏相关信用账户的管理经验。国内三大虚拟银行在业务布局上各有侧重。微众银行专注为普罗大众和小微企业提供更为优质和便捷的金融服务，主打微粒贷和微业贷等，也包括银行存款、理财产品等。网商银行专注于服务小微企业和个人经营者，依托阿里旗下众多平台为小微经营者提供了贷款提额机会。新网银行致力为小微群体提供定制化的金融服务，在零售信贷方面主推好人贷，又联合中国移动等机构推出了放心借等信贷产品。总体而言，国内虚拟银行业务虽然发展时间不长，但业态欣欣向荣，在实现自身可持续发展的同时不断深入践行普惠金融。

综上，我们认为分支机构网上银行是传统线下银行业务在互联网上的延伸，不具有独立的法人资格。而纯网上银行或虚拟银行是具有独立法人地位的、仅在互联网上开展业务的银行。

【知识加油站：什么是直销银行?】

（三）功能

现在的网上银行业务类型广泛，基本上覆盖了所有传统银行的业务，只是不同银行的设置略有差异。因为本书的重点是讲支付，因此第二节专门围绕电子银行各渠道的支付业务进行介绍。此处仅以微众银行和中国建设银行网上银行为例，简要介绍其业务。

微众银行的产品包括微粒贷、微业贷、微车贷、小额花钱、微众企业爱普App、We2000等。微粒贷是面向个人的互联网小额信贷产品，100元起借最高额度20万元，轻松申请无需任何材料证明，在微信或QQ中点一点即可借钱，借款最快1分钟到账，随借随还提前还款免违约金。微业贷是面向中小微企业提供的线上流动资金贷款服务，企业从申请至提款全部在线完成，无需抵质押，额度立等可见，资金分钟到账，按日计息，随用随借。微众企业爱普App，取"热爱普惠金融"之意，是微众银行专为中小微企业客户打造的移动化、智能化的金融服务应用。微车贷微众银行推出的"互联网+汽车金融"产品，致力于为广大购车、用车、养车消费者和车商提供方便、快捷、高效的金融解决方案。小鹅花钱是微众银行于2019年推出的一款小额消费信贷产品，可以通过小鹅花钱小程序或公众号申请贷款，申请到的贷款额度可以绑定多种支付方式，支持扫码付款。We2000是围绕日常生活消费而设计的一款集账户、存取、理财、消费支付、积分权益、贷款等服务一体化的银行支付产品。

中国建设银行个人网上银行方面的业务包括"我的账户""转账汇款""缴费支付""信用卡""个人贷款""投资理财"。"我的账户"为客户提供所有网上银行登记账户的查询、管理及设置等综合类服务。"转账汇款"使客户能够实现多种账户之间的转账汇款。收款人既可以是建设银行个人客户，也可以是建设银行企业客户，还可以是其他商业银行的个人客户，此处还可以进行全球汇款。"缴费支付"为客户提供网上缴费支付服务，主要包括："缴费支付"和"缴费支付记录查询"等服务功能。"信用卡"服务使客户可通过网上银行实现信用卡账户的申请、开卡、余额查询、消费积分查询、账单查询、信用卡还款、购汇还款和账户管理等服务设置。"个人贷款"为客户提供贷前试算，对比商业贷款、公积金贷款及组合贷款的不同还款方式的服务；用户还可进行贷款信息查询，随时了解贷款账户余额、交易。"投资理财"主要为客户提供丰富的投资理财品种，包括基金、贵金属等。

中国建设银行企业网上银行方面的业务包括"查询对账""资金划转""缴费支付""信贷融资""投资理财""现金管理""财政社保"。"查询业务"包括账户余额、明细、交易流水等信息查询，方便客户及时掌握账户资金变动、交易情况等;通过网银为客户提供对账单查询与回签、对账单下载、对账结果查询等网上服务。"资金划转"是为客户提供丰富的转账功能,实现本企业签约账户向本行或他行企业及个人账户的单笔或批量付款转账,以及对授权账户的主动收款和批量收款等。"缴费支付"提供了灵活的支付功能,实现企业在线缴费、网上购物支付款项等。"信贷融资"又分为 e 贷款、e 贷通、e 商通、e 保通、e 点通、e 单通、e 单通(广西糖网)、e 棉通、定向保理、网银循环贷等。"投资理财"主要为企业客户提供多种投资理财服务。"现金管理"涵盖账户服务、收付款服务、流动性管理、信息报告服务、投资理财服务、电子银行服务和行业解决方案。"财政社保"包括公积金、企业年金等的查询和维护功能。

二、手机银行

(一)定义

近年来,随着移动互联网技术的进步,人们的上网习惯逐渐从 PC 转向手机,金融机构也顺应市场的发展,加快对移动端服务的布局,越来越多的银行纷纷开展了手机银行业务。

在介绍手机银行概念之前,有必要对移动支付和手机支付这两个容易混为一谈的概念进行说明。尽管这两个概念在后面章节会进行专门介绍,但是这里有必要先进行简要的说明。移动支付主要是指交易双方使用移动设备转移货币价值以清偿获得商品或服务债务的支付方式。手机支付是移动支付中最常见的一种形式,是指手机用户使用手机对所消费的商品或服务进行支付的方式。手机银行是指银行以智能手机为载体,使客户能够在此终端上办理银行服务。

从上述定义可以看出,移动支付和手机支付属于支付行为范畴,且前者大于后者;而手机银行属于银行服务范畴,当消费者使用手机银行服务进行转账支付时,该行为属于手机支付。然而手机支付又不限于通过银行 App 进行支付,还包括通过在手机上使用第三方支付账户,例如,支付宝进行支付等。

(二)分类

按照技术方式划分,手机银行可以分为 WAP 手机银行和 App 手机银行。在此基础上,有些教材将用户通过手机编辑发送特定格式的短消息到银行的服务号码、银行按照客户的指令为客户办理各种业务的形式称为 SMS(Short Message Service)手机银行。我们认为该方式属于专门的一类电子银行形式,即短信银行,因此未将其规定为手机银行业务。

1. WAP 手机银行

WAP 是 Wireless Application Protocol 的简称,是指无线应用协议。WAP 手机银行是指基于 WAP 技术,依托移动通信网络,银行通过移动电话为客户提供账户管理、转账汇款、缴费、消费支付、理财投资等自助金融服务的电子银行业务。客户可通过手机内嵌的 WAP 浏览器访问银行网站获取相关服务。

2000 年前后，WAP 技术曾经是 IT 厂商推销的热点，但受制于上网速度及其他因素，并未得到广泛应用。自 2002 年以来，中国移动 GPRS 网络的开通极大地提升了网络速度，这给 WAP 技术带来了新的发展机遇。WAP 方式的优势在于：①银行的开发量很小，仅需在网上银行的基础上开发 WML 的版本即可；②字符内容浏览，可实现实时交易；③GPRS 的出现改善了浏览速度和用户体验。但是，其局限在于如果客户手机不支持 WAP 浏览器，则无法进行访问（邵强华，2008；李宁宁，2020）。

2. App 手机银行

App 为 Application 的简称，是指智能手机的第三方应用程序。App 手机银行就是银行通过开发的客户端，依托移动通信网络，利用移动电话为客户提供电子银行业务。客户可通过下载和登录银行 App 获取相关服务。

App 手机银行作为适应智能手机发展需求的产品和服务渠道，具有 WAP 版业务定制特性的同时，能充分挖掘各手机平台特点，摆脱了手机浏览器对于用户操作和业务展现的局限性，提升了客户体验（施方元，2012；李宁宁，2020）。相比手机银行 WAP 版而言，App 版可根据通信模式、展现方式等完全按照银行需要进行开发和定制。因此 App 手机银行在页面设计上更加美观，风格更具特色，在一些交易处理中，手机银行客户端展现的数据信息更加直观、更加全面。二者的比较见图 4-3。

目前，国内绝大部分银行都推出了手机银行 App 客户端。有的银行还根据不同的手机系统推出了多个版本，以招行为例，就有 iPhone 版、Android 版、JAVA 版、WM 版 4 个版本。

（三）功能

手机银行功能与网上银行类似，这里仍然以中国建设银行为例进行介绍。中国建行手机银行业务包括"我的账户""转账汇款""信用卡""贷款服务""生活服务""网点服务""其他金融服务"。在"我的账户"中可以进行账户明细查询、支付记录查询、电子工资单查询、公积金和养老金查询以及积分查询等。在"转账汇款"中可以进行转账、存钱、外汇汇款、公益捐款、境内外币转账、二维码转账等。"投资理财"包括基金投资、理财产品、养老保障产品、债券投资、保险投资、贵金属投资、外汇买卖等。"信用卡"包括信用卡账户的申请、开卡、余额查询、消费积分查询、账单查询、信用卡还款、购汇还款和账户管理等。"贷款服务"包括各类型贷款申请、贷前试算，对比商业贷款、公积金贷款及组合贷款的不同还款方式；还包括贷款信息查询，能随时了解贷款账户余额、

图 4-3 中国工商银行 WAP 手机银行（左）和 App 手机银行（右）登录界面

注：图片由笔者截取。

交易。"生活服务"包括缴费提醒、自动缴费等。"网点服务"包括网点取号、扫码存款、特约取款、人民币大额预约、外币预约、兑换纪念币等。

　　由此看来，手机银行的服务范围、业务功能和发展定位都发生了很大的变化，它不再只是局限于提供传统意义上的银行业务。银行的 App 客户端成为一个"大平台"，很多日常应用与功能集合在这里，在横向整合银行业务、移动支付等功能的同时，还不断地纵向延伸，例如，加入一些电子商务、生活服务类功能。未来，各银行手机银行 App 还可以借助金融科技的力量，建设属于自己的、具有独特优势的生态圈，直接与用户对接，及时识别出用户的需求，然后以用户的痛点作为出发点，找到合适的切入点，丰富手机银行 App 的业务，打开市场需求和有效增加用户的数量、黏性，同时提高自身的风险控制能力和促进自身稳定健康发展。

【学术链接：金融科技助力开放银行建设】

三、其他形式电子银行

（一）自助银行

自助银行是银行利用现代通信和计算机技术，依托自助终端包括自动柜员机（ATM）、销售点终端（POS机）、IC卡圈存机、自动存款机、自动存取款机、自助查询机、自助缴费机等，为客户提供存款、取款、转账、货币兑换和查询等服务的电子银行业务形式。

自助银行起源于20世纪60年代的ATM机的发明，随后伴随着电子通信技术的进步，功能各异的自动终端设备应运而生。相较于传统线下柜台模式，自助银行不受银行营业时间的限制，能够24小时全天候为客户提供金融服务。此外，通过客户自主操作方式，极大地降低了营业网点高昂的人工成本。

（二）电话银行

电话银行是指使用计算机电话集成技术，依托现代公用电话网络，利用电话自助语音和人工服务的方式为客户提供金融服务的电子银行业务。电话银行的服务功能一般包括：账户信息查询、临时挂失、金融信息查询、短信服务签约、电话银行密码修改等。

（三）短信银行

短信银行是指客户通过编辑发送特定格式短信到银行的短信服务号码，银行按照客户指令，为客户办理相关业务，并将交易结果以短信方式通知客户的电子银行业务。

短信银行是由手机、GSM短信中心和银行系统构成。在操作过程中，用户通过SIM卡（用户身份识别模块）上的菜单对银行发出指令后，SIM卡根据用户指令生成规定格式的短信并加密，然后指示手机向GSM网络发出短信，GSM短信系统收到短信后，按相应的应用或地址传给相应的银行系统，银行对短信进行预约处理，再把指令转换成主机系统格式，银行主机处理用户的请求，并把结构返回给银行接口系统。

（四）微信银行

微信银行是为客户提供便捷电子银行服务的平台和快速获取信息服务的渠道，客户可通过关注银行公众号，享受相关银行服务。

（五）电视银行

电视银行是通过双向数字电视网络，以电视机与机顶盒为客户终端、遥控器为工具，为家庭成员提供方便、快捷的一体化金融服务的新型电子渠道。

与网上银行相比，数字电视自身线路和系统较为封闭，更具安全性；电视的

操作简单易行，使用更加便捷。与手机银行相比，电视银行客户操作的可视界面尺寸更大，更加简单和直观。与自助终端相比，电视银行让客户节约了出行奔波和排队等候的时间，可办理的业务也更多。

第三节　电子银行支付方式

一、电子银行支付概述

（一）电子银行支付含义

电子银行支付是指银行通过开放性的公用网络或与特定客户建立起的专用直连网络，借助电子端设备，面向签约客户提供离柜式金融支付业务，实现货币支付与资金转移，电子银行支付主要包括网上银行支付、电话银行支付、手机银行支付等（曹红辉，2008；周虹，2009）。通俗地说，电子银行支付是银行为客户提供的网上即时付款服务，通过网上支付，客户可以在网上任意选购众多与银行签约的特约商户所提供的商品，足不出户，进行网上购物支付。

【行业动态：2020 年我国电子支付业务总体运行情况】

（二）电子银行支付类型

按照付款的电子设备类型，电子银行支付可以分为网上银行支付与手机银行支付。

1. 网上银行支付

网上银行支付，是指通过开放性的公用网络，以各类交易卡为媒介，以电子计算机技术和通信技术为手段，以二进制数据形式进行存储，通过 PC 端实现支付信息的传递并完成支付。

网上支付功能通常包括以下五个：①自助开通/取消网上支付功能。登录网上银行后，可以在电子支付模块设置开通或者取消网上支付功能；还可以在支付的过程中直接自助开通，并同步完成支付。②设置网上支付账户。通过将相关借记卡或信用卡关联到网上银行后，可以自行设置一个或多个银行卡账户用于网上支付，也可取消已设置的支付账户。③在线查询支付记录。可在网上银行查询过去一定时间内的网上支付交易记录，方便管理自己的购物账单。④定制免费短信提醒。在开通网上支付时，可选择开通网上支付短信提醒服务。当成功完成一笔网上支付后，系统将发送支付结果信息，帮助客户随时掌握网上支付信息。⑤设置交易限额。可以设置网上支付交易的每日累计限额。

在电子商务发展初期，支付方式主要是网关支付。什么是网关支付呢？大家都知道，从一个房间走到另一个房间，必然要经过一扇门。同样，从一个网络向另一个网络发送信息，也必须经过一道"关口"，这道关口就是网关。顾名思义，网关（Gateway）就是一个网络连接另一个网络的"关口"。在计算机术语里，网关又被称为网间连接器、协议转换器，用于实现两个高层协议不同的网络的互联，是一种承担转换重任的计算机系统或设备，可由 Web 服务器、数据库服务器、防火墙、业务处理机、金融硬件加密机、管理工作站等组成。因此，支付网关（Payment Gateway）可以理解为设置在电子商务商家计算机系统和商业银行计算机系统之间的接口，它使网上商户能够将支付请求通过支付网关发往银行的后台系统进行处理，再将处理结果发回至网上商户，由此实现了客户的网上购物和支付。具体如图 4-4 所示。

银行支付网关/前置机　　　安全金属网关

网络安全通道

智能手机终端　用户终端PC　金融互联网终端

图4-4 网关支付工作原理

注：图片由笔者绘制。

在 2000 年以前，我国电子商务刚起步，电子商务网站与各大型银行达成支付协议，由银行单独建立支付网关。伴随着电子商务的进一步发展，2002 年左右，早期第三方支付公司，例如，网银在线、北京首信等在线支付公司纷纷成立。这些公司通过整合各家银行的支付接口，将各大银行的支付网关结合在一起，处理商家支付信息和顾客的支付命令。

此时的第三方在线支付平台一边连接众多电子商务网站，一边连接多家商业银行，其主要作用是安全、无缝链接公共互联网和银行内部金融网络，对两者的数据进行收集、打包、加密、解密并完成数据传递，即提供用户到银行再到用户的支付信息通道。它们的出现有效地整合了各网关支付接口、极大地提升了电子支付连接的效率，大幅降低了各银行独立搭建支付体系的成本。不过，由于这类第三方支付企业本身不从事电子商务活动，也不参与资金清算，一般通过收取交易手续费盈利，增值服务开发空间小。同时，由于其只起到"信使"作用，技术含量不高，因此容易被同行复制。

对于用户而言，网上购物经过网关支付存在以下弊端：①需要到银行网点开通网上银行功能。如果自己的开户银行没有与电商网站支付关口相连接，就还得去其他允许连接的银行办理开户、开通网银功能、购买 U 盾或密码器等。②通过网关支付的流程较为烦琐。购物完成后先跳转到银行网银页面，输入银行卡信息，再使用 U 盾或密码器进行验证，最后再跳转回电商支付页面。③页面交互性不友好。例如，存在电商网站和银行网站页面不兼容的问题，就需要更换浏览器重新进行支付，有时还需要下载银行安全插件等。④还可能存在"被钓鱼"的情况。如果支付网关被黑客攻击，支付跳转时连接到虚假的银行网站页面，那么就存在被诈骗的风险。⑤支付成功率较低。一方面，支付网关需要多次跳转，每一次跳转都会降低支付成功率；另一方面，如果网络中断或者网络信号不好，页面跳转就会失效。然而尽管如此，由于没有其他更好的支付方式，自 20 世纪 90 年代末开始，网关支付伴随着电子商务的发展走过了十余年。图 4-5 为中国工商银行网银 U 盾。

图 4-5　中国工商银行网银 U 盾

注：图片来自 https：//baijiahao. baidu. com/s？ id＝1719765490500121648&wfr＝spider&for＝pc。

网银支付的转折点为 2009 年。此时的电商巨头阿里巴巴，一边沉浸在其 2009 年 11 月 11 日举办的淘宝商城购物狂欢节带来的惊人业绩中，一边不断被用户投诉、吐槽、埋怨，抱怨其支付体验差、流程烦琐、支付成功率低等。随后，阿里巴巴致力于改善客户支付体验而不断思考和创新。2010 年下半年，阿里巴巴支付宝团队注意到，有一种叫作 MOTOpay 的支付方式，全称为信用卡远程收款系统（Mail Order and Telephone Order payment）。在该方式下，客户在使用电话、邮件、传真或者网络进行支付时，只需填写信用卡卡号、有效期、CV2 码（安全校验码）以及持卡人姓名；平台在获取这些信息后，就可以进行代扣，几秒钟内完成支付。该系统是网银在线在国内推出的，主要针对国际商务会议、电子机票、酒店预订、旅游服务等行业提供的专业收款解决方案。

借鉴 MOTOpay 的支付思路，2010 年 12 月，支付宝与中国银行宣布联合推出"鉴权/核身+代扣"的快捷支付模式。就此，快捷支付登上历史舞台，并取得快速发展。快捷支付是指用户购买商品时，不需开通网银，只需在首次支付时提供银行卡卡号、户名、手机号码等信息进行签约认证；银行验证基础信息正确性后，客户输入支付宝支付密码或手机短信动态支付口令，即可完成支付。与网关支付不同是的，特定商户授权开通快捷支付功能后，在该商户办理支付业务时不需再跳转到银行支付页面，通过商户端安全验证后，商户可通过代扣方式完成支付。而且这种签约认证只需一次，此后在该网站上进行支付时仅需一个密码就能完成付款，由支付机构代客户向银行发送支付指令，直接扣划客户绑定的银行账户资金。

在快捷支付推出以后，发展最快时，支付宝一夜之间就绑定了上百万张银行卡。其上线后一年内，有 160 多家银行与支付宝签订了快捷支付合作协议。支付宝 2011 年《快捷支付用户研究数据报告显示》，网银的支付成功率为 65%，而快捷支付将其大幅提升至 95%；快捷支付用户的人均支付笔数相比网银跳转用户的支付笔数提升了 17%。这表明，快捷支付用户的活跃度和消费意愿都明显高于使用传统支付方式的用户。一方面，快捷支付更便捷。与网关支付方式相比，用户使用快捷支付不需要事先开通网银，首次付款时只要根据提示输入卡号等必要信息即可进行支付，支付额度以信用卡本身额度为准，不受网银额度下调等限制，这有效地降低了新用户使用在线支付的门槛。另一方面，快捷支付也提升了安全性。针对"网络钓鱼"的猖獗，支付宝推出手机号码与信用卡卡号匹配、支付宝密码和手机校验码双重密码保障等措施，保障用户的资金安全。同时还推出支付盾、宝令等安全产品供用户选择，即使密码被盗，盗用者在没有证书、支付盾或宝令的情况下也无法进行操作，避免用户资金损失。

此外，支付宝推出的快捷支付具有里程碑的意义，开创了一种新的模式，此后的微信支付、百度钱包等都依照此模式与银行建立了快捷方便的资金流转通道。快捷支付流程如图 4-6 所示。

立刻购买　　提交订单　　选择方式　　输入密码　　确认完成

图 4-6　快捷支付工作流程图示

注：图片由笔者绘制。

2. 手机银行支付

手机支付就是拥有银行账户介质（存折、银行卡等）的用户使用支持上网功能的手机在网上进行商品或服务支付的一种方式。已开通手机银行服务的客户在进行身份验证后，可使用手机银行注册账户进行支付；没有开通手机银行的个人账户，在支付页面输入账号等要素，系统向客户预留手机号码发送短信验证码，验证后完成支付。

通过手机进行在线支付也分为网关支付和快捷支付，但是由于快捷支付的发展，智能手机功能和界面也在不断完善和优化，因此，当前人们使用手机进行在线支付时，大多采用快捷支付或是账号支付。

二、网上银行支付模式和流程

（一）网关支付

1. 网关支付模式

网关支付模式如图 4-7 所示，其运行流程如下：

（1）买方在电子商务网站上选择好商品，提交订单。

（2）卖方接受订单，通过支付网关发送支付金额给消费者。

（3）支付网关验证卖方身份后，向买方提供银行机构的支付页面。

（4）买方提交银行卡信息、提供 U 盾等安全插件进行支付。

（5）支付网关将支付信息、银行卡信息通过银行专网发送到买方银行进行验证。

（6）银行通过银行专用网络对买方账户进行资金扣减，然后将支付成功结果返回给支付网关。

（7）支付网关向商家返回支付结果信息。

（8）卖方接收到支付成功信息后，点击发货，交易结束。

需注意的是，步骤（3）中，支付网关是用一个 HTTPS 命令从卖方的网站将买方引导到其选择的银行"网上银行支付"页面，银行网站处理完支付指令后

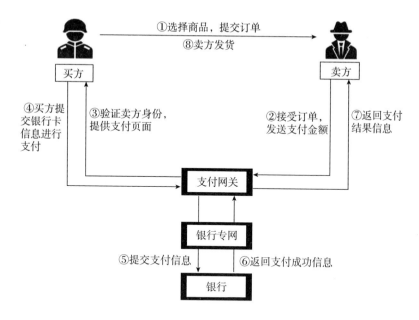

图 4-7 网关支付运作流程

注：图片由笔者绘制。

把处理结果回送顾客和商家。这种机制保证顾客付款时输入的账号和密码等信息只能由银行得到，商家不可能获取持卡人的支付信息，从而保证了支付过程的安全。此外，尽管到步骤（8）时支付完成、交易结束，但这仅仅涉及完整支付流程中的"交易"，关于这笔资金是如何进行清算和结算的，我们将在第十章进行介绍。

2. 消费者操作流程

消费者操作流程如图 4-8 至图 4-11 所示，具体步骤如下：

（1）消费者在电子商务网站上选择好商品、填写好地址，提交订单。

（2）电子商务网站将页面转接至支付页面，消费者选择某银行"网上银行"付款。此时，付款方式为选定××银行网上银行付款。

（3）页面会跳转到××银行的网银支付页面，消费者可以不同的方式进行身份验证，可通过短信进行验证，也可以使用 U 盾、密码器或口令卡介质进行支付验证。

（4）消费者选择某一验证方式，页面跳转，输入相关信息。

（5）提交消费者信息后，点击"提交"完成支付。

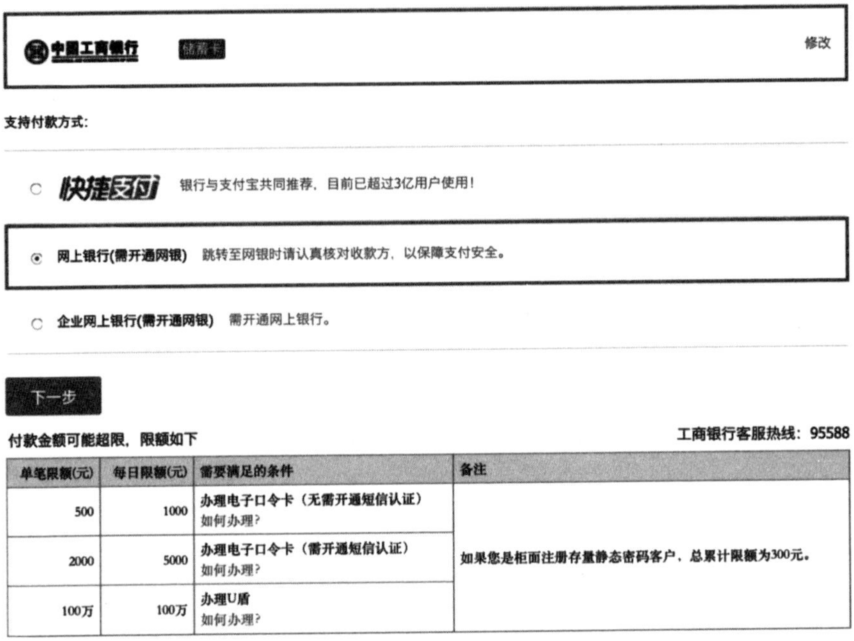

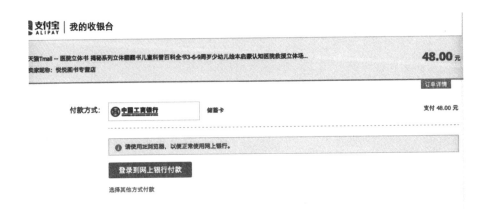

图 4-8　步骤选择②示例

注：图片由笔者截取。

图 4-9　步骤选择③示例

注：图片由笔者截取。

ICBC 工银e支付

订单信息

商户名称：支付宝　　　　　　　　　商品名称：商品1
金额：RMB 48.00

提示：您可使用与我行工银e支付绑定的手机号进行短信验证完成支付，也可使用U盾、密码器或口令卡介质进行支付验证。

● **短信**
您可以输入已开通工银e支付短信方式的卡（账）号后六位、手机号进行支付。如果您尚未开通工银e支付短信方式，可使用柜面预留手机号及完整个人预留过手机号的客户，您也可以输入全卡号及手机号，通过验证U盾等介质来完成支付及注册。

手机号码：＿＿＿＿＿＿

卡（账）号后六位/别名：＿＿＿＿＿　　　　　（仅支持借记卡/借记账户）

○ U盾/密码器/口令卡

图 4-10　步骤选择④示例

注：图片由笔者截取。

b2c.icbc.com.cn

网上银行支付　　网关支付_百度搜索　　已买到的宝贝

商品名称：**商品1**

1. 请仔细核对订单信息和下面支付信息：

卡（账）号后六位/别名：295492
金额：RMB 48.00

2. 请输入您手机收到的短信验证码：

请输入您手机（136****5899）接收到的短信验证码。

短信验证码：＿＿＿＿＿（发送编号为398411）
验证码：＿＿　huft　刷新验证码

提交　取消　其他付款方式

如果您在 06 秒内没有收到我行发送的短信验证码短信，可以选择以下方式完成。
选择 重新获取短信验证码 我行95588将向您重新发送短信，请您将短信验证码填入本页后提交，当前您还可以使用3次该功能。

图 4-11　步骤选择⑤示例

注：图片由笔者截取。

（二）快捷支付

1. 快捷支付模式

快捷支付模式的运行流程如下：

（1）买方在电子商务网站上选择好商品，提交订单。

（2）卖方接受订单，通过支付网关发送支付金额给消费者。

（3）支付网关验证卖方身份后，向买方提供它的支付页面。

（4）买方提交姓名、身份证号、手机号、银行卡信息等，即可开通"快捷支付"协议。

（5）首次购物时，支付网关将信息发送给银行进行核实，核实无误后进行资金扣减。

（6）支付网关向商家返回支付结果信息。

（7）卖方接收到支付成功信息后，点击发货，交易结束。

需注意的是，步骤（4）中，消费者在第一次输入相关信息、签署同意"快捷支付"的协议后，今后消费者在该电商网站上消费时，只需输入手机号和验证码即可快速完成支付，无须步骤（4）和步骤（5）。

2. 快捷支付流程

消费者操作流程如图 4-12 和图 4-13 所示，具体步骤如下：

图 4-12　步骤选择②示例

🔒 katongweb.alipay.com

网上银行支付　　　　　　　　　　淘宝_百度搜索

付款方式：　🏛 **中国工商银行**　　　　储蓄卡　**快捷支付**　　支付 48.00 元

✅ 安全设置检测成功！付款环境安全可靠。

ℹ️ 请填写以下信息用于实名身份验证。

姓名：　[*蕊]　选择生僻字

证件：　[身份证 ◇]　[5**************8 🔒]

储蓄卡卡号：　[　　　　　　] 🔒

手机号码：　[此卡在银行预留的手机号码]

付款校验码：　[　　]　[免费获取]

ℹ️ 开通快捷支付，下次可凭支付宝支付密码快速付款。

[同意协议并付款]

《中国工商银行快捷支付业务服务协议》和 《支付宝快捷支付服务协议》

图 4-13　步骤选择③和④示例

（1）消费者在电子商务网站上选择好商品，填写好地址，提交订单。

（2）电子商务网站将页面转接至支付页面，消费者选择某银行"网上银行"付款，然后选择"快捷支付"。

（3）页面会跳转快捷支付页面，首次使用时，消费者输入姓名、身份证号、银行卡号、手机号等信息即可开通第三方支付机构的代扣协议。

（4）输入信息完成后，点击"同意协议并付款"即可完成付款。

思考题

1. 简述当前典型的电子银行业务主要类型。

2. 简述电子银行的发展背景。

3. 比较具有法人资格的直销银行与虚拟银行。

4. 简述快捷支付相较网银支付的优势。

5. 简述网关支付的运行流程。

6. 简述快捷支付的运行流程。

7. 思考开放银行如何助推电子银行业务转型。

8. 思考金融科技背景下电子银行业务如何发展。

【趣味小知识：世界上首台 ATM 的诞生和发展】

谢泼德·巴伦任职于苏格兰一家印刷厂。在他就职经理的第二天，便与英国一家书商签订印刷十万册新书的合同，但前提是先支付对方 5 万英镑用于新书的宣传和版税等事宜。在约定交钱的当天，巴伦同时在谈另一笔生意，计划将这笔生意谈妥后再到银行给书商汇款。可是生意洽谈并不顺利，待谈完后前往银行，银行已经关门。后来他不得不亲自驾车前往书商那里，几经周折事情最终办妥。但是巴伦却在想，能否有一台"不休息"的机器代替银行的功能，方便急需用钱或者汇款的人在银行营业外时间办理相关业务。

巴伦找到英国巴克莱银行董事长，并对他说出了想法。董事长十分支持，表示如果设计出来，他们将购买这种机器。巴伦回去即刻开始构思和设计。经过 2 年的研究和设计，1967 年 6 月 27 日，位于伦敦北郊的英国巴克莱银行安装了世界上第一台自动取款机。巴伦称之为"自由银行"。当时，塑料银行卡尚未诞生，客户通过一种经过化学加工的特殊支票提取现金。使用时，客户先将支票放入抽屉，输入密码，取款机的另一个抽屉便会开起，可提供 10 英镑面额钞票的支取。后来，该机器在世界范围内得到广泛应用，最后命名为自动取款机，即 ATM。

【学术链接：金融科技时代的电子银行。李伟．金融科技时代的电子银行[J]．中国金融，2017（1）：68-69）．】

在我国银行业转型升级如火如荼时，金融科技在"重塑银行"过程中大有可为。电子银行作为科技含量较高的金融服务业态，是传统银行转型升级的重要体现。为此，银行业金融机构应当把握行业发展趋势，应用信息科技特别是互联网技术最新理念和成果，推动电子银行创新发展。

根据中国银行业协会发布的《2015 年度中国银行业服务改进情况报告》，截至 2015 年末，银行业平均离柜业务率为 77.76%，同比提高 9.88 个百分点，部分银行的电子银行业务占全部业务量的比重已经超过 90%。电子银行逐步成为我国银行服务的主渠道和未来银行业竞争的主战场，呈现出新的发展趋势。主要体现在：服务移动化、业务场景化、技术平台化和渠道一体化。

与此同时，电子银行发展面临如下挑战：一是互联网交易对电子银行 IT 架构提出新挑战；二是"长尾"客户需求对电子银行服务水平提出新挑战；三是网络安全对电子银行风险管理提出新要求。针对上述挑战，电子银行顺势发展的建议如下：一是用好移动互联网思维，挖掘电子银行转型升级新动能；二是稳妥推进分布式系统架构，进一步提升电子银行服务能力；三是合理运用大数据技术，着力推进电子银行精准服务；四是全面构建风险管理体系，保障客户资金与信息安全。

【知识加油站：什么是直销银行?】

欧洲一些国家称"虚拟银行"为 Direct Bank，国内一些学者将其翻译为"直销银行"。实际上，"直销银行"在我国的应用范围还要更广一些。截至 2020 年 12 月，我国具有独立法人的"直销银行"只有百信银行、招商拓扑银行和邮政储蓄银行直销银行。但是有许多传统银行仍然打出"直销银行"的旗号，例如，"兴业银行直销银行""民生银行直销银行"，它们更强调字面意思，即"通过互联网平台直接面向客户进行产品销售"，"直销银行"仅仅是银行内设的部门。由此可以看出，从法律地位上来看，"直销银行"具有独立法人资格；从发起人来看，"直销银行"一般都是由传统银行或者传统银行与科技型企业合作发起设立的。因此，"直销银行"属于"虚拟银行"的一种，都是依托互联网、无线下网点的独立法人在线银行。不过，由于"直销银行"都是依托传统银行，因此可借助传统银行的物理网点，通过线上、线下结合的方式向客户提供服务。

【学术链接：金融科技助力开放银行生态圈建设。王蕊，颜大为. 开放银行生态圈的理论基础、经验探索与发展路径〔J〕. 西南金融，2019（11）：70-79.】

近年来，随着大数据、云计算、区块链、人工智能等技术的快速发展，金融与科技深度融合，金融科技（Fintech）在全球范围内迅速兴起。金融科技的蓬勃发展掀起了新一代数字技术革命，开放银行（Open Banking）理念应运而生。与此同时，在金融科技的引领下，"金融科技生态圈"正成为各国政府、金融机构、业界和学界关注的热点。稳定、共生的金融科技生态圈为开放银行提供了生态基础，而开放银行的建设又能进一步完善和健全金融科技生态圈。

本书认为开放银行生态圈的建设具有如下理论基础：长尾理论为开放银行生态圈的构建提供了客户基础；交易成本理论为开放银行生态圈的构建提供了获利基础；共享经济理论为开放银行生态圈的构建提供了共赢基础；金融功能理论为开放银行生态圈的构建提供了业务基础。

本书认为开放银行生态圈参与者主要包括如下主体：商业银行处于开放银行业生态圈的核心位置，其主要以开放 API 接口等方式通过第三方合作企业（包括金融科技企业或垂直行业企业），向客户输出金融服务；金融科技企业以及垂直行业企业与商业银行实现资源共享、场景融合和优势互补；基础设施服务商从技术支持角度为银行和金融科技企业赋能；客户是开放银行生态圈的直接受益者，他们可以在一个平台实现财务状况聚合，可以更加自由和便捷地无缝切换金融服务提供商；政府部门不再是传统意义上独立于业务之外的监管者，而是要参与到金融业务中去，实现真正的"过程监管"。

【行业动态：2020 年我国电子支付业务总体运行情况】①

2020 年，我国商业银行共处理电子支付业务 2352.25 亿笔，金额 2711.81 万亿元。其中，网上支付业务 879.31 亿笔，金额 2174.54 万亿元，同比分别增长 12.46% 和 1.86%；电话支付业务 2.34 亿笔，金额 12.73 万亿元，同比分别增长 33.06% 和 31.69%。

---

① 资料来自 http：//www.pcac.org.cn/eportal/ui? pageId＝595055。

第五章　第三方支付业务

——收单业务

　　第三方支付是指具备一定实力和信誉保障的独立机构，通过与清算机构（如银联或网联）对接而促成交易双方进行交易的网络支付模式（亢林等，2021）。本书认同这一说法，这里的第三方是指介于交易双方之间、促成交易达成的一方。随着交易场景的日益复杂，第三方支付机构的内涵和外延不断发生变化，我国还演化发展出全世界"独一无二"的第三方支付机构，即我们熟知的支付宝和财付通。第二章讲到的提供虚拟账户的支付机构以及第四章讲到的提供网关转接的支付机构都属于第三方支付机构，不过所有的这一切都要从"收单"说起。

　　本章第一节是收单业务概述，包括收单业务定义、参与主体和职责以及收单业务类型。第二节介绍基于卡组织的银行卡收单，包括银行卡收单的发展历史和基于银行卡收单的主要流程。第三节介绍基于第三方支付机构的收单业务，包括我国第三方支付机构收单业务的发展、基于第三方支付机构收单的主要流程和网联成立断"直连"。第四节是收单机构盈利模式，包括我国收单手续费政策变化和收单机构新盈利模式。

第一节　收单业务概述

一、收单业务定义

　　收单业务也有广义和狭义之分，狭义的收单业务是指银行卡收单。本节主要围绕银行卡收单进行介绍。根据中国人民银行 2013 年第 9 号公告《银行卡收单业务管理办法》（以下简称《办法〈2013〉》），银行卡收单业务是指收单机构与特约商户签订银行卡受理协议，在特约商户按约定受理银行卡并与持卡人达成交易后，为特约商户提供交易资金结算服务的行为①。

二、收单业务参与主体和职责

由上述定义可知，收单业务参与主体至少包括收单机构、特约商户、持卡人、商业银行。

（一）交易双方

交易双方分别是特约商户和持卡人。持卡人是交易的买方，通过在商业银行开立账户获得银行卡，可使用银行卡从商家处购买物品或服务。持卡人享有用卡的便利性、信用卡即信贷的优越性以及及时偿付银行欠款的义务。特约商户是受理银行卡交易的零售商、个人、公司等，只要满足收单机构的资格标准即可。

（二）商业银行

商业银行分别包括卖方即特约商户收款账户所在银行和买方即持卡人的发卡银行。发卡银行的职责包括审核和批准持卡并发卡、接收与支付来自银联或国际卡组织的交易、向持卡人索要已支付的款项。发卡机构通过提供各类相关的银行卡服务收取一定费用。

（三）收单机构

根据《办法〈2013〉》，收单机构为包括从事银行卡收单业务的银行业金融机构，获银行卡收单业务许可、为实体特约商户提供银行卡受理并完成资金结算服务的支付机构，以及获得网络支付业务许可、为网络特约商户提供银行卡受理并完成资金结算服务的支付机构。收单机构与特约商户在以下方面签有文字合同：①接收商户的销售票据；②提供商户银行卡的授权终端以及合同包括的支持服务；③处理信用卡的交易。通常收单机构在处理银行卡交易时，要向商户收取一笔"手续费"。

在我国，收单机构包括三类：第一类是商业银行本身，它们一方面向消费者发行银行卡，另一方面受理特约商户银行卡交易并完成资金结算，该类收单机构对应上述办法中的"从事银行卡收单业务的银行业金融机构"。第二类是主要负责受理实体特约商户银行卡交易并完成资金结算的第三方支付机构，例如，银联商务、通联支付、数字王府井等，该类收单机构对应上述办法中的"获银行卡收单业务许可、为实体特约商户提供银行卡受理并完成资金结算服务的支付机构"。第三类是主要负责受理实体网络商户银行卡交易并完成资金结算的第三方支付机构，例如云闪付、支付宝、财付通等，该类收单机构对应上述办法中的"获得网络支付业务许可、为网络特约商户提供银行卡受理并完成资金结算服务的支付机构"。

---

① 资料来自 http://www.gov.cn/zhengce/2013-07/05/content_5023771.htm。

一般来说，收单机构从事的收单业务环节主要包括：

（1）发展特约商户，对特约商户进行资质审核，与特约商户签约并向其承诺支付受理款项。

（2）对特约商户收银员和财务人员进行培训，教育特约商户正确、合规受理相关业务。

（3）对特约商户及其收单业务进行交易监测、现场检查。

（4）负责收单业务风险管理和处置，承担特约商户管理不善的责任。

（5）布放、维护受理终端，确保受理终端和交易发送通道的数据安全。

（6）为特约商户结算收单业务的资金，处理收单业务差错和业务纠纷。

其中，收单机构从事的核心业务是指（1）、（3）、（4）和（6）。

由此可以看出，在收单业务中还有一类专业服务商，被称为收单外包服务机构，是由收单机构业务分工和细化而来，专门从事收单业务中非核心业务的企业。一般而言，按照对收单机构提供服务的不同，可以分为商户拓展与服务商、终端布放与维护商以及交易接入服务商。具体来看，商户拓展与服务是指按照收单机构和中国银联的规定及要求，提供特约商户培训等服务（业务（2））。终端布放与维护是指布放 ATM \ CDM \ POS \ 多媒体自助终端等各类银行卡受理终端，提供所布放终端日常保养维修、耗材更换、应用程序更新和参数调整等服务（业务（5））。此外，还有些外包服务机构负责交易接入服务，即对各类支付终端发起的交易信息进行收集、交易报文定制和转发的服务。

（四）清算机构

在当前主流的"四方模式"下，参与收单业务的还有清算机构。国内最重要的清算机构是中国银联（China UnionPay）以及 2017 年 8 月成立的网联（Nets Union Clearing Corporation）；国际上主要有 VISA（维萨）、MasterCard（万事达卡）、American Express（美国运通）、Discovery（发现卡）、Diners Club（大莱信用证）等信用卡组织或公司。除网联外，这里提到的其他清算机构都是银行卡组织。

这类机构的主要职责包括建立、维护和扩大跨行信息交换网络；通过建立公共信息网络和统一的操作平台，向会员银行提供信息交换、清算和结算、统一授权、品牌营销等服务。简单来说，其职责包括两项，一是转接，即将各种收单机构上报的交易信息利用跨行网络转接到持卡人所持卡的发卡行进行扣款；二是清算，即将交易所产生的各种手续费汇总进行清算。

图 5-1 是我国线下收单市场产业链。其中，发卡机构是各大商业银行；清算机构包括银联和网联；收单机构包括第三方支付机构和商业银行；监管机构是中国人民银行和中国支付清算协会。此外，还有一类收单服务机构，主要从事商户

拓展、终端制造和布放以及提供技术服务等。从产业链上下游来看，收单机构处于支付产业链中游，联结商户、发卡银行和清算机构。收单机构既是商户接驳数字化支付平台的入口，也是清算机构和发卡机构由 B 端撬动市场交易增长的重要渠道。收单机构一手托两端，成为支付产业链的重要支点。

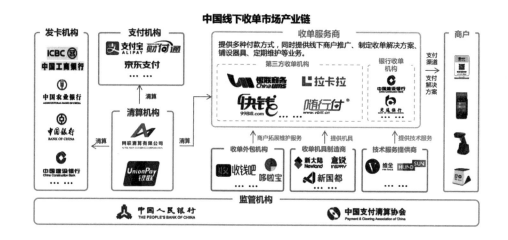

图 5-1　中国线下收单市场产业链

注：图片来自艾瑞咨询《2021 年中国线下收单行业研究报告》。

三、收单业务类型

关于收单业务的分类，学术界和实务界有多重标准。例如，按照消费者支付场景的不同，可以分为线上收单和线下收单，线上收单又可以分为网关支付、快捷支付等；线下收单又可以分为 POS 收单、ATM 收单、条码收单和二维码收单等。

区别于这种分类方法，本书将收单业务分成"直连模式收单"和"间连模式收单"。"直连模式"的政策依据来源于《办法〈2013〉》的第二十六条，"收单机构将交易信息直接发送发卡银行的，应当在发卡银行遵守与相关银行卡清算机构的协议约定下，与其签订合作协议，明确交易信息和资金安全、持卡人和商户权益保护等方面的权利、义务和违约责任"。简单来说，"直连"是指收单机构将交易信息直接发送给银行。与其相对应，"间连模式"也是之前提到的"四方模式"，是指收单机构将交易信息发送给清算机构，再由清算机构发送给银行的方式。因此，"收单机构能否直接将交易信息发送发卡银行"是两类模式的关键差异。

尽管在 2017 年 8 月 4 日，中国人民银行支付结算司出台《关于将非银行支付机构网络支付业务由直连模式迁移至网联平台处理的通知》，意味着从今以后收单业务不存在"直连模式"。但是，我们这里依然作"直连模式"和"间连模式"的分类，是为了让读者更清楚地看到我国独有的第三方支付发展模式及其对支付监管提出的挑战，以及我国监管机构的系列应对措施，这对我们理解 2017 年"断直连"政策十分必要。

在直连模式下，收单机构将交易信息发送发卡银行，这时承担清算业务实际上就是收单机构。在间连模式下，收单机构将交易信息发送给卡组织，再由卡组织发送给发卡银行，这时承担清算业务的是卡组织。基于此，第二节我们将介绍基于卡组织的银行卡收单，第三节我们将介绍基于第三方支付机构的银行卡收单。

第二节　基于卡组织的银行卡收单

无论是直连模式还是间连模式，收单业务都基于银行账户，因此银行卡是一个重要的载体，其发展经历了从有形卡到无形卡的过程。银行卡一般可以分为借记卡和信用卡，前者是基于账户中的钱进行消费，后者是基于持卡人的信用进行消费。两张卡片外观几乎无差异，但背后的运行机制差异很大。借记卡的本质是个人存款账户的延伸，其业务需要在不超过账户金额的情况下开展。信用卡的本质是个人信用的延伸，其业务可以在透支额度的情况下开展。从世界银行卡发展路径来看，先是有了信用卡，后来才出现借记卡。借记卡的管理由银行负责，但是信用卡的管理运行模式要复杂得多，且与第三方支付紧密相关。关于信用卡的重要性，可以借用 VISA 的创始人及荣誉首席执行官迪伊·霍克在《混序：维萨与组织的未来形态》一书中的表述来说明："这张小小的塑料磁条卡片，以及支持它的全球独特合作伙伴关系，改变了我们的购物习惯、支付账单的方式、存钱的方式、旅游的方式，甚至我们的整个生活方式。"因此，这一部分关于银行卡的介绍主要围绕信用卡展开。

【行业动态：我国银行卡业务总体运行情况】

一、银行卡收单的发展历史

（一）银行卡收单在美国

1. 从忘带钱包到"大莱俱乐部"

银行卡最早诞生于美国，从起源和发展来看，其是市场自然酝酿的结果。银行卡的雏形和前身源自商业信用，其出现时期可以追溯至 19 世纪末 20 世纪初。

这一时期，科学技术突飞猛进，各种新技术、新发明层出不穷，并被迅速应用于工业生产，这极大地促进了商业经济的发展，刺激和释放了巨大的消费市场（莫凡，2009）。在消费空前高涨的情况下，一些百货商店、饮食业、娱乐业和汽油公司等，为招徕顾客、推销商品、扩大营业额，有选择地在一定范围内发给顾客一种类似金属徽章的信用筹码，顾客凭信用筹码就可以在这些商店及其分号赊购商品、约期付款，后来逐渐演变成用塑料制成的卡片（王学斌，2006）。19 世纪20 年代，美国通用石油公司针对公司职员和特定客户推出了贵宾卡，将其送给客户作为促销油品的手段，后来也对一般大众发行。由于效果良好，吸引了其他石油公司跟进。此后，其他业态如电话、航空、铁路、娱乐公司等亦随之加入。但是，这些卡仅作为商户和客户之间的直接载体，并未成为盈利的工具。同时，信用筹码是商铺自己发行，发行对象需要经过严格筛选，发行数量非常有限，且应用范围也仅限于店铺及其分号本身，不具有一般通用性。直到 1950 年的一天，一个曼哈顿商人的一个灵感构思，改变了这一早期信用卡的状况……

1950 年，美国商人佛兰克·麦克纳拉在纽约一家饭店招待客人，就餐后才发现忘记带钱包了，不得不打电话叫妻子带现金来饭店结账。由此，他产生了设计一种能够证明身份及具有支付功能的卡片的想法。同年，他与商业伙伴创立了"大莱俱乐部"（Diner's club），即大莱信用卡前身，并发行了世界上第一张具有较广泛通用性的卡片——大莱卡。这张卡片不仅能够证明会员身份，还具有支付能力，会员凭卡片可以在当时指定的餐馆进行记账消费。这种无须银行办理的信用卡的性质仍属于商业信用卡。运用该卡进行消费时的支付流程如下：会员在指定的 27 家餐馆用餐后，出示卡片以表明"大莱俱乐部"会员身份，然后在消费单据上签字，最后将单据返回给商户；俱乐部定期向商户收取单据，扣除一定手续费后统一将会员消费款项支付给商户；会员按期付款给俱乐部。这就是早期的"收单业务"，"单"即指消费者签字的账单，"收单方"即大莱俱乐部。大莱卡不同于传统公司专营卡的根本之处在于，它是介于买卖双方之间、便利支付的第三方服务，这也是为什么现代意义上的收单业务归属于第三方支付范畴。

大莱卡一经出现，便受到各方推崇。历史资料表明，短短 12 个月内，大莱便发展了 42000 余名会员，并被超过 330 家商家接受。对于商家来说，相较自己单独发行信用筹码，这种卡省掉了调查、比较、筛选顾客的烦琐步骤，而且每月只需跟"大莱"结账，虽然要向大莱支付一定的手续费，但相较单独面向消费者进行赊账收款而言，违约风险几乎为零，且能够为餐馆带来更多的客户和交易。对于消费者来说，只要一张卡，就能在所有会员商店先消费后付款，在当月内完成付款即可，且无须每家店都登记个人身份。对于大莱来说，向符合条件的消费者发行会员卡，违约风险可控；向商家收取手续费，盈利模式清晰。由此，大莱卡的出现标志着"通用"卡片的诞生，这就是信用卡的雏形。随后的20世纪50年代，信用卡在美国慢慢地发展了起来。图5-2为早期大莱俱乐部纸质信用卡示例。

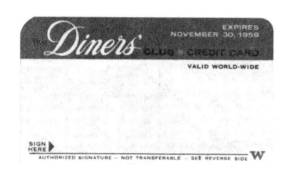

图5-2 早期大莱俱乐部纸质信用卡示例

注：图片来自张震天.1950年哪些人在改变支付方式［J］.中国收藏，2019（4）：96-99.为保护隐私，对卡片信息作了"打码"。

2.从"通用信用卡"到银行发行信用卡

大莱俱乐部拉开了现代信用卡历史的序幕，相继包括美国运通在内的公司纷纷加入推出信用卡的行列，但是这类由非银行机构创办的信用卡仍属于商业信用卡。1952年，美国加利福尼亚州的富兰克林国民银行首先发行了银行信用卡，此后的几年间，纽约和其他地方的许多银行相继推出了信用卡。但是，受各方条件制约，此阶段银行推出的信用卡全都亏损严重、相继夭折。直到1958年，加州的美洲银行（Bank of America）推出的美洲银行信用卡（Bank Americard）为信用卡的发展开辟了一个崭新的天地。

立足于美国加州的美洲银行是当时美国最大的银行，由第二代意大利移民创立。尽管当时的信用卡发卡机构发展模式相对成熟，但是美洲银行并不想简单复制现有的模式，它意图开发出能进一步推动消费信贷的新产品。美洲银行设想出了具有滚动信贷性能的信用卡方案，即持有该信用卡的人，可以像大莱卡那样进行消费付账，与其不同的是，使用信用卡的话，可以在月底收到账单时不必全部付清，余额滚入下个月，银行对余额计息。简单来说，就是美洲银行信用卡允许消费者推迟还款，但必须为此支付利息。美洲银行信用卡开创了不同于大莱俱乐部的一种全新商业模式：商户手续费和消费者会员年费是大莱俱乐部主要收入，而滚动信贷的利息则是美洲银行信用卡的主要收入。直到今天，手续费、年费和利息仍然是所有发卡银行运营信用卡业务的主要收入。图5-3为美洲银行信用卡示例。

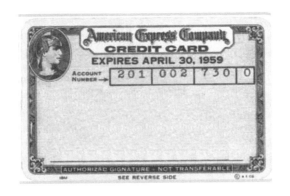

图 5-3　美洲银行信用卡示例

注：图片来自 https://www.sohu.com/a/305269382_786067。为保护隐私，对卡片信息作了"打码"。

一年之内，该卡迅速拓展到加州主要城市，但是随之而来的问题也不断凸显。一方面，美洲银行信用卡增加延迟还款的信贷功能后，伪冒（fraud）卡片的问题层出不穷。另一方面，由于设计者高估了民众品质，没有设立专门的催收（collection）部门，致使发卡初期坏账率迅速上升，最高时 22% 的消费者没有支付欠款，美洲银行亏损严重。经过几年的强力整顿，美洲银行信用卡开始转亏为盈。与此同时，消费者提出了一个新的要求，在满足消费者的过程中，银行家不断探索和创新，进一步推动了信用卡的全国化乃至全球化。

当时消费者提出，希望在全国范围内使用该卡，而不是只在加州。限制银行业务不能跨州经营的是 20 世纪 30 年代大萧条后国会的一项法律规定。相比之下，由于大莱俱乐部本身不是银行，而且提供的仅是付账业务，不带有信贷服务，因此不受银行法约束，可以充分发挥跨州甚至跨国经营的优势。在不违背法律的前提下，1966 年美洲银行决定成立一个跨地区的联盟，加入该联盟的银行都能发行美洲银行信用卡，并且自行发展商户和消费者，然后每个月跟美洲银行进行结算。这样，美洲银行以跨区联盟的形式实现了消费者跨行、跨地区使用信用卡。而这个由美洲银行发起和邀请其他银行加入的联盟就是当今著名的国际信用卡组织"VISA"的前身，收单业务也就此从封闭式收单走向开放式收单。

3. 从特许经营到自组织模式

20 世纪 50 年代，以大莱为代表的发卡机构在发卡的同时也自己亲力亲为拓展商户，而拓展的商户只能受理自己发行的卡片。发卡机构同时向持卡人和商户提供服务，这种发卡机构和收单机构是同一机构的模式被称为"封闭式"收单。1966 年，美洲联盟银行使用"美洲银行卡"品牌独立发卡、签约商户和进行卡运营。与其中任何一家银行签约的商户必须受理其他银行发行的美洲银行卡。此时，发卡机构和收单机构可以不是同一机构，这种模式被称为"开放式"收单。一些被美洲银行排除在外的银行与美洲银行发起竞争，成立了"银行信用卡协会"，即"万事达"（MasterCard）组织前身。

美洲银行使用"特许经营"模式，联合其他银行向全国发放"美洲银行卡"的"营业执照"。其他银行可以使用"美洲银行卡"品牌发行信用卡。这种模式促成了第一个银行信用卡网络体系的形成。一些大银行不愿意用"美洲银行卡"的品牌发行信用卡，但如果发展自身"封闭式卡系统"，又费时费力。与此同时，美洲银行既是信用卡"品牌授权者"，又是"市场竞争者"，制定规则难免从自身出发，导致其他银行不愿意遵从也无法遵从其规则。此外，由于没有电子数据记录和电子清算系统，美洲银行无力建立大型电子交易网络，发卡行和收单行之间以手工和邮政系统方式清算，效率低下，伪卡等安全问题严重。20世纪60年代，美国最大的两个信用卡联盟总共贷出26亿美元，但由于管理不善等带来的损失高达几亿美元。

在混乱中，美洲银行召开了一次各银行信用卡部门经理的会议。在这一会议上，一个名叫迪伊·霍克的人提出一个"超越"每个银行自身利益的建议，即由美洲银行和全体发卡银行成立一个委员会，这个委员会是"无中心"的，目的是加强银行之间的合作、避免混乱。在霍克的建议下，委员会按照"自主性区域"进行组织，每个区域都设立四个功能委员会，分别负责营运、行销、信贷与计算机系统。至此，VISA（Visa International Service Association）国际组织诞生，其成立又是信用卡发展史上重要的一页篇章。VISA国际组织不直接涉及发卡或收单领域的实际业务，这些业务由会员银行从事，因此与其没有竞争关系。VISA国际组织不以盈利为目的，也不向会员发放股利，盈余来自"入会费"和"佣金"，且全部投入网络建设、拓展和维护。VISA国际组织建立电子交易结算系统，负责清算系统、品牌推广、研究和开发等。就这样，在不断的发展过程中，信用卡盈利模式确认、银行卡联盟成立，美国的信用卡市场慢慢地从起步走向了成长期。至今，美国人在日常支付中都偏爱使用信用卡。

（二）银行卡收单在中国

与银行卡在美国的诞生和发展历史一样，我国也是先有信用卡，再有借记卡。只不过在有借记卡以前，人们是持有存折办理现金存取、查询等业务，后来随着电子化的普及，存折普遍被借记卡替代。这里，我们仍然聚焦信用卡的发展。

1. 从舶来品到中国特色信用卡

1979年秋季广交会期间，广州友谊商店总经理廖剑雄从外宾手中第一次接触到了被称为"信用卡"的塑料卡片。"不用付钱就可以拿走东西"，廖剑雄感到非常新奇。当时人民币的最大面额只有10元，对于生意人来说，携带现金很不方便，银行汇票也不支持异地取款。所以为了方便参会的外宾进行交易，中国银行与香港东亚银行签署代理东美信用卡取现的协议，我国第一次将国外信用卡引入了内地。

直到 1985 年，中国银行珠海分行才正式发行了中国第一张信用卡——中银卡。这张薄薄的卡片不仅引入了提前预支模式，更开启了信用社会的到来。但是，当时经济不发达，量入为出才是老百姓的常态，超前消费更是奢望。所以，此后的 10 多年时间里，中国工商银行、招商银行、广东发展银行的信用卡相继问世，但它们都没逃过"长期冬眠"的命运。而且，当时的商业银行也不敢直接向民众发行允许超前消费的信用卡。办卡时，申请人要先储蓄或担保，这意味着银行还需要向用户支付一笔利息，信用卡就这样被改造成了具有中国特色的"贷记卡""准贷记卡"（陈静，2014）。1996 年颁发的《信用卡业务管理办法》第十一条规定，"单位或个人领取信用卡，应按规定向发卡银行交存备用金"；第十七条规定，"透支限额为金卡 1 万元、普通卡 5000 元"。图 5-4 为我国第一张信用卡。

图 5-4 我国第一张信用卡

注：图片来自张震天. 1950 年哪些人在改变支付方式［J］. 中国收藏，2019（4）：96-99.

2. 从第一张信用卡到各银行收单

自中国第一张信用卡诞生后，中国银行卡产业开始缓慢发展。受限于信息技术，此时的信用卡交易都是手工完成的，这个阶段也被称为手工收单时期。手工收单的具体流程如下：①当消费者在商家进行交易时出示信用卡，商家致电发卡银行进行卡片余额确认。②银行查询无误后给出 6 位授权码。③商家根据授权码手写消费金额并制作单据。早期用于单表印制的工具被称为压卡机。商家将卡放入该设备的固定卡槽中固定，同时再在上面放一份多联的复印单，然后像活字印刷一样一个滚筒滚过去，卡片上的账号、姓名以及有效期等信息就印制在表单上。④表单制成后，持卡人在指定位置进行签名即可完成交易。⑤每日下班前，银行工作人员上门收走压卡单据，然后进行单据分类、清算下账，最后完成对商家的资金划拨等。图5-5为早期用于手工收单的压卡机。

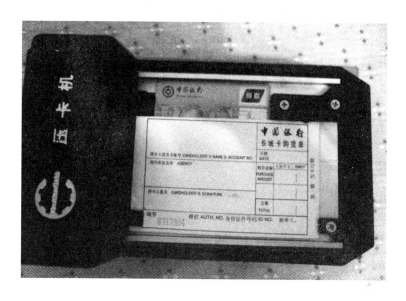

图5-5 早期用于手工收单的压卡机

注：图片来自 https：//www. sohu. com/a/213582853_652676。

伴随信息技术的不断发展，信用卡的交易流程也逐渐变得信息化和自动化。该阶段，一些专门受理信用卡交易的POS终端机也逐渐登上历史舞台。此时的收单具体流程如下：①当消费者在商家进行交易时出示信用卡，商家检查银行卡，并在POS机上完成刷卡、输入交易金额。②持卡人确认消费金额并输入交易密码。③交易信息通过POS机传输到银行进行验证。④若验证通过后，则POS机自动打印单据。⑤单据生成后，持卡人在指定位置进行签名即可完成交易。⑥银行根据上传的信息进行清算和结算。

该阶段，各家商业银行各自为政，自己发行卡片、拓展商户、布放POS机、完成清算和结算、执行催收等工作。2003年以前，各大银行相继成立了独立于总行以外的信用卡中心或专营机构。例如，1989年，中国工商银行的"牡丹卡"；1990年，中国建设银行的"龙卡"；1991年，中国农业银行的"金穗卡"；1992年，深圳发展银行的"发展卡"；1993年，中国交通银行的"太平洋卡"……至此，一行一网，一城多网，一柜多机，一机一卡现象普遍，在"百卡齐放"的同时，也给商户、消费者和银行带来了诸多不便。例如，为了满足各个消费者的持卡需求，商户往往需要安装各个不同银行授权的POS机；为了在更多地方进行信用消费，消费者也不得不申请办理多张不同银行的信用卡。与此同时，伴随着发卡数量的与日俱增，各银行独立清算的效率也骤降。

【趣味小知识：POS机的起源与在我国的发展】

3. 从中国银联成立到银行跨行收单

1993年，江泽民提出"全民使用信用卡倡议"，国务院启动了以发展我国电子货币为目的、以电子货币应用为重点的各类卡基应用系统工程，即金卡工程（张琪，2003）。该工程的实施，极大地推动了我国商业银行的电子化进程，为实现网上支付与资金清算提供了有利条件。金卡工程经过9年的发展，到2002年，我国银行卡事业取得突破性发展（王学斌，2007，2009）。

2002年1月，统一标识的"银联卡"开始在北京、上海等城市发行，并逐步扩展到全国40个城市。2002年3月，经国务院同意、中国人民银行批准，由中国印钞造币总公司、中国工商银行、中国农业银行、中国银行、中国建设银行和交通银行等85家机构共同出资成立中国银联股份有限公司，总部设在上海。中国银联负责建立和运营全国统一的银行卡跨行信息交换网络，制定统一的业务规范和技术标准，改善用卡环境，保障银行卡跨行通用以及业务的联合发展；为各商业银行提供共享的网络基础设施和信息交换平台，并开展技术和业务创新，提供先进的电子支付手段和相关的专业化服务；通过提供跨行交易清算系统，实现商业银行系统间的互联互通和资源共享，保证银行卡跨行、跨地区和跨境的使用（张琪，2003；中国银联，2013）。

简单来说，在这个阶段，商户不必摆放不同银行授权的POS机，只需布放一家银行的POS机，就可以受理来自其他银行发行的标有"银联"的信用卡。中国银联推行统一"银联"标识卡以及建立清算网络，解决了多年来困扰我国银行卡联合发展的运营机制问题，初步建立并将不断完善银行卡"市场资源共享、业务联合发展、公平有序竞争、服务质量提高"的良性发展环境，达到"一城一网、一柜一机、多行共享"的联网通用目的（吴凡，2008）。

4. 银联商务与银行竞争收单

中国银联成立后不久，于2002年12月在上海成立了控股子公司——银联商务股份有限公司，主要从事银行卡收单专业化服务。2011年5月26日，银联商务首批获得人民银行颁发的《支付业务许可证》，业务涵盖了银行卡收单、互联网支付、预付卡受理等支付业务类型。需要厘清的是，中国银联和银联商务是两个公司，前者是后者的股东，中国银联是卡组织，主要负责建立跨行信息交换网络、从事跨行交易清算业务；银联商务是第三方支付机构，主要从事线下POS

机银行卡收单。

自银联商务成立以后，其迅速在全国地级以上城市铺开。截至 2012 年第二季度末，银联商务业务已覆盖全国 34 个省级行政区的 337 个地级以上城市，业务覆盖率达 100%。同时，在 281 个地市建立分公司，并在 380 个县设立办事处或派驻人员开展业务。在一、二线城市，收单市场主要是由商业银行和银联商务共同竞争。然而，在银联商务没有设立机构的很多三、四线城市，仍然主要靠银行自行发展商户开展收单业务。

尽管商业银行和银联商务共同参与收单，但是我国的收单市场发展仍然滞后，即存在"重发卡轻受理"的现象。截至 2006 年底，我国银行卡规模达到11.3 亿张，但是受理银联卡的特约商户只有 52.1 万户，POS 机有 81.8 万台。银行卡发行数量多，但是收单市场发展滞后，会进一步限制银行卡市场的潜力，这成为我国银行卡产业发展进程中面临的一大瓶颈，也为后来以支付宝等为代表的第三方支付机构的发展提供了市场动因。

二、基于银行卡收单的主要流程

（一）线下 POS 机收单流程

以一个例子进行说明：小王在超市欲购买价值 800 元的商品，他打算用其"中国建设银行"信用卡进行 POS 机刷卡付款。超市布放的 POS 机由"拉卡拉"提供，超市资金结算银行为"中国工商银行"。此时，商户为超市，持卡人为小王，收单机构为"拉卡拉"，发卡行为"中国建设银行"，商户开户行为"中国工商银行"。

作为消费者，小王利用信用卡进行刷卡付款的流程如下（见图 5-6）：

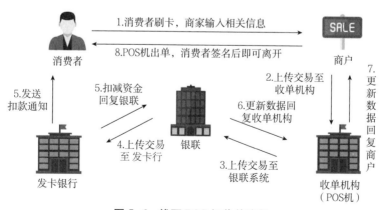

图 5-6　线下 POS 机收单流程

注：图片由笔者绘制。

（1）刷卡：小王将信用卡递给收银员，收银员审查银行卡，持卡在 POS 机卡槽上扫刷，然后在 POS 机上输入交易金额；小王确认消费金额并输入交易密码。

（2）上送：商户 POS 机收到支付请求，交易信息指令通过 POS 机传输至拉卡拉（收单机构）。

（3）转送：拉卡拉（收单机构）将交易信息指令转送至中国银联。

（4）发送：银联将交易信息指令发送至中国建设银行（发卡银行），通知扣款。

（5）处理：中国建设银行（发卡银行）检查卡片相关信息，无误后进行扣款，并发送交易处理结果至银联；同时发送扣款通知给消费者。

（6）返回：中国银联收到中国建设银行（发卡银行）交易处理信息后，将结果返回拉卡拉（收单机构）。

（7）返回：拉卡拉（收单机构）收到中国银联信息后，将结果返回商户 POS 机。

（8）出单：收到结果后，POS 机打印单据；小王签名，收银员保存单据，小王方可提货离店。

关于收单流程，有几点需要说明：①实际上这笔交易没有真正结束，这之后还会有银联清算和结算的过程，包括 T+1 日银联通过央行的大小额支付系统进行发卡行与收单机构、收单机构与商户的资金划拨等[①]；这一部分我们会在第七章进行介绍。②收单机构可以是商业银行，也可以是获得收单业务许可的第三方支付公司（此处的情况）。③如果收单机构和消费者发卡银行是同一银行，则交易在银行内部完成，不必经过银联进行信息转接。④在线下移动支付场景下，例如，消费者出示二维码进行支付或者商家扫条形码进行收款时，只要消费者选择用银行卡进行付款，就满足上述流程，区别点是消费者不必掏出实体卡进行刷卡，但是需要出示二维码或条形码，而且也没有最后"出单"的步骤，这一部分我们会在第六章进行介绍。⑤线上支付场景下，无论是网银支付，还是快捷支付，只要消费者选择用银行卡进行付款，同样满足上述流程。

（二）线下 ATM 收单流程

通过 ATM 跨行取现也同样属于收单业务，不过此时的收单机构就是商业银行。假设小王持有"中国建设银行"储蓄卡，拟在"中国工商银行"ATM 进行取款。小王跨行取现流程如下：

---

① 发卡行扣减消费者的资金致使消费者银行账户数字减少为资金流变化。这里提到的"交易没有真正结束"，是指商户并未收到资金。

（1）插卡：小王将建行储蓄卡塞入工行 ATM 卡槽，输入交易金额和密码。

（2）上送：交易信息指令通过 ATM 传输至中国工商银行（收单机构）。

（3）转送：中国工商银行（收单机构）将交易信息指令转送至中国银联。

（4）发送：银联将交易信息指令发送至中国建设银行（发卡银行）。

（5）处理：中国建设银行（发卡银行）检查卡片相关信息，无误后进行扣款，并发送交易处理结果至银联，同时发送扣款通知给消费者。

（6）返回：中国银联收到中国建设银行（发卡银行）交易处理信息后，将结果返回工商银行（收单机构）。

（7）返回：中国工商银行（收单机构）收到中国银联信息后，将结果返回工行 ATM 机。

（8）出单：收到结果后，ATM 出钞；小王清点无误后取卡离店。

关于收单流程，同样有几点需要说明：①实际上这笔交易没有真正结束，这之后还会有银联清算和结算的过程[①]。换句话说建行如何将钱支付给工行？这一部分我们将在第七章进行介绍。②如果消费者在本行 ATM 取现，交易则在银行内部完成，不必经过银联进行信息转接。

第三节　基于第三方支付机构的收单业务

一方面，滞后的收单市场会导致"重发卡轻受理"现象的产生，这制约了银行卡市场的进一步发展。另一方面，随着互联网技术的发展和普及，银行卡的智能化程度大大提高，逐步从实体卡向虚拟卡转换，消费者的支付习惯也逐渐发生了变化。在此背景下，一种全新的收单模式在我国应运而生，并随着时代的发展不断改变。

一、我国第三方支付机构收单业务的发展

（一）规范化第三方支付机构

在国内发卡量增大、整体消费水平提高等一系列的利好因素的刺激下，POS机需求量越来越大，陆续又出现了多家其他机构，例如，快钱（成立于 2004年）、数字王府井（成立于 2004 年）、拉卡拉（成立于 2005 年）、上海汇付数据（成立于 2007 年）等，它们和银联商务一样，主要通过布放 POS 机来经营收单

---

　　①　发卡行扣减消费者的资金致使消费者银行账户数字减少为资金流变化。这里提到的"交易没有真正结束"，是指工行并未收到其为发卡行垫付给消费者的资金。

业务。除了主营收单的第三方支付机构外，此阶段以支付宝为代表的网上支付机构也迅速发展。

经过几年的粗放式发展，2010年6月14日，中国人民银行出台了《非金融机构支付服务管理办法》以下简称《办法》【〔2010〕第2号】①，办法规定，于2011年开始，将颁发第一批支付牌照，这表明第三方支付机构开始正式受央行监管。第一批获得央行支付牌照的公司有27家，包括支付宝、银联商务、财付通、快钱、网银在线、拉卡拉等。《办法》规定："非金融机构在收付款人之间作为中介机构提供下列部分或全部货币资金转移服务，网络支付、预付卡的发行与受理、银行卡收单以及中国人民银行确定的其他服务。"这就表明，不同公司经营的支付业务各有差异。截至2020年末，获得银行卡收单支付牌照的机构有61家，其中31家获全国牌照，30家获区域牌照。

图5-7为支付宝支付许可证。

图5-7　支付宝支付许可证

注：图片来自 https：//gw.alipayobjects.com/mdn/rms/afts/img/A＊oiJsR7ymj2EAAAAAAAAAAAAAARQnAQ。

（二）支付宝、财付通等第三支付机构参与线下收单

无论是银联商务，还是拉卡拉、快钱等，它们在收单业务中主要起着线下布放POS机、利用POS机进行交易信息传送的功能，各项跨行交易信息最终都汇集在银联，且由银联负责清算和结算。然而，以支付宝、财付通为代表的第三方

---

① 资料来自 http：//www.pbc.gov.cn/tiaofasi/144941/3581332/4032412/index.html。

支付机构在收单过程中却扮演着不同的角色。我们以支付宝为例进行说明。

2011年5月，支付宝第一批获得支付牌照，其中除了"互联网支付""预付卡受理"等业务外，还允许其进行"银行卡收单"。2012年3月2日，支付宝称已开发出一套自有的支付方案，并应用于B2C电商及物流货到付款业务中。在该方案下，配送员可以通过支付宝POS终端完成刷卡收银、取件和签收录入等功能；刷卡收单后，资金快速转到电商和物流商支付宝账户。这个方案的关键点在于，一是解决了电商行业POS刷卡货到付款服务的空缺，当时市场尚有80%的B2C电商无法提供该服务；二是提高了物流商与B2C电商对账结算的效率，物流商代收银后货款最快T+1日到达B2C商户的支付宝账户。按计划，支付宝投入5亿元布放3万台POS终端设备，以电商平台货到付款为突破口，正式进军线下收单市场，实现一、二线城市的全覆盖。

2013年7月，中国人民银行发布了《银行卡收单业务管理办法》[①]，进一步规范了银行卡清算市场业务。其中，第二十六条表明："收单机构将交易信息直接发送发卡银行的，应当在发卡银行遵守与相关银行卡清算机构的协议约定下，与其签订合作协议，明确交易信息和资金安全、持卡人和商户权益保护等方面的权利、义务和违约责任。"这就说明，政策上允许支付机构绕开银联直接将交易信息发送至银行卡。该办法为我国独有的第三方支付机构收单模式即"直连模式"奠定了政策基础。

可自办法出台短短一个多月以后，8月27日，支付宝宣布停止线下货到付款POS业务。支付宝并未对叫停线下POS收单业务进行进一步说明，但是业内人士认为，支付宝此举与银联向第三方支付施压有关。中国银联在四届六次董事会上提出《关于进一步规范非金融支付机构银联卡交易维护成员银行和银联权益的议案》。其中银联给自己设定了两个工作目标，一是"2013年12月31日前，全面完成非金融机构线下银联卡交易业务迁移，统一上送银联转接"；二是"在2014年7月1日前，实现非金融机构互联网银联卡交易全面接入银联"。也就是说，无论是开展网络支付还是线下收单业务，非金融机构都必须通过银联通道进行。因此业内人士纷纷猜测支付宝是迫于银联压力，停止了线下POS业务。有业内人士表示，如果银联真的如愿收编第三方支付，按照2014年网上支付预计8万亿元的交易额来看，增加的手续费至少要240亿元。

"支付宝POS机停用事件"3个月后，支付宝借助"声波支付"全面杀回银联的腹地——线下市场。2013年11月，"支付宝钱包"宣布与银泰商业集团进行战略合作，消费者可以使用手机上的"支付宝钱包"在全国37家银泰门店付

---

① 资料来自 http：//www.pbc.gov.cn/goutongjiaoliu/113456/113469/1011840/index.html。

钱购物。同时，"支付宝钱包"账户间转账将继续免费。此外，支付宝使用最新研发的"声波支付"开展收单：在收银员输入商品金额后，消费者打开手机上的"支付宝钱包"，进入"当面付"界面，然后将手机扬声器对准指定感应区，大约3秒钟即可完成支付，随后还会收到支付宝发来的付款成功短信。在不到3个月的时间里，支付宝又找到了杀进线下支付市场的新利器——声波支付，这一次其不再局限于货到付款的收单业务，而是瞄准了市场更广阔的线下购物市场。此外，它还避开了与银联POS机收单的直接竞争，而是依托手机中的支付宝账户进行支付。

有了线下"声波支付"的尝试后，支付宝又继续将线上购物的扫码支付推广至线下。2013年底，支付宝和美宜佳全国5500家门店合作，推出线下的扫码支付。2014年3月，支付宝和连锁便利店巨头南中国7-Eleven合作，在广州、深圳的450家门店全面引入条码支付。支付宝与7-Eleven合作推出的扫码支付与此前和美宜佳合作推出的基本一致，用户只要打开手机上的支付宝钱包，选择"条码支付"功能并出示手机，让收银员用条码枪扫描，就可完成付款。2014年12月12日，阿里巴巴宣布，线下近100个品牌约2万家门店将参与"双十二"活动，活动当天使用支付宝钱包付款即可打五折，范围覆盖餐馆、甜品、面包店、超市、便利店等多个日常场所。据统计，截至"双十二"当天15时30分，该次支付宝钱包联合线下门店累计有404万笔交易，其中上海交易数位居榜首，成交87万笔。这一次，支付宝借"双十二"，在高额度补贴下全面"围剿"线下收单业务。

就在支付宝全面铺开线下收单业务的同时，互联网的另一巨头腾讯也不甘落后。2014年春节，腾讯财付通凭借"微信红包"功能一夜之间就走完了支付宝4年的路。从此，我国移动支付市场几乎被支付宝和财付通两家平分。

【学术链接：互联网第三方支付平台形成垄断了吗?】

二、基于第三方支付机构收单的主要流程

同样以一个例子进行说明：小王在超市欲购买价值800元的商品，他打算用支付宝钱包进行二维码付款。超市布放的扫码枪由支付宝提供，超市资金结算银行为"中国工商银行"。此时，收单机构为支付宝。

根据付款和收款账户的不同，可以分为四种情况：一是消费者通过支付宝虚拟账户付款，商家通过支付宝虚拟账户收款；二是消费者通过支付宝中绑定的银行账户付款，商家通过支付宝虚拟账户收款；三是消费者通过支付宝虚拟账户付款，商家通过支付宝中绑定的银行账户收款；四是消费者通过支付宝中绑定的银行账户付款，商家通过支付宝中绑定的银行账户收款。这里我们仅分析第一和第四种情况，后两种请读者自行分析。

（一）消费者虚拟账户到商家虚拟账户

小王利用二维码（账户余额）付款至商家支付宝虚拟账户的流程如下：

（1）扫码：小王出示二维码，收款员手持扫码枪进行扫码。

（2）上送：交易信息通过扫码枪传输至支付宝（收单机构）。

（3）处理：支付宝检查小王支付宝虚拟账户信息，若余额足够则进行扣款；小王支付宝虚拟账户减少 800 元。与此同时，商家支付宝虚拟账户余额增加 800 元。

（4）返回：小王支付宝账户收到金额扣减信息，商家支付宝账户收到金额增加信息；交易结束，小王方可提货离店。

通过上述收单流程我们可以发现，如果交易存在于两个虚拟账户之间，则信息不必经过银联，甚至不用经过商业银行①。归根结底，这笔交易可以看作只是数字上的增减，具体交易信息由支付宝记录。等到交易一方或双方有提现需求时，支付宝才会通过备付金账户和银行发生真实的资金结算。

（二）消费者银行账户到商家银行账户

小王通过支付宝中中国建设银行二维码付款至商家银行账户（中国工商银行）的流程如下：

（1）扫码：小王出示二维码，收款员手持扫码枪进行扫码。

（2）上送：交易信息通过扫码枪传输至支付宝（收单机构）。

（3）转送：支付宝（收单机构）向中国建设银行发起付款指令（快捷付款）。

（4）处理：小王在中国建设银行的存款余额减少 800 元；支付宝在中国建设银行的备付金余额增加 800 元；商家支付宝虚拟账户余额增加 800 元。

（5）返回：小王银行账户收到金额扣减信息，商家支付宝账户收到金额增加信息；交易结束，小王方可提货离店。

（6）提现：商家发起提现需求，即将支付宝虚拟账户增加的 800 元提现至其中国工商银行账户；支付宝向中国工商银行发起转账指令。

（7）处理：支付宝在中国工商银行的备付金余额减少 800 元；商家在中国工商银行的账面余额增加 800 元；商家支付宝虚拟账户余额减少 800 元。

由此可见，这笔跨行交易（消费者建行账户到商家的工行账户）在完全不经过银联的情况下，通过支付宝就可以完成。支付宝在这个过程中扮演了信息转接、清算和结算的角色。

---

① 这是 2018 年"断直连"以前的情况。

三、网联成立断"直连"

在上述交易中，资金的真实走向是从小王的建行账户到商家的工行账户，如果小王是通过 POS 机刷银行卡消费的，那么这笔资金的动向"小王转账给商户"就被银联清楚掌握。但是，现在小王是通过支付宝扫码进行支付，那么这笔资金的动向被支付宝清楚掌握。由于只能监管银行账户，央行看到的资金动向为：小王的建行账户余额减少，支付宝的建行账户余额增加，即"小王转账给支付宝"；支付宝的工行账户余额减少，商家的工行账户余额增加，即"支付宝转账给商家"。如此一来，如果小王转账给商户属于非法交易，那么这笔资金动向就逃离了监管。

在小王消费的例子中，支付宝系统连接了建行，所以可以直接向中国建设银行发起付款指令，由此可想，支付宝还与其他众多银行进行了系统直连。当消费者使用支付宝钱包选择银行卡付款时，支付宝就可以直接和银行卡开卡行之间进行数据对接。进一步可知，一家支付宝可以对接多家银行，如果有多家第三方支付公司呢？"直连"模式下，支付机构和银行的连接关系如图 5-8 所示。

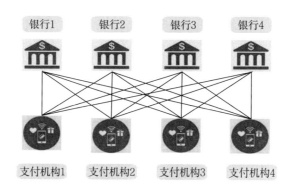

图 5-8 "直连"模式

注：图片由笔者绘制。

在该模式下，支付机构与多家商业银行进行数据对接，也就意味着在这些银行都开设了备付金账户，因此利用第三方支付平台进行的跨行交易完全可以通过支付机构在不同银行的备付金账户的操作而完成交易资金的清算和结算。一方面，资金动向不明细加剧了市场的金融诈骗风险，一旦出现风险可能传导至银行体系，不利于金融稳定。另一方面，备付金账户下沉淀资金利息收益成为第三方支付公司的获利方式，但实际上它们并不拥有这笔资金的所有权，这也使得消费者对资金安全产生担忧。当然，这种清算模式绕开了银联，极大地蚕食了其在收单业务中的手续费收入。

此外，这种模式对于支付宝、财付通以外的第三方支付公司非常不友好。直连模式需要支付机构与商业银行谈合作，对合作银行而言，备付金账户带来了吸收存款的额外收益，其合作动力增强。但是，银行更愿意与交易规模大、备付金存款沉淀多的支付机构合作。如此一来，中小支付机构因沉淀资金有限而得不到银行的青睐，导致直连银行数量远远落后于大型支付机构，因而费率上也不占优势，导致其在商户拓展中处于劣势，进一步加速行业的分化，即强者恒强、弱者恒弱。据艾瑞咨询统计（见图5-9），2016年第一季度我国第三方移动支付市场中，支付宝和财付通两大巨头占据了90%以上的市场份额，剩下的几百家第三方支付公司就在不到10%的份额中争抢。

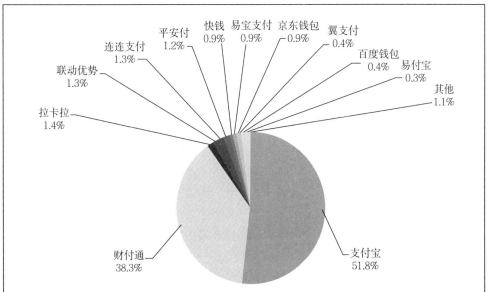

注：①统计企业类型中不含银行和中国银联，仅指第三方支付企业；②自2016Q1开始计入C端用户主动发起的虚拟账户转账交易规模，历史数据已做相应调整；③艾瑞根据最新掌握的市场情况，对历史数据进行修正。

资料来源：艾瑞综合企业及专业访谈，根据艾瑞统计模型核算及预估数据。

©2016.6 iResearch Inc.   www.iresearch.com.cn

图5-9 2016年第一季度中国第三方移动支付交易规模市场份额

注：图片来自艾瑞咨询《2016Q1中国第三方移动支付研究报告》。

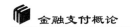

在此背景下，央行主持成立非银行支付网络清算平台来解决线上支付日益寡头化、违规清算、资金挪用、金融安全等问题，也是必然之举。

（一）网联成立的过程

支付市场风险引起党中央、国务院的高度重视。2016年4月12日，国务院办公厅发布《互联网金融风险专项整治工作实施方案的通知》（国办发〔2016〕21号）①。通知指出："非银行支付机构不得连接多家银行系统，变相开展跨行清算业务。非银行支付机构开展跨行支付业务应通过人民银行跨行清算系统或者具有合法资质的清算机构进行。"

2016年4月14日，央行会同其他14部委指定并印发了《非银行支付机构风险专项整治工作实施方案》（银发〔2016〕112号）②。方案指出："支付机构开展跨行支付业务必须通过人民银行跨行清算系统或者具有合法资质的清算机构进行，实现资金清算的透明化、集中化运作，加强对社会资金流向的实时监测。推动清算机构按照市场化原则共同建设网络支付清算平台，网络支付清算平台应向人民银行申请清算业务牌照。平台建立后，支付机构与银行多头连接开展的业务应全部迁移到平台处理。逐步取缔支付机构与银行直接连接处理业务的模式，确保客户备付金集中存管制度落地。"这里所说的具有合法资质的清算机构是指中国银联及即将上线的网联。

2016年8月，非银行支付机构网络支付清算平台（以下简称"网联平台"）筹备工作启动，并于2016年10月20日由央行正式批准筹建。网联平台建设自此拉开序幕，"断直连"和"备付金集中存管"两大任务也随之启动，支付市场正式进入了一个崭新的时代。2016年12月，网联平台总体技术方案顺利通过央行组织、由中科院院士领衔的行业专家组的集中评审，获得一致认可，保障了平台作为金融基础设施与所服务的新金融科技领域的技术水平和系统能力的匹配。

2017年8月4日，央行支付结算司向有关金融机构下发了《中国人民银行支付结算司关于将非银行支付机构网络支付业务由直连模式迁移至网联平台处理的通知》（银支付〔2017〕209号）③。通知要求："自2018年6月30日起，支付机构受理的涉及银行账户的网络支付业务全部通过网联平台处理。各银行和支付机构应于2017年10月15日前完成接入网联平台和业务迁移相关准备工作。"2017年8月29日，网联清算有限公司在北京正式注册成立，获得营业执照。

（二）网联介绍

网联清算有限公司是经央行批准成立的非银行支付机构网络支付清算平台的

---

① 资料来自 http：//www.gov.cn/zhengce/content/2016-10/13/content_5118471.htm。
② 资料来自 http：//www.gov.cn/xinwen/2016-10/13/content_5118605.htm。
③ 资料来自 https：//www.mpaypass.com.cn/download/201801/18212241.html。

运营机构。在央行的指导下，由中国支付清算协会按照市场化方式组织非银行支付机构以"共建、共有、共享"的原则共同参股出资，于 2017 年 8 月在北京注册成立。

网联共注资 20 亿元，股东总数 45 家，出资份额前 20 家公司如表 5-1 所示。其中，38 家是第三方支付机构，而支付宝和财付通占比位居第三方支付机构榜首，分别占比 9.61%。官方系股东 7 家，占比 37%，其中，中国人民银行清算总中心（央行直属）占比 12%，梧桐树投资平台有限责任公司（国家外汇管理局控股）占比 10%，上海黄金交易所（其他国家机构）、银行间市场清算所股份有限公司（其他国家机构）、中国银行间市场交易商协会（其他国家机构）、中国印钞造币总公司（央行直属）、中国支付清算协会（其他国家机构）各占比 3%。由此可见，除国家机构外，第三方支付公司也是网联建设的主力。

表 5-1　网联清算股份有限公司第 1 期股东出资明细（前 20 家）

序号	投资人名称	本次实缴出资额（万元）	股权比例（%）	背景备注
1	中国人民银行清算总中心	12000	12.00	央行直属
2	梧桐树投资平台有限责任公司	10000	10.00	国家外汇管理局
3	财付通支付科技有限公司	9610	9.61	腾讯
4	支付宝（中国）网络技术有限公司	9610	9.61	阿里巴巴
5	网联在线（北京）科技有限公司	4710	4.71	京东
6	上海黄金交易所	3000	3.00	其他国家机构
7	银行间市场清算所股份有限公司	3000	3.00	其他国家机构
8	中国银行间市场交易商协会	3000	3.00	其他国家机构
9	中国印钞造币总公司	3000	3.00	央行直属
10	中国支付清算协会	3000	3.00	央行直属
11	天翼电子商务有限公司	2770	2.77	中国电信
12	快钱支付清算信息有限公司	2450	2.45	万达集团
13	平安付科技服务有限公司	2450	2.45	平安集团
14	北京百付宝科技有限公司	2420	2.42	百度
15	联动优势电子商务有限公司	1990	1.99	海立美达
16	中移电子商务有限公司	1640	1.64	中国移动
17	银联商务有限公司	1550	1.55	银联
18	通联支付网络服务股份有限公司	1280	1.28	—
19	医保支付有限公司	1210	1.21	—
20	顺丰恒通支付有限公司	1180	1.20	顺丰

注：资料来自 2017 年《网联清算有限公司设立协议书》。

关于网联的职责，其官网定义如下："非银行支付机构网络支付清算平台作为全国统一的清算系统，主要处理非银行支付机构发起的涉及银行账户的网络支付业务，实现非银行支付机构及商业银行一点接入，提供公共、安全、高效、经济的交易信息转接和资金清算服务，组织制定并推行平台系统及网络支付市场相关的统一标准规范，协调和仲裁业务纠纷，并将提供风险防控等专业化的配套及延展服务。"区别于图 5-5 所示的直连模式，所有第三方支付机构不能直接与银行连接，都需与网联进行交易信息对接。网联的连接模式如图 5-10 所示。

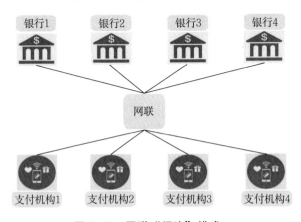

图 5-10　网联"间连"模式

注：图片由笔者绘制。

网联采用"三地六中心"的方案，在北京、上海、深圳三地租赁了 6 个机房，单数据中心设计处理能力 3 万笔/秒，6 数据中心极值处理能力 18 万笔/秒。国有商业银行和全国性商业银行采用 6 线接入网联"三地六中心"，其他商业银行至少采用 2 线接入网联异地两个数据中心。2018 年，网联平台平稳保障"双十一"，单日处理交易笔数 11.7 亿笔，跨机构交易处理峰值超过 9.2 万笔/秒，创下全球最高并发纪录。2021 年"双十一"期间，网联平台处理最高交易并发量超 9.35 万笔/秒，创历史新高。

截至 2019 年末，共有 534 家商业银行和 115 家支付机构接入网联平台。2019 年，网联清算平台处理业务 3975.42 亿笔，金额 259.84 万亿元；日均处理业务 10.89 亿笔，金额 7118.97 亿元。

（三）基于网联的第三方收单流程

同样以小王超市购物的例子进行说明：小王在超市欲购买价值 800 元的商品，他打算用支付宝钱包进行付款。超市布放的扫码枪由支付宝提供，超市资金结算银行为"中国工商银行"。小王利用二维码（中国建设银行）付款至商家银行账户（中国工商银行）的流程如下：

（1）扫码：小王出示二维码，收款员手持扫码枪进行扫码。

（2）上送：交易信息通过扫码枪传输至支付宝（收单机构）。

（3）转送：支付宝（收单机构）将交易信息转送至网联。

（4）发送：网联将交易信息发送至中国建设银行（发卡银行）。

（5）处理：中国建设银行（发卡银行）检查卡片相关信息，无误后进行扣款，并发送交易处理结果至网联，同时发送扣款通知给消费者。

（6）返回：网联收到中国建设银行（发卡银行）交易处理信息后，将结果返回支付宝（收单机构）。

（7）返回：支付宝（收单机构）收到网联信息后，将结果返回商户收银机。

（8）到账：收到结果后，收银机提示钱到账，小王方可提货离店。

关于上述收单流程，有几点需说明：①实际上这笔交易并没有真正结束，这之后还会有网联清算和结算的过程，这一部分我们会在第九章进行介绍。②网联和银联的作用非常相似，提供交易信息转接等。如此看来，在网联模式下，现在的每一笔交易，只要是基于银行卡付款而非虚拟账户，央行都能追踪到。而这一切对于普通的消费者来说并不会有影响，他们和以前一样，付款时出具二维码或扫商家码。对于商户来讲，在收款到账方面也不会有影响。

第四节 收单机构盈利模式

手续费，即消费者刷卡支付时，商户所得金额将按照该行业的费率标准扣除一定的费用，这扣除的费用即为刷卡手续费，由商户承担。这个过程大致情况是：消费者刷卡成功后，该笔账会被银联暂时扣除，通过银联进行清算，扣除刷卡产生的相关手续费；银联清算完毕后按照收率比例再把账分给收单银行以及发卡银行，最后再进行资金结算。

同其他发达国家接近3%的线下收单服务费率相比，中国线下收单市场服务费率普遍偏低。2016年执行的"银行卡手续费改革"统一下调了线下刷卡支付的收单服务费率，其中刷卡收单费率约为0.6%。而以二维码支付为主的条码收单服务费率则更低，仅为0.38%。随着监管持续收严，微薄的收单服务利润难以支撑行业长期盈利的增长，收单机构亟须寻求新的业务增长点。

一、我国收单手续费政策变化

（一）1999年以前分润模式

自1993年起，国家根据市场变化不断完善商户费率管理制度，先后六次规范调整商户收单价格体系，逐步建立起产业分润模式。

1992年12月，央行发布298号文件《信用卡业务管理暂行办法》，第一次明确人民币信用卡业务在不同行业的最低费率，其中最低费率为1%（如百货、运输），最高费率为4%（如工银、美术品），平均费率为2.5%~3%（如餐饮、宾馆），由银行和商户议定，并无分润要求。

1996年1月，央行正式颁布26号文件《信用卡业务管理办法》，在上调信用卡透支限额的基础上，规定信用卡业务费率不得低于交易金额的2%，由银行和商户议定，也未提出分润要求。

1999年1月，央行颁布17号文件《银行卡业务管理办法》，首次将商户费率按照行业进行划分，其中宾馆、餐饮、旅游、娱乐等行业不得低于交易金额的2%，其他行业不得低于1%。同时，首次引入收单分润机制，规定跨行交易手续费收益在银行间的分配标准是发卡银行、清算组织和收单机构按照8∶1∶1的比例进行分配。该定价模式与当时银行卡受理主要集中在星际酒店、高档饭店、大型商场等几类商户相适应，对于规范银行卡业务、促进银行卡业务发展起到了重要作用。

（二）2004年"721"分润模式

伴随着银行卡业务的飞速发展，刷卡消费已逐渐被广大消费者所接受，银行卡受理商户也逐渐拓展到各大行业。由于不同类型商户的经营成本存在明显差异，因此简单划一的手续费标准已成为银行和受理商户之间合作的瓶颈。为适应市场发展，完善银行卡业务参与机构的分配体系，2004年初，央行发布126号文件《中国银联入网机构银行卡跨行交易收益分配办法》，该办法对实时调节银行卡受理市场中各方面的利益关系、调动各方的积极性十分及时和必要（刘申燕，2006）。其收益分配办法主要内容如下：

对于ATM跨行取款交易而言，收益分配采用固定代理行手续费和银联网络服务费方式。持卡人在他行ATM成功办理取款时，无论同城或异地，发卡行均按每笔3.0元的标准向代理行支付手续费，同时按每笔0.6元的标准向银联支付网络服务费。

对于POS机银行间的交易而言，收益分配采用固定发卡行收益和银联网络服务费相结合的方式，将发卡行、收单机构以及清算组织的分润比例设置为7∶2∶1。同时，进一步细化行业分类，对于酒店、餐饮、娱乐、珠宝、工艺品类的商户，发卡行的固定收益为交易金额的1.4%，银联网络服务费标准为交易金额的0.2%。对于一般商户，发卡行的固定收益为交易金额的0.7%，银联网络服务费标准为交易金额的0.1%。

在此基础上，对于几类特殊行业或商户，给予适当优惠，即设置手续费上限。对于房地产和汽车销售类商户，手续费按照一般类型商户的标准收取，但发卡行收益每笔最高不超过 40 元，银联服务费最高不超过 5 元。对于航空票务、汽车加油、商超等类型商户，手续费按照一般类型商户减半的标准收取，即发卡行收益为交易金额的 0.35%，银联为交易金额的 0.05%。此外，对于公立医院和公立学校，发卡行和银联不参与收益分配。以一个例子来说明：小王在商场（一般商户）刷银行卡购买了 1000 元的商品，假设手续费率为 1%。按照 7∶2∶1 的比例，发卡行收取 7 元（1000×0.7%），收单机构收取 2 元（1000×0.2%），银联收取 1 元（1000×0.1%）。

上述分润办法对促进收单机构灵活开展业务、积极开拓市场、提高商户受理银行卡的积极性等有显著的作用。但是，由于存在手续费优惠行业和封顶行业，这也为后期商户收单市场的套码乱象提供了滋生的土壤。

（三）2013 年全面下调商户费率

为更好地促进银行卡产业发展、减轻商户负担、方便群众刷卡消费，2013 年 1 月 16 日，国家发改委发布《国家发展改革委关于优化和调整银行卡刷卡手续费的通知》（发改价格〔2013〕66 号）①，规定自 2013 年 2 月 25 日起正式实施新价格政策。

文件规定："刷卡手续费由发卡行服务费、银行卡清算组织网络服务费和收单服务费组成。其中，发卡行服务费和银行卡清算组织网络服务费实行政府定价，收单服务费实行政府指导价。刷卡手续费商户类别包括餐娱类、一般类、民生类和公益类四大类。各类商户发卡行服务费、银行卡清算组织网络服务费和收单服务费根据行业刷卡成本和风险等因素确定。对公益类机构免收发卡行服务费和银行卡清算组织网络服务费。" 具体手续费标准如图 5-11 所示。

由此可见，新规定下，餐娱类商户费率为 1.25%，一般类商户费率为 0.78%，民生类商户费率为 0.38%，公益类商户为零费率。回到小王在商场购物的例子，按照一般商户新设定的比例，发卡行收取 5.5 元（1000×0.55%），收单机构收取 1.5 元（1000×0.15%），银联收取 0.8 元（1000×0.08%）。

（四）"96 费改"后的分润模式

为进一步降低商户经营成本、改善商户经营环境、扩大消费、促进商贸流通，2016 年 3 月，国家发展改革委和央行联合印发了《关于完善银行卡刷卡手续费定价机制的通知》（发改价格〔2016〕557 号）②，对银行卡收单业务的收费模式和定价水平进行了重要调整。此次调整在继续大幅下调商户费率的基础上，取消行业费率，有效遏制了套码乱象。新定价机制自 2016 年 9 月 6 日起正式实

---

① 资料来自 http：//www.gov.cn/zwgk/2013-01/21/content_2316970.htm。

② 资料来自 http：//www.gov.cn/xinwen/2016-03/18/content_5055286.htm。

银行卡刷卡手续费标准

商户类别	发卡行服务费	银行卡清算组织网络服务费	收单服务费基准价
1.餐娱类: 餐饮、宾馆、娱乐、珠宝金饰、工艺美术品、房地产及汽车销售	0.9%,其中房地产和汽车销售封顶60元	0.13%,其中房地产和汽车销售封顶10元	0.22%,其中房地产、汽车销售封顶10元
2.一般类: 百货、批发、社会培训、中介服务、旅行社及景区门票等	0.55%,其中批发类封顶20元	0.08%,其中批发类封顶2.5元	0.15%,其中批发类封顶3.5元
3.民生类: 超市、大型仓储式卖场、水电煤气缴费、加油、交通运输售票	0.26%	0.04%	0.08%
4.公益类: 公立医院和公立学校	0	0	按照服务成本收取

注:1.单店营业面积在100(含100)平方米以下的餐饮类商户按一般类商户标准执行;
    2.未在表中列出的行业按照一般类商户标准执行;
    3.收单服务费标准为基准价,实际执行中可以此为基础上下浮动10%。

图5-11 银行卡刷卡手续费标准 (〔2013〕66号)

施,具体规定如下(李国辉,2016;侯帅,2016):

第一,降低发卡行服务费率水平。发卡机构收取的发卡行服务费由当前根据商户类别定价变为由政府定价,对借记卡和贷记卡(含准贷记卡,下同)执行不同费率,即"政府指导价、上限管理,并对借记卡、贷记卡差别计费"。具体来看,借记卡费率水平不超过交易金额的0.35%,贷记卡为不超过0.45%。

第二,降低网络服务费率水平。银行卡清算机构收取的网络服务费由当前根据商户类别定价变为由政府定价,即"政府指导价、上限管理,分别向收单、发卡机构计收"。具体来看,费率水平降低为不超过交易金额的0.065%,由发卡行、收单机构各承担50%。

第三,调整发卡行服务费、网络服务费封顶控制措施。发卡机构收取的发卡行服务费,其中借记卡交易单笔收费金额不超过13元,贷记卡交易不设单笔收费上限。银行卡清算机构收取的网络服务费不区分借记卡、贷记卡,单笔交易的收费金额不超过6.5元,由发卡行、收单机构各承担50%。

第四,对部分商户实行发卡行服务费、网络服务费率优惠措施。对于非营利性医疗机构、教育机构、社会福利机构、养老机构和慈善机构的刷卡交易,实行发卡行服务费、网络服务费全额减免;自本次手续费调整措施正式实施起2年内,按照费率水平保持总体稳定的原则,对超市、大型仓储式卖场、水电煤气缴费、加油、交通运输售票商户刷卡交易实行发卡行服务费、网络服务费优惠。

第五,收单环节服务费按照市场进行调节。收单机构收取的收单服务费由现行的政府指导价改为实行市场调节价,由收单机构与商户协商确定具体费率。国家鼓励收单机构积极开展业务创新，根据商户需求提供个性化、差异化增值服务，并按照市场化原则，综合考虑双方合作需要和业务开展状况，与商户协商合理确定服务收费。

调整后的银行卡刷卡手续费项目和费率上限如表 5-2 所示。

表 5-2 银行卡刷卡手续费项目及费率上限

序号	收费项目	收费方式	费率及封顶标准
1	收单服务费	收单机构向商户收费	实行市场调节价
2	发卡行服务费	发卡机构向收单机构收取	借记卡：不高于 0.35%； 单笔收费金额不超过 13 元； 贷记卡：不高于 0.45%
3	网联服务费	银行卡清算机构向发卡机构收取	不高于 0.0325%；单笔收费金额不超过 3.25 元
		银行卡清算机构向收单机构收取	不高于 0.0325%；单笔收费金额不超过 3.25 元

注：资料由笔者根据《关于完善银行卡刷卡手续费定价机制的通知》整理。

结合上表，刷卡收单的分润逻辑如图 5-12 所示。需指出的是，这里的"刷卡"是广义的刷卡，除了指用实际银行卡在 POS 机上进行刷卡外，还指通过银行 App 的二维码或者支付钱包中绑定的银行卡进行扫码。这两种形式实际上都是基于银行账户由银联或网联进行跨行清算的模式。

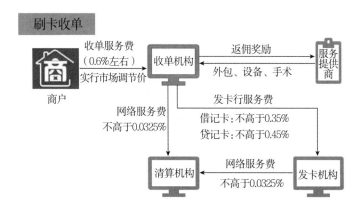

图 5-12 刷卡收单的分润逻辑

注：图片由笔者绘制。

回到小王在商场购物的例子，在刷借记卡的情况下，同时假设商户和收单机构商议服务费率为 0.6%，因此收单机构收取 6 元（1000×0.6%）；发卡机构向收单机构收取服务费（不高于 0.35%），假设按 0.3% 计算，因此发卡行收取 3 元（1000×0.3%）；清算组织分别向发卡机构和收单机构收取服务费（不高于 0.0325%），假设都按 0.03% 计算，因此银联分别收取 0.3 元（1000×0.03%）。最终，收单机构收取 2.7 元（6-3-0.3），发卡银行收取 2.7 元（3-0.3），清算组织收取 0.6 元（0.3+0.3）。

二、收单机构新盈利模式

在备付金集中存管以前，收单机构利润来源主要有两个方面：一是向商家收取的服务费；二是备付金利息。"96 费改"后，收单机构手续费按照市场价格调节；2019 年 1 月后，备付金实现全部集中存管，意味着收单机构依靠备付金利息沉淀实现盈利增长的时代已彻底完结。此外，收单机构监管趋严，收单机构盈利空间被持续挤压，单一业务结构已无法支撑其长期的盈利增长，收单机构盈利模式创新势在必行。艾瑞咨询在其发布的研究报告《中国线下收单行业研究报告》（2021 年第 2 期）中，围绕收单机构新盈利模式进行了详细阐述，主要观点如下：

（一）支付+货品供应

随着产业支付的深化，收单业务在商户群体中的渗透由零售商向生产商、加工商、批发商、采购商延伸，基于产业支付的线下收单市场份额已初具规模。从客户需求侧来看，传统的货品供销体系存在交易数据繁杂、统计失误概率高、货物及数据溯源难度大等弊端，而零星环节采用数字化管理仍不能解决以上关键问题，对整个货品供销流程的效率提升贡献有限。目前，下游商家对于全链数字化升级的需求最为迫切。从服务供给侧来看，收单机构基于为批发商、零售商、采购商提供的收单服务，沉淀了大量经销流程的交易数据，这些数据在收单机构的统筹管理下，可以大幅减少差错、精准溯源。此外，收单机构可将交易数据与货品、物流匹配，结合 DNS 标识解析等工业互联网技术，对全部的供销链条进行数据化管理，打造全流程可溯源、全方位可查验、全渠道一站式货品供应链平台。具体如图 5-13 所示。

（二）支付+融资服务

中国中小微商户群体普遍存在企业财务报表不规范、账目混乱的问题，造成中小微商户"融资难""融资贵"。提供贷款服务的金融机构在审核中小微商户贷款融资申请时往往会耗费更多的人力、时间完成尽调工作，造成金融机构提供融资服务的成本上升，进一步加剧中小微商户的融资困难。线下收单机构可基于商户交易数据沉淀，协助商户贷款融资。

具体而言，金融机构提供融资服务前，需要借助翔实的企业数据来探查融资

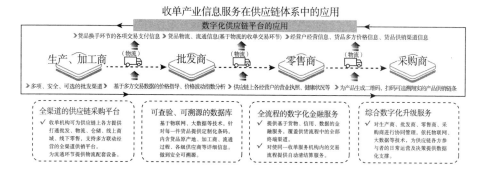

图 5-13 "支付+货品供应"盈利模式

注：图片来自艾瑞咨询《2021年中国线下收单行业研究报告》。

对象的真实情况，衡量可贷资金的量级的同时做好风险预防。而收单机构所掌握的恰恰是与中小微商户现金流状况息息相关的、可直接反映中小微商户偿债能力的交易支付数据，是金融机构的核心关注点。因此，收单机构基于商户长期资金流数据沉淀，可以为商户提供"助贷"服务。收单机构一方面可帮助有融资需求的中小微商户联系融资渠道、整理递交规范性融资申请文件，另一方面可协助金融机构梳理、核准关键性商户经营数据，以多维度的支付信息降低金融机构风控负担。具体如图 5-14 所示。

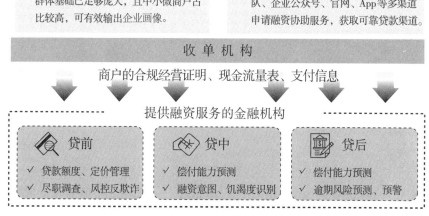

图 5-14 "支付+融资服务"盈利模式

注：图片来自艾瑞咨询《2021年中国线下收单行业研究报告》。

（三）支付+营销获客

通过商户数据与消费者数据的共享，收单机构可基于大数据技术获取商户、用户的清晰画像，并对两侧数据进行匹配，帮助商户实现分层营销、精准服务。由此，收单机构在商户侧与消费侧打造了 B、C 端的流量闭环，实现在线下消费场景中商户与消费者的紧密衔接。

目前收单机构提供的数字化营销活动主要分为三类：第一类是通过多途径帮助商户派发优惠券的促销获客活动；第二类是帮助商户进行广告宣传，从多各媒体平台拉流的获客活动；第三类是以权益激励等方式将收单机构自有用户、母公司或服务于 C 端的兄弟公司用户引流至签约商户的获客活动。具体如图 5-15 所示。

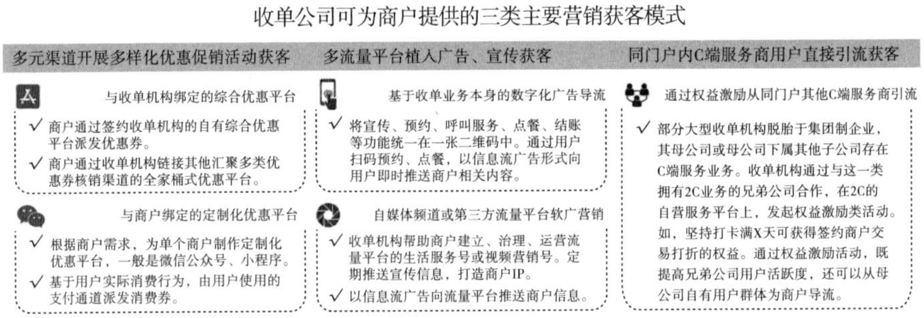

图 5-15　支付+营销盈利模式

注：图片来自艾瑞咨询《2021 年中国线下收单行业研究报告》。

思考题

1. 什么是银行卡收单？涉及哪些参与者？其职责分别是什么？

2. 简述国际银行卡收单产业的起源和发展。

3. 简述国内银行卡收单产业的起源和发展。

4. 简述基于银行卡收单的支付流程。

5. 简述"断直连"前，基于支付宝、财付通等支付机构收单的支付流程。

6. 简述支付宝等支付机构发力线下收单业务相比银联的优势和不足。

7. 网联成立的背景是什么？简述"断直连"后，基于支付宝等支付机构收单的支付流程。

8. 我国收单手续费政策经历了哪几次重要变化？

9. 消费者住酒店刷借记卡消费了 1000 元，分别按照 2004 年、2013 年和

2016 年收单手续费计算发卡银行、清算组织和收单机构的手续费收入。

10. 第三方支付机构如何发力供应链金融业务？

【行业动态：我国银行卡业务总体运行情况】

截至 2020 年末，全国银行卡在用发卡数量 89.54 亿张，同比增长 6.36%。其中，借记卡在用发卡数量 81.77 亿张，同比增长 6.57%；信用卡和借贷合一卡在用发卡数量共计 7.78 亿张，同比增长 4.26%。全国人均持有银行卡 6.40 张，同比增长 6.01%。

截至 2020 年末，银行卡跨行支付系统联网特约商户 2894.75 万户，联网机具 3833.03 万台，较上年末分别增长 257.15 万户、331.34 万台；ATM 共有 101.39 万台，较上年末减少 8.39 万台。全国每万人对应的联网机具数量为 273.78 台，同比增长 9.10%，每万人对应的 ATM 数量为 7.24 台，同比下降 7.95%。

2020 年，全国共发生银行卡交易 3454.26 亿笔，金额 888.00 万亿元，同比分别增长 7.28% 和 0.18%，日均 9.44 亿笔，金额 2.43 万亿元。

【趣味小知识：POS 机的起源与在我国的发展】

POS，全称 Point of Sale，意为终端销售点，是指安装在特约商户，能通过与金融机构联网实现非现金消费、预授权、余额查询和转账等功能的电子设备。世界上最早的收银机诞生于 1879 年，由美国的利迪兄弟制造。当时主要是为了监督雇佣人的不诚实行为，无其他功能（董娟娟，2018）。

20 世纪 60 年代后期，日本率先研制成功了电子收银机，成为在商业销售上进行劳务管理、会计账务管理、商品管理的有效工具。

1974 年，中国第一台商用收款机研制诞生。1975 年，第一台收款机在北京东风市场投入使用，但因其不能分类累计，也不能备份和打印，中国第一台 POS 机以失败告终。

1981 年，北京市商业部门率先引进日本 OMRON 公司的 528 型收款机，分别用于北京市各大商场。由于该 POS 机功能较柜台现金结算器强大很多，其在全国各大城市的商场得到推广。

2002 年，中国银联成立，银行卡开始向集约化、规模化发展。从此打破了一个 POS 机只能刷一个银行的卡的局面。

2011 年，央行分批分次地为非金融支付机构发放了支付业务许可证。第三方支付公司由于审核快、流程简单，大多数商家都选择同第三方支付公司办理 POS 机。

2012 年，针对个人的"手刷"诞生。2014 年，"手刷"市场全面爆发，各大品牌"手刷"层出不穷，支付市场迎来了新的局面。

2016 年，以拉卡拉为代表的第三方支付公司推出了支持微信、支付宝、刷卡等的智能 POS 机。

【学术链接：互联网第三方支付平台形成垄断了吗？潘家栋，储昊东. 互联网第三方支付平台形成垄断了吗——基于市场势力测度的研究［J］. 广东财经大学学报，2021，36（4）：29-37）.】

文章选取第三方支付作为研究对象，采用修正后的勒纳指数测算第三方支付平台厂商的市场势力。结果表明，支付宝、财付通等 9 家平台厂商均利用市场势力来提升其垄断能力，以期获得垄断地位，且主要是利用显性市场势力来提升其垄断能力。市场份额与市场势力之间存在着背离，市场份额最高的两家厂商为支付宝和财付通，但其市场势力却处于底端水平。因此，加强第三方支付等互联网平台经济的反垄断，要同时考量平台厂商的市场份额与市场势力，将其作为反垄断的重要评判标准。

第六章 第三方支付方式

——近场支付

 央行颁布的中国金融移动支付标准中定义了两种移动支付方式，即远场支付和近场支付。根据中国支付清算协会《支付机构支付业务统计指标及释义》，远场支付主要是指客户使用手机等具备移动通信功能的设备，依托移动通信网络发送支付指令进入远程支付系统，实现货币资金转移的行为。常见的远程支付方式包括网银支付、电话银行支付、短信支付、App 支付、WAP 支付等。其特点是消费者与商户不见面，支付的发起不受时间和空间的限制，可以由客户自由地发起和完成。这一部分我们在第四章有所涉及。

 近场支付是指客户使用手机等具备移动通信功能的设备，通过实体受理终端，以联机或脱机的方式接入收单网络完成货币资金转移的支付方式（中国支付清算协会，2015）。其中，近场联机支付是指客户通过实体受理终端提交支付指令，获得银行、支付机构的实时验证后完成货币资金转移的行为。近场脱机支付是指客户通过实体受理终端提交支付指令，获得实体受理终端的实时验证后完成货币支付，并由收单或发卡机构与特约商户集中结算、完成货币资金转移的行为。常见的近场支付方式包括终端采用 NFC、条码、生物识别等方式进行支付。其特点是消费者与商户面对面交易，支付的发起具有时间和空间的限制。

 本章主要围绕近场支付展开。第一节介绍 NFC 支付，包括 NFC 概述、NFC 类型以及 NFC 支付原理和应用。第二节介绍二维码支付，包括二维码起源、二维码概述、二维码在我国支付行业的发展历程、二维码支付方式和流程以及聚合支付概述。第三节介绍生物识别支付，包括刷脸支付、声纹支付和指纹支付。

第一节　NFC 支付

一、NFC 概述

近场通信技术（Near Field Communication，NFC），又称近距离无线通信，是一种短距离的高频无线通信技术，允许电子设备之间进行非接触式点对点数据传输。NFC 的工作频率为 13.56Hz，支持短距离无线通信，使用范围一般为 1~4cm，理论上最远距离为 10cm。NFC 数据传输不需要通过移动网络，而是使用 NFC 射频通道（Radio Frequency）实现与其他设备的本地通信，其传输速度介于 106kbp~414bps，有 106kbp/秒、212kbp/秒和 414kbp/秒三个阶梯。

NFC 是由免接触式射频识别（Radio Frequency Identification，RFID）技术演变而来的，并向下兼容 RFID。RFID 又名电子标签。形象来说，其工作原理就是给物品贴上一个包含 RFID 射频部分和天线环路的 RFID 电路，携带该标签的物品进入人为设置的特定磁场后，会发出特定频率的信号，阅读器就可获得之前该物品被写入的信息。本质上，RFID 属于识别技术。与之不同的是，NFC 属于通信技术，即两个贴上标签的物品进入特定磁场后，不仅可以进行识别，还可以进行数据信息交互。

NFC 技术起源于 2003 年。当时，飞利浦和索尼正计划开发一种与非接触式卡技术兼容的无线通信技术。飞利浦派了一个团队到日本和索尼的工程师合作开发该项技术。三个月后，两家公司共同对外发布了研发成果，即一种可兼容当前非接触式卡协议的无线通信技术，并将其命名为 NFC。随后，为了促进 NFC 的发展和普及，2004 年，飞利浦、索尼和诺基亚联合成立了一个非营利性行业协会——NFC Forum。该协会旨在促进 NFC 技术的实施和标准化，确保设备和服务之间协同合作。协会在世界范围内拥有数百名成员，包括诺基亚、索尼、飞利浦、摩托罗拉、三星、英特尔等，其中中国企业有魅族、步步高、vivo、OPPO、小米、中国移动、华为、中兴、上海同耀和正隆等。

二、NFC 类型

NFC 通过单一芯片上集成感应式读卡器、感应式卡片或点对点通信的功能，利用移动终端来实现移动支付、电子票务、门禁、身份识别等的应用。具体来看，NFC 有三种工作模式：卡模式、读卡器模式和点对点模式。

一是卡模式（Card Emulation Mode）。该模式就是将具有 NFC 功能的设备模拟成一张非接触卡。例如，一部具有 NFC 功能的手机就可以模拟门禁卡、银行卡、公交卡、加油卡、水电卡、校园卡等，这些卡片信息被封装成数据包存储在手机 NFC 安全模块中，使用时"刷设备"即可。

二是读卡器模式（Reader/Writer Mode）。该模式就是将具有 NFC 功能的设备模拟成一个读卡器，可以从采用相同标准的 NFC 标签中读取数据。例如，一部具有 NFC 功能的手机可以从带有 NFC 芯片的标签、贴纸、报纸、名片等媒介中读取信息，实现身份核实、防伪查验、电子海报、移动广告等功能，使用时"刷标签"即可。

三是点对点模式（P2P Mode）。该模式就是将两个具备 NFC 功能的设备连接，实现点对点的数据传输。例如，两部具有 NFC 功能的手机靠近在一起，只要支持点对点模式，那么即可像蓝牙一样将手机里的音乐、图片、文件等数据进行相互传输。该模式与蓝牙模式类似，但是无须进行设备配对，只需通过简单的设备接触，就可建立起无线连接；其传输建立的速度快于蓝牙和红外，但是传输距离较短，传输速度也较慢。

图 6-1 为 NFC 手机支付示例。

图 6-1　NFC 手机支付示例

注：图片来自 https：//baijiahao. baidu. com/s？id=1712047850640634397&sShare=1。

三、NFC 支付原理和应用

当前，NFC 技术主要应用在支付、出行、门票、广告、考勤、识别、防伪等各方面，我们主要关注其在支付方面的应用。当前基于 NFC 模式的支付应用主要是以卡模式为主。其支付原理如下：

用户通过具有 NFC 功能的手机绑定银行卡等，绑卡需通过互联网获得发卡行和支付网络的批准。这里绑卡无须绑定银行卡的完整卡片信息，而是生成一个加密的设备账号和用于生成每笔交易专用的动态安全码的密钥（Token）。这样一来，即使手机被盗，通过设备账号和动态安全码也无法反向得到银行卡信息。

为保证支付安全性，NFC 手机需内置安全模块（Secure Element，SE），该模块提供存储敏感信息和执行交易事务的安全的环境。敏感信息包括设备账号、交易专用动态安全码（Token）、指纹解锁信息等。该模块与操作系统隔离，且模块信息仅本机可读。如此一来，如果操作系统被病毒攻击，基于硬件的安全模块存储环境不但可以隔离操作系统中的病毒，还具有防篡改特点。

在线下支付环境进行交易时，将 NFC 手机近距离贴近支持 NFC 的收银终端，在监测到收银终端周围所形成的磁场后，手机中的安全模块会通过 NFC 射频将设备账号和 Token 传递给收银终端，随后用户用指纹密码方式即可完成支付操作。支付后，终端通过网络将 Token 和交易金额发送给银联或银行等，进行验证和完成交易。

可以看出，NFC 手机无须联网，整个支付过程不会暴露在公用无线网络中，且使用 NFC 支付的所有信息仅在手机和终端设备以及终端设备和银联/银行间传递，不会暴露给第三方。而在使用互联网进行远程支付时，所有的交易信息都会被第三方获取，存在银行卡信息和个人隐私泄露的风险。相比传统银行卡刷卡，NFC 支付更安全，因为商家通过 POS 机刷卡时，可能会留存卡信息，因此存在银行卡被盗刷的风险，相比二维码支付，NFC 支付更安全、速度更快。一是无须联网；二是对光线和扫描位置的要求不高，瞬时支付体验更佳。此外，在移动设备上使用指纹等生物验证模式，相比数字密码更具有唯一性。

NFC 支付、银行卡支付和电子钱包支付对比如表 6-1 所示，这也是为什么数字人民币会采用 NFC 支付方式。当前我国数字人民币试点工作正在如火如荼地进行，而其中的亮点就是支持手机"碰一碰"的双离线支付以及可穿戴设备的支付，其背后的技术原理便是 NFC 点对点支付。具体我们将在第八章进行介绍。

表 6-1　NFC 支付、银行卡支付和电子钱包支付对比

支付模式	支付流程	交易安全	数据安全	网络环境
NFC 支付	接触即付款	卡组织结算，不保留消费信息	卡信息和密码储存于安全模块	无网络
银行卡支付	刷卡、输入密码、打单、签字	卡组织结算，商家或保留消费信息	卡信息暴露，密码不留存	网络环境
电子钱包支付	打开 App、扫码、输入密码	卡组织或支付公司结算，支付公司保留消费信息	卡信息和密码储存于手机 App	网络环境

常见的 NFC 支付产品包括中国移动的和包支付、苹果的 Apple Pay、三星的三星智付、华为的 Huawei Pay 等。2019 年 5 月 14 日，在拉斯维加斯举行的 TRANSACT（移动支付技术展览）大会上，苹果 Apple Pay 业务副总裁宣布 iPhone 将支持全新的 NFC 功能，即无须下载 App，只需要一个 NFC 标签贴纸即可触发 Apple Pay 支付。在这以前，实体 Apple Pay 交易需要 POS 这样的终端机才能实现。现在，通过新的 NFC 功能，iPhone 将可以自主识别具有特殊编码的 NFC 标签，并在用户将设备靠近标签时自动显示 Apple Pay 购买界面，无须通过第三方应用或其他设置。比如，用户租借电动滑板车时，可以通过 iPhone 或者 Apple Watch 靠近滑板车上的 NFC 标签来支付租金或者续费。在合作服装店 Bonobos，该功能可以实现更简单的自助购物，商店将 NFC 标签直接放在衣架上，用户就可以便捷地用 iPhone 付款了。2018 年 3 月 30 日，苹果推送了 iOS 11.3 正式版更新，而本次更新最引人注意的应该是 Apple Pay 可以绑定北京、上海的公交卡，用户可以方便地使用 iPhone 或 Apple Watch 来乘坐公交和地铁。图 6-2 为 Apple Pay NFC 支付示例。

图 6-2　Apple Pay NFC 支付示例

注：图片由笔者截屏。

第二节 二维码支付

一、二维码起源

二维码（2-dimensional bar code），于 1994 年由日本的 DENSO WAVE 公司发明。二维码的早期形式是一维码，即我们熟知的条形码。20 世纪 40 年代，在费城的德雷克塞尔理工学院，一名叫伯纳德·西尔弗的学生偶然间听到了学校院长与一家食品连锁店老板的对话。老板希望院长能研究出一种自动记录商品信息的结账系统。虽然这一请求被院长无情地拒绝了，但西尔弗却对此产生了浓厚的兴趣。经过长时间钻研，伯纳德·西尔弗和同学约瑟夫·伍德兰德借用摩尔斯电码点线的灵感，一起研发出被称为"公牛眼"的圆形条形码（见图 6-3），并于 1949 年申请了专利。但受当时科技水平发展的限制，这些被识读的条形码并不能提供足够多有用的信息。加之整个系统体积庞大、噪声过大，这一技术仍被搁置起来。

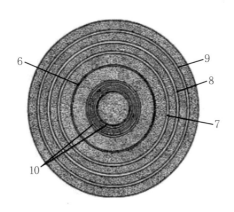

图 6-3 "公牛眼"的圆形条形码

注：图片来自 https：//m. sohu. com/a/238460989_100094878/? pvid＝000115_3w_a。

20 世纪 60 年代，伍德兰德已经成为了 IBM 的工程师，与此同时，激光和计算机已经问世。激光可以轻而易举地穿透条形码，计算机可以快速且准确地读取、存取和处理条形码上的信息。在 1969 年末，IBM 开始研究如何制作超市扫描仪和标签，伍德兰德也在这一项目之中。后来，伍德兰德被称为"条形码之父"。经过将近四年的艰难研究，IBM 终于推出了一种既易于打印，同时也能有效传递信息的长方形条形码。这种条形码最终得到了当时的符号选择委员会的认可，被命名为标准商品码（Uniform Product Code）。1974年6月26日，世界上第一个条形码扫描器被安装在俄亥俄州特洛伊的马什超市里。第一件被扫描的商品是10包箭牌多汁水果味口香糖。随后，条形码的应用从商品包装逐渐扩展至邮政分拣、书籍管理、行李托运等众多行业。图6-4为长方形条形码示例。

图6-4 长方形条形码示例

注：图片来自 http：//91. cqenxuan. cn/tx. html。

美国人成功研发了条形码并将其推广，而在二维码的研发上，日本人接过了这一棒。作为日本第一大汽车零部件供应商，日本电装公司汽车零件流水线上需要数量庞大的识别码。一位条形码不仅容量小，英文字符最多只能容纳20个，而且设置过于复杂、容易出现混乱。如何才能容纳更多信息且提高信息识别速度呢？电装公司旗下正在从事条形码读取机研发的DENSO WAVE公司投入到了新的二维码研发之中。研发项目启动后经过一年半的时间，在经历了几多曲折之后，可容纳约7000个数字的矩阵二维码终于诞生了，研发者给它取名为QR Code（Quick Response Code的缩写），以凸显其"快速反应"的特征。实际上，二维码是所有二维条形码的统称，有很多种类，QR码只是其中的一种。

二、二维码概述

（一）二维码定义

二维码，又被称为二维条形码，是相对于一维条形码而言的。二维码是分布在一个平面上的黑白相间的几何图形，按一定规律来记录数据符号信息的方式。在编码过程中，采用计算机二进制编码0和1的概念，并使用若干个与二进制相对应的几何图形来表示文字的数值信息，然后通过光电扫描设备或者图形输入设备对信息进行识别，以实现信息的自动处理（马鹏维，2010；万子杰，2019）。二维码的种类有很多，常用的有：QR Code、PDF417、Code49、Code16K、Data

Matrix、Maxi Code、Aztec Code、Vericode 等。各类二维码如图 6-5 所示。

Data Matrix　　Maxi Code　　Aztec Code　　QR Code　　Vericode

PDF417　　　Ultracode　　　Code 49　　　Code 16K

图 6-5　各类二维码

注：图片来自 https://www.cnblogs.com/guorongtao/p/12921855.html。

（二）二维码构成

以常见的 QR 码为例。QR 码一共有 40 个尺寸，根据行数和列数来区分，官方称为 Version。例如，Version 1 是 21×21 的矩阵，Version 2 是 25×25 的矩阵，以此类推，Version 40 是 177×177 的矩阵。不同尺寸的 QR 码如图 6-6 所示。

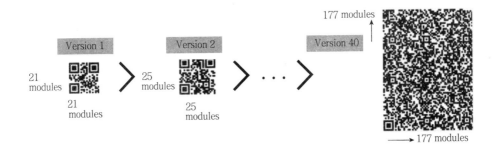

图 6-6　不同尺寸 QR 码

注：图片来自 https://www.qrcode.com/en/about/version.html。

图 6-7 展示 Version 1 的 QR 码，即 21×21 的矩阵。它一共由 21 行、21 列的小矩形组成。矩阵中"黑色点"表示二进制"1"，"白色点"表示二进制"0"。这些 1 和 0 不同的排列组合就形成了不同的二维码。除了 1 和 0 的像素点之外，二维码还有三个像眼睛一样的大黑色块，叫作定位点。这是二维码识别时用来对图像进行定位的，一般不能遮挡，否则将无法识别。

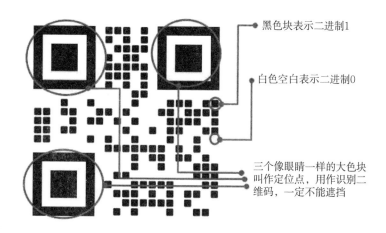

图 6-7　Version 1 的 QR 码解读

注：图片来自 http：//www. 360doc. com/content/20/0608/09/46783251_917138787. shtml。

（三）二维码特征

二维码具有一些条码技术的共性。例如，每个码制都有其特定的字符集，每个字符都占有一定的宽度，并具有特定的校验功能等。此外，它还具有自动识别不同信息和处理图形旋转变化的特点（马鹏维，2019）。与一维码相比，二维码是更高级的条码格式，具有如下特点：

（1）高密度编码，储存容量大。二维码不仅可以在水平方向上储存信息，还可以在垂直方向上储存信息。以 QR 码为例，如图 6-8 所示，其中 40-L 级（Version 为 40、容错率为 L）的数字数据可容纳 7089 个字节，字母数字混合数据可储存 4296 个字节，8 位字节数据可存储 2953 个字节，汉字数据可存储 1817个字节。

Version	Modules	ECC Level	Data bits (mixed)	Numeric	Alphanumeric	Binary	Kanji
40	177×177	L	23648	7089	4296	2953	1817
		M	18672	5596	3391	2331	1435
		Q	13328	3993	2420	1663	1024
		H	10208	3057	1852	1273	784

图 6-8　Version 40-L 级 QR 码储存容量

注：图片来自 https：//www. qrcode. com/en/about/version. html。对千分号进行了删除。

（2）编码范围广，储存类型多。二维码不仅能处理英文和数字，还能对图片、声音、文字、指纹、多种语言文字、链接等可以数字化的信息进行编码。

（3）容错能力强，具有纠错功能。容错率是用来衡量二维码纠错能力的参数，不同的纠错等级对应不同的容错率。以 QR 码为例，其 L 级的容错率为 7%，表示即使条码被遮挡 7%，也能被正常识别；M 级的容错率为 15%，Q 级的容错率为 25%，H 级的容错率为 30%。

（4）译码可靠性高。二维码比普通条码百万分之二的译码错误率要低得多，误码率不超过千万分之一。此外，二维码还具有使用成本低、易制作、持久耐用、使用方便、尺寸大小比例可变等特点。

（四）二维码标准

自二维码诞生以来，全球已有 250 多个二维码标准，包括 QR 码、DM 码（Data Matrix）、GM 码（Grid Matrix）和 CM 码（Compact Matrix）等。其中，以 QR 码和 DM 码为国际主流标准码。QR 码是日本主流手机二维码技术标准，它除了具有识读速度快、数据密度高、占用空间小等优势外，还可以有效识别汉字。DM 码则是韩国主流手机二维码技术标准，它采用的是复合纠错码技术，因此纠错能力强。

我国对二维码技术的研究始于 1993 年，中国物品编码中心对几种常用的二维码的技术规范进行了持续的翻译和跟踪研究。随着我国市场经济的不断完善和信息技术的迅速发展，国内对二维码技术的需求日益增加。中国物品编码中心在原国家质量技术监督局和国家有关部门的大力支持下，不断深入研究二维码技术。在借鉴和汲取国外相关技术的基础上，我国先后颁布了五种二维码国家标准，分别是《快速响应矩阵码》《四一七条码》《汉信码》《网格矩阵码（GM码）》《紧密矩阵码（CM 码）》。其中，GM 和 CM 是国家推荐标准，由中国工信部于 2006 年 5 月颁布。GM 码可以存储一定量的数据，提供可供用户选择的纠错等级；CM 码可更快速地完成二维条码图像的识别和处理。2020 年 11 月 6 日，工信部答复政协十三届全国委员会第二次会议第 3777 号提案称，下一步将加强二维码技术在各行业应用的顶层设计和标准体系建设，加快相关标准制修订工作，积极推动我国二维码国家标准成为国际标准。

不到一年，2021 年 9 月 2 日，国际标准化组织（ISO）和国际电工协会（IEC）正式发布汉信码 ISO/IEC 国际标准——ISO/IEC 20830：2021《信息技术自动识别与数据采集技术汉信码条码符号规范》。该国际标准是中国提出并主导制定的第一个二维码码制国际标准，是我国自动识别与数据采集技术发展的重大突破，填补了我国国际标准制修订领域的空白，彻底解决了我国二维码技术"卡脖子"的难题。

汉信码由中国物品编码中心牵头自主研制，是拥有完全自主知识产权的二维码码制，具有知识产权免费、支持任意语言编码、汉字信息编码能力超强、极强抗污损、抗畸变识读能力强、识读速度快、信息密度高、信息容量大、纠错能力强等突出特点，达到了国际领先水平。汉信码实现了我国二维码底层技术的后来居上，可在我国多个领域行业实现规模化应用，为我国应用二维码技术提供了可靠的核心技术支撑。

汉信码 ISO/IEC 国际标准的发布，是我国自动识别与数据采集技术领域自主创新的重要里程碑，是"国家标准走出去"战略的成功典范，大大提升了中国在国际二维码技术领域中的话语权，为我国二维码技术发展谱写了辉煌的篇章。

【趣味小知识：世界上最大和最小的二维码】

三、二维码在我国支付行业的发展历程

（一）2011~2014 年：条码支付从初探到叫停

在我国，二维码技术最早被广大百姓所知和所使用主要是在线下支付领域。支付宝最早、最正式地将这种二维码支付方式引入中国市场。2011 年，支付宝借助淘宝的优势，占据了当时我国在线支付市场的主要市场份额，线下支付市场仍被以银联为标志的银行卡占据。根据当时央行的规定，线下使用银行卡消费必须经过银联进行结算。线上独占鳌头的支付宝为进一步开拓线下支付业务，尝试开发使用各种支付媒介。与此同时，二维码不仅在技术层面上逐渐成熟起来，而且在许多的现实场景中得到了较为广泛的应用，例如名片、传单、宣传册、标签、贴纸、包装等。

在国际上开始逐步推广二维码技术的环境下，支付宝于 2011 年 7 月 1 日在其 App 中加入二维码支付功能，就此迈出了向国内线下支付领域进军的步伐。在支付宝二维码线下支付业务得到快速发展的同时，其他支付机构也陆续跟进和部署二维码支付业务。例如，2013 年 8 月 5 日，腾讯公司在正式发布的微信 5.0 版本中也推出了微信二维码支付功能。

然而从收单模式来看，支付机构线下二维码支付在清算、结算上避开了银联，加上操作的便利性，其很快占领了线下市场的大部分份额，这使得银联线下收单市场面临很大的威胁。另外，作为一种新型支付方式，二维码支付的技术标准和安全标准也尚未建立，存在一定的支付安全隐患。2013 年前后，出现多起因条码冒用导致的资金欺诈事件，引起了社会各界的广泛关注。因此，央行在 2014 年 3 月就向支付宝下发了紧急文件，即《中国人民银行支付结算司关于暂停支付宝公司线下条码（二维码）支付等业务意见的函》，认为线下条码（二维码）支付突破了传统受理终端的业务模式，其风险控制水平直接关系客户的信息安全和资金安全，因此禁止了支付宝的二维码线下支付活动。

就此，支付宝也以放弃拓展线下 POS 业务而告终。而其他支付机构的二维码支付发展速度也受到制约。需要注意的是，央行下发文件后，并没有继续使用

采取强制性和处罚性的动作。此前已经铺设的条码、二维码支付商家，大多仍能正常使用。这就说明原有二维码支付业务大多维持现状，支付机构只是停止了新的二维码支付的推广。就此，二维码支付发展速度骤降。与此同时，一种新的支付形态"聚合支付"也在探索中发展。对于其发展，我们将在后面进行专门介绍。

（二）2017~2019 年：条码支付规范发展

随着互联网电子商务和互联网金融的爆炸式发展，国家对于线上线下的商业互通能促进经济发展给予了肯定。与此同时，二维码支付技术也在不断优化。2017 年 12 月 27 日，央行印发《条码支付业务规范（试行）》（银发〔2017〕296 号）[①]。《条码支付业务规范（试行）》明确了条码支付的业务规则、开办资质、清算规则和风险管理要求，尤其指出银行业金融机构、非银行支付机构都可以使用条码技术，实现收付款人之间货币资金的转移。该规范是央行在 2014 年叫停二维码支付之后首次从官方角度承认二维码的支付地位，且央行明确指出，商业银行也可通过条码支付实现货币资金转移。2016 年 7 月，中国工商银行成为首家推出条码支付的银行，就此二维码支付在我国进入了规范发展阶段，呈现出快速发展的趋势。根据中国支付清算协会的数据，2019 年，全国共发生条码支付付款业务 1013.59 亿笔，金额 16.07 亿元；共处理条码支付收单业务 1737.55 亿笔，金额 26.74 亿元。

需要说明的是，此次规范发行后，尽管银行和非银行支付机构都允许线下二维码支付，但是它们的资金清算方式却存在差别。我们在第五章讲收单业务时提到过，如果是通过银行 App 中的二维码进行付款的，那么清算时就会通过银行系统或者银联（取决于收单机构和付款银行是否一致）；如果是通过支付机构 App 的二维码进行付款的，那么清算时就会绕开银联，直接由支付机构完成清算。不过这种情况在网联出现后就不存在了，因为通过支付机构的二维码进行付款的，其清算都由网联完成。

（三）2020 年至今：条码支付互连互通

自 2017 年《条码支付业务规范（试行）》发布以来，我国二维码支付行业进入一个新的发展之年。据京东数字科技研究院报告，截至 2019 年底，我国支持不同场景条码支付的 App 400 多个，有近 10 种条码支付标准，但是不同 App 与条码资源尚无法实现互认互扫，存在用户安装多个支付 App、重复注册等情况。此外还存在支付格局趋于垄断、差异化竞争不足，导致行业资源浪费；大量资金和数据信息集聚，违法违规风险增加等（孙璐璐，2020）。

---

① 资料来自 http://www.pbc.gov.cn/goutongjiaoliu/113456/113469/3450002/index.html。

2019 年 8 月 22 日，央行印发《金融科技（FinTech）发展规划（2019–2021年）》[1] 明确提出，要"加大科技赋能支付服务力度"，"推动条码支付互联互通，研究制定条码支付互联互通技术标准、统一条码支付编码规则、构建条码支付互联互通技术体系，打通条码支付服务壁垒，实现不同 App 和商户条码标识互认互扫"。条码支付实现互连互通，从表面上看是多个支付 App 可使用同一个二维码，在便利商家的同时，也免去了用户在不同 App 之间切换的麻烦。从更深层的意义上讲，互联互通能够避免支付机构对标准的重复建设，有助于打破支付巨头垄断、营造更加公平的竞争环境，同时还有助于监管部门加强监管、降低监管成本（于淼，2020）。

2020 年 1 月 3 日，银联与财付通微信支付就条码支付互联互通达成合作并开展相关试点，我国条码支付互联互通业务正式破冰。2020 年 1 月 13 日，中国银行和交通银行相继发布消息称，已在近日与中国银联、财付通合作，用户无须更换二维码，可直接使用手机银行扫描微信付款码即可完成线上支付，首次实现了手机银行与微信的互认互扫。

2021 年 9 月 30 日，微信支付官方宣布已与银联云闪付 App 正式实现线下条码的互认互扫，用户可于全国省会城市通过云闪付 App 扫描微信收款码完成支付。云闪付 App 已全面支持 Q 币、QQ 音乐和腾讯视频的充值服务；微信小程序将逐步支持云闪付支付，当用户通过小程序进行充值或付款时，可自行选择微信支付或云闪付作为支付方式。2021 年 11 月 16 日，微信支付官方宣布，微信小程序支付自助开通云闪付功能正式上线，这意味着微信支付商户可以在微信支付商户平台开通"云闪付付款到商家"功能，微信支付支持用户通过云闪付付款至已开通的商户。

继微信支付之后，支付宝也发布了与银联云闪付互联互通工作的进展。一是向银联云闪付开放线上场景，支持消费者通过云闪付付款，首批覆盖 85% 的淘宝商家；消费者在淘宝中提交订单后，即可在支付宝收银台直接选择"云闪付"进行支付。二是支付宝、云闪付扫码互认。

四、二维码支付方式和流程

根据我国《条码支付业务规范（试行）》（银发〔2017〕296 号），条码支付业务包括付款扫码和收款扫码。

（一）付款扫码

付款扫码是指付款人通过移动终端识读收款人展示的条码完成支付的行为，

---

① 资料来自 http://www.pbc.gov.cn/goutongjiaoliu/113456/113469/3878634/index.html。

即"主扫"（人民银行，2018）。常见的付款扫码一般分为静态付款码和动态付款码扫码两类。按照收款方的不同，静态付款码可以分为个人收款码和商户收款码。此类付款码通常以贴纸、条码牌等形式出现在商户的收银台。需说明的是，个人收款码仅支持虚拟钱包账户支付，不支持信用卡支付；商户收款码支持信用卡支付。动态付款码一般适用于商户，商户通过自动收银系统核对确认消费者购买商品或服务后，由收银机自动生成包含订单信息在内的收款码，消费者扫码后进行付款。此类付款码一般有时间限制，超过时间仍未支付，付款码则失效。

我们以付款者使用微信支付（银行卡非余额）扫描商户微信静态二维码为例来说明"主扫"的支付流程。此处付款者支付机构与商户收单机构均为微信支付。

第一步：付款方在微信支付中打开"扫一扫"，对准收款方的静态二维码，发起付款请求。

第二步：商户生成订单信息并向商户收单机构发起订单请求。

第三步：商户收单机构向清算机构（此处为网联）发起下单请求。

第四步：清算机构知晓下单请求，将支付信息转发给付款者支付机构。

第五步：付款者支付机构根据下单请求生成预支付的交易，并将结果返回清算机构。

第六步：清算机构收到预支付交易信息后转发至商户收单机构。

第七步：收单机构根据下单请求生成支付信息，将付款确认页面发送至付款方。

第八步：付款方选择付款银行卡，点击付款。

第九步：付款方支付机构收到用户支付请求后，对用户信息进行校验，若校验成功，则进行扣款处理。

第十步：支付机构将支付处理结果发送至清算机构。

第十一步：对于交易处理成功的，清算机构将该业务置为成功，并返回收单机构；对于交易处理失败的，清算机构将该业务置为失败，并返回收单机构。

第十二步：收单机构将交易结果发送至商户。

第十三步：支付机构将交易结果发送至付款者。

需注意的是，尽管消费者手机显示支付成功、商户提示收款到账，但实际上这笔交易并没有真正结束。目前只是信息流动，还未涉及资金流动。

此外，说起付款扫码离不开一个动作，即手机"扫一扫"。值得一提的是，尽管二维码是由日本人发明的，但手机"扫一扫"是由中国人徐蔚发明的。徐蔚博士于2011年申请了专利，并先后拿下了中国、美国、日本和欧盟等六个国家和地区的二维码扫码技术专利权。"扫一扫"专利保护的是"扫码"这一行为，其对象包括一维码、二维码、多维码在内的所有条形码图像。"扫一扫"专利公开了一种采用条形码图像在移动终端与后台服务器之间进行通信的方法、装置及移动终端，它实现的是对所有码制的条形码图像的正确解码，并可保证用户信息的安全性，也可以实现在没有后台服务器的情况下，在移动终端一侧即可完成服务的提供。

（二）收款扫码

收款扫码是指收款人通过识读付款人移动终端展示的条码完成支付的行为，即"被扫"（人民银行，2018）。条码由一个条形码+一个二维码组成，其特点是动态更新。

我们以付款者使用微信支付扫描某银行卡动态二维码为例来说明"被扫"的支付流程。

第一步：收银员输入用户应付款金额，并生成订单。

第二步：用户打开条码页面供收银员扫描。

第三步：扫码枪扫码之后，将订单提交给商家收单机构。

第四步：商家收单机构向清算机构发起支付请求。

第五步：清算机构将收到的支付请求，实时转发至付款方支付机构。

第六步：付款方支付机构收到清算机构转发的支付请求后，对用户信息进行校验，若校验成功，则进行扣款处理。

第七步：支付机构将支付处理结果发送至清算机构。

第八步：对于交易处理成功的，清算机构将该业务置为成功，并返回收单机构；对于交易处理失败的，清算机构将该业务置为失败，并返回收单机构。

第九步：收单机构将交易结果发送至商户。

第十步：支付机构将交易结果发送至付款者。

【行业动态：微信、支付宝个人收款码将不能用于经营收款和远程收款】

五、聚合支付概述

（一）聚合支付内涵

自二维码支付步入人们的日常生活中以来，各个支付机构都在尝试开发支付App，但是不同App的二维码是不互通的。例如，支付宝App无法通过识别微信二维码进行付款；云闪付App也无法通过识别支付宝二维码进行付款。因此曾经一度出现一个商家收银处有多码的现象。"一店多码"不仅不方便消费者，也不方便店家开展对账、统计、数据分析等工作。为了解决支付渠道碎片化、支付场景碎片化、支付数据碎片化、支付需求多样化等市场痛点，2015年左右线上聚合支付应运而生。

聚合支付是指借助银行、非银机构或清算组织的支付通道与清算、结算能力，利用自身的技术与服务集成能力，将一个以上的银行、非银行机构或清算组织的支付服务整合到一起，为商户提供包括但不限于支付通道、集合对账等服务内容，以此减少商户接入、维护支付结算服务时面临的成本支出，提高商户支付结算系统的运行效率，并收取增值收益（方雨嘉和张松，2017）。

可以说聚合支付是第三方支付的延伸，但又不同于第三方支付。第三方支付（支付宝、微信支付等）连接银行和商户，这类机构具有支付许可牌照。聚合支付则连接第三方支付和商户，没有支付许可牌照的限制，进而不进行资金清算。当然一些第三方支付机构和银行也可以开展聚合支付业务。聚合支付通过聚合国内外各大银行机构、第三方支付平台接口，为商户提供综合支付方案，因此也被称为"第四方支付"。聚合支付行业如图 6-9 所示。

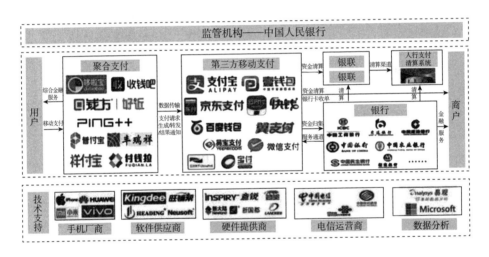

图 6-9　聚合支付行业

注：图片来自艾瑞咨询《2019 年中国聚合支付行业研究报告》。

（二）聚合支付类型

按照支付渠道不同，聚合支付可分为线上模式和线下模式。按照扫码形式不同，聚合支付可分为消费者主扫和消费者被扫。前者是消费者运用支付 App 的"扫一扫"，扫刷商家的聚合二维码，其支付渠道可以是线上，也可以是线下；后者是商家运用智能 POS 机、扫码枪或扫码盒子扫刷消费者的个人付款码，其支付渠道是线下。实际上，线上、线下的支付逻辑是一致的，为了更贴近生活，我们主要讨论线下聚合支付。图 6-10 为聚合支付主扫和被扫示例。

按照提供服务的不同，聚合支付服务商可分为聚合收单外包机构和聚合收单机构。前者也被称为集成类聚合支付机构，后者又被称为直清类聚合支付机构。

图 6-10　聚合支付主扫（左）和被扫（右）示例

注：图片由笔者拍摄。为了避免信息泄露，对图片中的二维码作了"打码"。

集成类聚合支付一般是指公司通过技术或业务集成为商户提供加盟或者支付服务。其业务不限于支付，还提供很多支付的增值性服务，比如聚合大数据、聚合营销、聚合支付金融服务等。这类服务商抓住商户缺乏技术开发能力、无法应对各家支付公司的接口上线和维护或者商户对接支付公司的资源有限的特点，对各家支付公司进行整合，解决商家快速上线各类支付的通道问题。

进一步还可以将集成类聚合支付细分为纯技术集成支付和业务集成支付，前者只对各家支付公司开放的接口进行整合和二次封装切入，实现商户一次接入就可调用多家支付终端，商户自行签约支付机构；后者往往和银行以及第三方支付平台有良好的协作关系，代商户签约多家支付机构，还能够为商户提供账户创立、审核、业务展开、买卖处置等延伸业务服务。我国聚合支付最初发展的时候以集成类聚合支付中的纯技术集成为主，但发展至今，业务集成的聚合服务商占据了主导地位。图 6-11 为集成类聚合支付示例。

直清类聚合支付一般是指商业银行和拥有第三方支付牌照的支付公司利用其资质直接与各大支付公司取得对接，建立一个聚合支付经营模式。自 2018 年起，这类聚合支付开始发展，尤其是商业银行开始涉足聚合支付。图 6-12 为直清类聚合支付示例。

由此可见，在支付链条中，集成类聚合支付机构独立于第三方支付机构，即消费者—集成类聚合支付机构—第三方支付机构/商业银行—商户。而直清类聚合支付机构本身就是第三方支付机构或银行，即消费者—直清类集合支付机构—商户。实际上，上述分类的关键在于聚合支付服务商可否直接对接清算机构，集成类集合支付机构不参与收单，因此不对接清算机构；直清类聚合支付机构参与收单，因此对接清算机构。

图 6-11　集成类聚合支付示例

注：图片来自 https：//cli. im/news/service/60273。为了避免信息泄露，对图中的二维码作了"打码"。

图 6-12　直清类聚合支付示例

注：图片来自 https：//s2. rabbitpre. com/m/2rirMAQum。为了避免信息泄露，对图中的二维码作了"打码"。

（三）聚合支付业务模式

结合主扫、被扫、集成和直清等的分类，我们可以将聚合支付机构分为四类："主扫+集成"类、"主扫+直清"类、"被扫+集成"类、"被扫+直清"类。下面我们介绍两种类型的业务模式（"主扫+直清"类和"被扫+集成"类）下的支付信息流和资金流走向。

1. "主扫+直清"类

该情形下，消费者通过微信支付（银行卡非余额）扫A银行的聚合支付二维码。此处省略由收单机构到清算机构、清算机构到收单机构的信息传输过程。具体流程如下：

（1）扫码：消费者利用微信支付"扫一扫"A银行聚合二维码付款。

（2）上送：交易信息通过二维码传输至银行（收单机构）后台。

（3）识别：银行识别出消费者使用微信支付发起付款请求，然后自动跳转到微信的支付接口。

（4）验证：微信自动生成支付订单反馈至消费者，消费者输入密码后完成支付。

（5）返回：微信将支付成功的提示返回给消费者和提供聚合支付服务的银行，银行再将支付成功的提示返回给商户。

（6）到账：商户提示收款到账，消费者方可提货离店。

尽管消费者显示支付成功、商户提示收款到账，但实际上这笔交易并没有真正结束。此时这笔资金还未真正地从消费者微信绑定的银行卡转移到商户的聚合支付签约银行。接下来还涉及网联的清算和结算。我们按照银联小额支付系统工作原理进行分析：

日切：T日23：00，网联进行日切，即记账日期的切换，并将当天交易日志同步给清算系统。

清算：T+1日凌晨时，网联开始进行收单清算。

轧差：T+1日10：00，网联将轧差后的清分结果，即收单银行和微信支付的应收（贷记）、应付（借记）金额，发送至各机构进行确认。

对账：各机构对清分结果进行对账确认后，通知网银确认交易明细无误。

网银开始进行资金划拨，按序将支付指令发送至央行支付系统，先借记后贷记。

2. "被扫+集成"类

对于集成类，我们仅考虑提供业务集成的服务商，不考虑纯提供接口集成的服务商，同时假设商户签约收款账户为支付宝。该情形下，消费者出示微信付款码（银行卡非余额），商家通过扫码枪或扫码盒子进行扫码。此处省略由收单机构到清算机构、清算机构到收单机构的信息传输过程。具体流程如下：

（1）扫码：消费者出示微信付款码，通过扫码枪或扫码盒子进行扫码。

（2）上送：交易信息通过扫码设备传输至聚合支付机构后台。

（3）识别：聚合服务商识别出消费者使用微信支付发起付款请求，然后自动跳转到微信的支付接口。

（4）验证：微信自动生成支付订单反馈至消费者，消费者输入密码后完成支付。

（5）返回：微信将支付成功的提示返回给消费者和提供聚合服务商，聚合服务商再将支付成功的提示返回商户。

（6）到账：商户提示收款到账，消费者方可提货离店。

从付款流程来看，除了"主扫"和"被扫"，该方式似乎与第一种聚合支付方式并无其他差异。实际上，真正的差异体现在清算、结算上。到目前为止，双方账户余额的增减只是信息流的变化，并未涉及资金流。而真正的资金走向是从消费者微信绑定的银行卡到商户支付宝。这里省略关于网联的具体清算过程。

由上述业务流程可以看出，其实"主扫"和"被扫"只是聚合支付方式的不同，而真正体现聚合支付机构差异的是看其是否参与资金清算、结算。直清类聚合商会参与网联的清算和结算，而集成类聚合商仅仅提供支付转接路径，不涉及清算和结算，其价值主要体现在简化商户业务开通流程、降低商户线下码管理成本、统一合并各账户机构给商户的收款对账明细等。

还需要说明的是，两种情况下，如果消费者都使用的是"微信余额"支付，不涉及银行卡交易，那么收单结算就分别由银行和支付宝来完成。

【知识加油站：聚合商如何识别消费者支付 App？】

（四）聚合支付的盈利模式

聚合支付的盈利来源主要是提供支付通道，但不限于此，主要包括以下几个方面：

（1）支付服务。如今市场上的商户费率一般在 0.38%～0.6%，即商户收款 10000 元会扣除手续费 38～60 元，由网联、第三方支付机构和聚合支付服务商分别收取。因此，交易服务费率是聚合支付企业最基本的盈利模式之一。但是由于竞争日益激烈，这部分营收份额占比不断下降。

（2）广告收入。广告收入是目前聚合支付企业营收份额增长最快的部分。通过不断积累的商家和消费者的数据，描绘用户画像，精准投放广告，促进精准营销，进而扩大广告投放价值，增加企业广告收入。

（3）金融衍生服务。聚合支付企业还可以提供一系列金融衍生服务，包括资金托管、理财产品、金融保险、助贷等。聚合服务商可将传统金融产品互联网化，从而降低金融产品的门槛，提高金融服务效率。但这部分业务如果开展不合规，可能引发金融业务风险。

（4）其他增值服务。其他增值服务类似会员管理、财务管理、供应链管理、信息管理、活动管理、数据挖掘等，在营收份额占比中不断提高。通过这些服务，能够不断增加用户黏性，进而不断增加服务收入。

当前条码支付实现互联互通后，支付宝、微信、云闪付以及各大银行 App 的二维码都可以互扫互认，那么聚合支付机构未来盈利的增长点在哪里？这个问题留给读者思考。

（五）聚合支付业务风险

聚合支付的业务风险主要是指"二清"风险。"二清"是相对于"一清"而言的，"一清""二清"都是指资金清算，"一清"是"一次清算"，"二清"是"二次清算"（马小华和张兰盟，2018）。

从前文分析可知，聚合支付机构可能是第三方支付公司或银行，也可能是无支付牌照的一般公司，前者有支付牌照，后者无支付牌照。因此，"二清"风险是指未取得支付牌照的单位或个人提供资金清算服务，导致商户和消费者产生经济损失的风险。不具备支付牌照的聚合支付机构从本质上来看仅提供技术或业务集成服务，不能沉淀资金，不参与收单，也不能涉及商户的资金结算问题。但在现实中，仍不免有一些聚合支付机构为商户提供资金账户以及提供结算、提现等服务。这些"二清"机构由于无支付牌照，因此也未在央行许可的商业银行开设备付金账户。一方面，央行无法及时监管"二清"机构挪用沉淀资金等行为；另一方面，在"二清"机构经营不善的情况下，可能会带着沉淀资金"跑路"，给商户和消费者造成严重的财产损失，影响社会秩序。

从业务模式来看，消费者通过"主扫"或"被扫"进行支付的流程与正规聚合支付一致，"二清"的独特之处是资金清算会经历两次清算。回到"被扫+集成类"业务流程例子中，正常情况下，网联在日切清算后，资金流走向是从消费者微信绑定的银行卡到商户支付宝。由于支付宝是商家签约的聚合支付服务商，因此资金通过一次清算即落入商家账户。再来看违法的"二清"，提供聚合支付的"二清"机构会将多个第三方支付平台的支付接口接入自己账户，然后再接入清算机构。因此，网联在日切清算后，资金流走向是从消费者微信绑定的银行卡到"二清"机构的账户，此为第一次清算；"二清"机构再将资金结算给商家，此为第二次清算。由此可见，资金就会沉淀在"二清"机构，一旦出现平台挪用资金、资金断链或平台跑路，那么商户就会面临巨大的资金风险。"二清"聚合支付公司往往会以低费率或其他的优惠形式、营销手段吸引商家，例如免费提供支付终端等，而商户往往容易在短暂的眼前利益面前忽视了资金安全的问题。

"二清"模式还容易引发洗钱和信用卡套现等违法行为以及系统安全风险。一方面,聚合支付机构的服务对象主要是中小微商户,确保商户信息的真实性的工作本身就极为困难,且收款资金链中各合作方定位混乱,这为不法分子进行洗钱和套现等违法活动提供了可趁之机。另一方面,聚合支付准入门槛低,很多聚合支付企业系统的技术标准以及系统的稳定性和安全性很难符合《非金融机构支付业务设施技术要求》的标准,其面临着易被黑客入侵等风险(夏云安,2018)。

(六)央行对聚合支付的政策态度

2017年1月22日,中国人民银行发布《关于开展违规"聚合支付"服务清理整治工作的通知》,要求:各地收单非银行支付机构与聚合技术服务商开展业务合作的,应严格遵守银行卡收单业务规定,切实承担收单主体责任,不得将商户资质审核、受理协议签订、资金结算、收单业务交易处理、风险监测、密钥管理等业务外包;不得允许聚合技术服务商以大商户模式入网。央行下发文件后,各地人民银行分支机构相继转发关于聚合支付整顿的通知。

为引导收单机构持续提升聚合支付机构的服务水平、规范和促进收单服务市场发展,2017年2月21日,中国人民银行发布《关于持续提升收单服务水平规范和促进收单服务市场发展的指导意见》(银发〔2017〕45号,以下简称《意见》)。围绕聚合支付,一方面,鼓励收单机构服务创新,鼓励其在提供支付、结算、对账、差错争议处理等基本收单服务的基础上,融合商户会员管理、营销活动管理、库存信息管理、供应链管理、数据分析挖掘等个性化增值服务。此外,鼓励收单机构运用安全、有效的技术手段,集成银行卡支付和基于近场通信、远程通信、图像识别等技术的互联网、移动支付方式,对采用不同交互方式、具有不同支付功能或者对应不同支付服务品牌的多个支付渠道统一实施系统对接和技术整合,并为商户提供一点接入和一站式资金结算、对账服务。另一方面,严禁无支付牌照的聚合支付机构以任何形式截留特约结算资金,从事或者变相从事商户资金结算,不得存留客户敏感信息。鼓励收单机构为特约商户提供聚合包括但不限于支付服务,但同时禁止无支付牌照的聚合支付机构从事或者变相从事商户资金结算。

2017年11月23日,中国人民银行发布《关于进一步加强无证经营支付业务整治工作的通知》(银发〔2017〕217号),指出要切实加强无证机构整治,坚决切断无证机构的支付业务渠道,全面检查持证机构为无证机构提供支付清算服务的违规行为,打击为无证机构违规提供支付清算服务的持证机构,加强源头治理。此后,多家银行关闭了支付机构的通道业务,让聚合支付陷入了危机。

2017年12月27日,中国人民银行发布《条码支付业务规范(试行)》(银发〔2017〕296 号），再次围绕银发〔2017〕45 号《意见》的核心内容进行重申，即"银行、支付机构不得将特约商户资质审核、受理协议签订、资金结算、交易处理、风险监测、受理终端主密钥生成和管理、网络支付接口管理、差错和争议处理工作交由外包服务机构办理。银行、支付机构与外包服务机构系统对接开展业务的，应确保外包服务机构无法获取或者接触支付敏感信息、不得从事或者变相从事特约商户资金结算"。

第三节　生物识别支付

近年来，大数据和深度学习技术驱动了生物识别技术的发展以及该技术在支付领域的应用。生物识别支付就是利用人唯一的生物特性如指纹、脸、虹膜、声纹、静脉等进行支付，从而代替传统的密码支付模式。生物识别在其他领域应用已久，近年来，互联网巨头公司纷纷发布自己的刷脸支付产品，生物支付时代已然到来。图 6-13 为支付宝刷脸支付示例。

图 6-13　支付宝刷脸支付示例

注：图片来自 https://render.alipay.com/p/f/fd-jqovmr1s/detailf2r82swwel.html。

一、刷脸支付

刷脸支付的定义。根据《人脸识别线下支付行业自律公约（试行）》，刷脸支付是指线下特约商户通过专用受理终端，采用人脸识别技术为用户提供的支付服务。

刷脸支付的发展。2013 年 7 月芬兰创业公司 Uniqul 推出了史上第一款基于脸部识别系统的支付平台——unique 支付系统。2014 年开始，百度、中科院重庆研究院、支付宝、微信支付等率先开启了刷脸支付的技术研发和商用探索。2017 年，iPhone X 推出了刷脸解锁以后，支付宝刷脸支付开始在中国推广，渗透到零售商超、餐饮等生活主要场景，行业呈高速增长态势。2019 年 11 月，艾媒咨询发布的数据显示，预计 2022 年中国刷脸支付用户将突破 7.6 亿人。2020 年，为规范人脸识别线下支付（以下简称刷脸支付）的应用创新，防范刷脸支付安全风险，中国支付清算协会组织制定了《人脸识别线下支付行业自律公约（试行）》。

刷脸支付的实现原理。人脸识别系统的应用基础是对人脸的特征进行准确识别，在此过程中，需运用区域特征分析算法，将生物统计学技术与计算机图像处理技术进行有效结合，通过运用图像处理技术，能够提取出视频中人像的特征，然后在此基础上利用生物统计学技术，构建数学模型，即可获得人脸特征的模板。将该模板与消费者的面部特征进行比较分析，即可获得二者之间的相似值，即可判断二者是否为同一人。

刷脸支付的过程。事前需由相应支付 App 采集消费者的人脸特征。消费者在选择好所需要购买的产品和选定刷脸支付后，即可进入身份验证阶段。扫脸界面出现后，用户只需要面对着屏幕或者计算机上的摄像头，拍摄自己的正脸即可。人脸照片可以传递至支付系统，系统可对人脸照片进行验证，判断是否与用户所绑定的账号相同，在识别无误后，即可完成扣款。

刷脸支付的技术支持。刷脸支付是"AI 技术+云服务技术+双摄像头 3D 结构光生物识别技术"相互结合形成的技术应用。刷脸支付主要由硬件基础、通信基础、数据基础共同构成。硬件基础方面，当前红外双目摄像头或者 3D 结构光/TOF 相机被成熟使用；通信基础方面，云平台的承载能力越来越强，"4G+Wi-Fi"的优良通信环境让云 SaaS 成为可能，为刷脸支付提供了平台；数据基础方面，公安二代身份证数据库的搭建，为刷脸支付提供了数据库的基础。

刷脸支付在中国。目前国内提供刷脸支付服务的主体包括支付机构、商业银行和清算机构等。支付机构方面，2018 年底，支付宝上线了刷脸支付产品"蜻蜓"，并于 2019 年 4 月推出了"蜻蜓"二代。2019 年初，财付通上线了刷脸支付产品"蜻蜓"，并于 2019 年 8 月推出其二代产品。支付场景主要为自助货柜机、商超、智慧零售等。清算机构方面，在 2019 年举行的世界互联网大会上，中国银联携手中国工商银行、中国农业银行、中国银行、中国建设银行、交通银行等 60 余家机构联合发布人脸支付产品"刷脸付"，并在宁波、杭州、长沙、嘉兴、合肥、广州、武汉 7 个城市落地使用。

刷脸支付的风险。①信息外泄风险。由于面部特征具有唯一性，故不法分子可以通过远程等方式，在公共场所批量获取用户面部信息，"盗脸"一旦发生后患无穷。②假体攻击风险。由于人脸识别技术难以判断识别对象是否为真实活体，故不法分子可通过照片、高仿面具等手段，仿冒用户进行 2D 或 3D 供给，尽管当前活体检测技术水平已大幅度提升，但新型攻击手段层出不穷，这对用户资金安全形成潜在威胁。③算法漏洞风险。目前，人脸识别算法仍在快速迭代，但在各种技术交互过程中可能存在隐藏的未知漏洞，一旦被不法分子发现并加以利用，或将造成系统性风险（董希淼，2019；王璐，2019）。

二、声纹支付

支付宝于 2013 年 11 月提出"声波支付"。实际上，该支付方式的实现原理与 NFC 类似，主要是利用近场通信技术，而非人的生物特性，因此该支付方式不属于生物特征支付。其原理是利用声波的传输，完成两个设备的近场识别从而达到交易的目的。当收款方输入相应信息或消费者在自助售货机上选中商品后，交易支付流程如下：第一步，消费者打开支付宝选择"当面付"，然后将手机靠近收款方感应区。此时，支付宝与收款方服务器连接并生成一条随机交易号。第二步，手机会根据交易号自动生成一段特别的声波，然后将手机扬声器对准收款机麦克风。第三步，收款机麦克风接收周围的声源并分析声源是否具备交易号的信息，若接收成功，收款机会提示输入密码。验证成功后，交易成功。支付宝钱包声波支付主要用于地铁、商场、校园内的自动售货机等设备上。但声波支付却因条码支付的再次兴起而昙花一现，最终于 2019 年 1 月 22 日正式下线。

在声音层面，真正基于人的生物特性开发的支付方式是"声纹支付"。因为人类的发声是鼻腔、口舌、声道、胸肺几大器官多重配合的结果，最终形成看不见的声波，被识别成声纹图谱。而任何两个人的声纹图谱跟指纹都类似，却不会相同。正是由于声波的这种唯一性，才将声纹识别和支付结合在一起，让声音成为密码，创造更为快捷方便的支付方式。

2020 年 5 月，据外媒报道，谷歌正在测试一项新功能，允许消费者使用语音匹配（Voice Match）来授权确认支付。但是目前该功能仅适用于应用程序内的购买和餐厅订单，并不适用于谷歌购物（Google Shopping）。相信随着未来技术的进步，"张嘴付钱"很快便能实现。

三、指纹支付

指纹支付是支付宝和浙江维尔科技联手打造的一种指纹识别技术，其指纹传感器采用的是浙江维尔科技提供的"超级指纹算法技术"，可以识别到真皮层，只能对具有生命特征的指纹进行识别。

据悉，该指纹识别技术是国内唯一可以媲美苹果指纹识别的技术。与传统指纹算法相比，该算法对于手指破损、手指有老茧、手指过小等情况导致的数据量不足进而无法进行指纹采集和认证的情况来说更为有效。即使是手指缺失的残疾人群，只要其身体仍具有未被破坏的皮肤组织，都可以通过该算法得到采集和认证，实现人群身份认证的100%覆盖。同时，"超级指纹算法技术"还具有极速比对、图像压缩、图像加密、模板自学等优势，是行业内一种颠覆性的指纹算法。不仅如此，所有"指纹付"用户录入的指纹数据都会加密存储在本地设备中的TEE安全区域，这是一个与主操作系统并行的隔离环境，简单来说就是一个隔绝的"黑盒子"。而且"指纹付"双指纹认证的特殊性和每台产品ID号的唯一性，更使得"指纹付"具有相当高级别的安全性。

支付宝"指纹付"开通流程如下：第一步，线下商户购物，支付时选择指纹支付。第二步，在指纹终端机具录入双指纹（建议使用右手食指和中指录入），若因手指破损或指纹不清晰等无法识别，需要再次录入。第三步，录入指纹后，输入支付宝账户绑定的手机号，接受短信校验码校验，为确保账户安全，系统自动判断是否需要输入身份证号后4位进行校验。校验成功，绑定支付宝账户，完成指纹支付开通。指纹支付开通成功后支付流程为：线下商户购物选择指纹支付，然后输入双指纹，即可完成付款。目前，"指纹付"在全国一线城市都已有了试点，安装在部分支付宝的特约商户实体店和受理网点。

除上述支付方式外，我国在虹膜支付、静脉支付等方面都有所探索。例如，2016年10月，中国民生银行推出虹膜支付，将虹膜识别技术应用于移动支付领域，是国内首家探索虹膜支付的银行。再如，2019年12月27日，四川省人民医院上线全国首个基于"静脉医保支付+聚合扫码支付"的随诊随结结算系统，这是医院为积极落实国家《促进"互联网+医疗健康"发展的意见》、改善患者就医体验的积极创新。当然，未来伴随着技术的发展和应用场景的不断丰富，支付方式肯定会更多样、更便捷、更高效、更安全，这些就留给读者作想象了。

【学术链接：支付效应的理论机制】

思考题

1. 什么是近场支付？

2. 什么是NFC？它可以分成哪几类？

3. NFC支付的原理是什么？

4. 比较NFC支付、刷卡支付和数字钱包支付。

5. 什么是条码支付？

6. 简述二维码在我国支付行业的发展历程。

7. 什么是聚合支付？有哪些类型？有什么风险？

8. 结合例子说明聚合支付的支付流程。

9. 未来聚合支付如何赋能商户数字化转型？

10. 刷脸支付存在哪些风险？

【趣味小知识：世界上最大和最小的二维码】

2015 年 5 月 30 日，由徐河带领麦萌团队制作的 36100 平方米（190 米×190 米）的二维码亮相河北沧州，成功刷新此前由加拿大一个农场保持的 28760 平方米的纪录，其被认证为世界上"最大二维码"，吉尼斯世界纪录认证官亲临现场颁发证书。

2020 年 9 月 18 日，吉尼斯世界纪录官向薇印品牌授予吉尼斯世界纪录挑战成功证书。薇印珠宝凭借自有专利"飞秒微纳激光"技术，将二维码写入钻石、水晶等宝石的内部。该二维码为 2352 平方微米，被认证为"世界最小二维码"。

【行业动态：微信支付宝收款码将不能用于经营收款】

2021 年 10 月 13 日，央行发布《中国人民银行关于加强支付受理终端及相关业务管理的通知》（银发〔2021〕259 号），指出："2022 年 3 月 1 日起，个人收款码禁用于经营性服务"以及"禁止个人静态收款条码被用于远程非面对面收款。"这说明，一方面在线下消费时，经营性商户只能用商户收款码，而不能放置个人收款码进行收款；另一方面禁止将个人静态收款码以远程方式发送以供非面对面收款。

【知识加油站：聚合商如何识别消费者支付是来自哪个 App？】

在支付宝或微信打开一个链接，实际上会使用内置的浏览器发起 HTTP 请求，而 HTTP 的请求将会携带【User-Agent】，用来标识用户代理软件的应用类型、操作系统、软件开发商以及版本号。

微信/支付宝中浏览器发起 HTTP 请求后携带的【User-Agent】分别为：

支付宝：UCBrowser/11. 5. 0. 939 UCBS/2. 10. 1. 6 Mobile Safari/537. 36 AliApp（AP/10. 0. 15. 051805）AlipayClient/10. 0. 15. 051805 Language/zh-Hans。

微信：MQQBrowser/6. 2 TBS 043220 Safari/537. 36 MicroMessenger/6. 5. 8. 1060 NetType/4G Language/zh_CN。

需要注意的是，不同型号的手机、不同版本的 App，【User-Agent】可能会不一样，但这不影响聚合商识别，只要【User-Agent】包含"MicroMessenger"就是微信，包含"AlipayClient"就是支付宝。聚合商识别消费者支付 App 代码如图 6-14 所示。

```
1.  if(navigator.userAgent.match(/Alipay/i)) {
2.      // 支付宝
3.  } else if(navigator.userAgent.match(/MicroMessengerV/i)) {
4.      // 微信
5.  } else if(navigator.userAgent.match(/QQV/i)) {
6.      // QQ
7.  } else {
8.      // 其他
9.  }
```

图 6-14　聚合商识别消费者支付 App 代码

【学术链接：支付效应的理论机制。于艺凝，李欧，汪蕾．支付效应的理论机制及影响因素［J］．应用心理学，2021（1）：84-94.】

文章认为，支付方式影响消费行为的理论机制主要有三方面：一是条件理论，即消费者在日常消费经历中会逐渐建立信用卡与消费之间的联结关系，因此信用卡的出现会激活消费。

二是支付痛感理论，即消费者在为其消费（购买）付出成本时所经历的一种消极情绪体验。从形态上说，使用非实体货币支付能让消费者在支付时较难体验到金钱流失的感觉。作为近两年兴起的一种新型高科技支付方式，刷脸支付仅通过面孔识别即可完成支付，该支付方式间接程度更高、支付透明度更低的特点可能会进一步降低消费者的支付痛感。

三是双通道理论，即消费者的心理账户中存在两个通道：一个记录从消费中体验到的快乐；另一个则记录付款时感受到的痛苦。消费者在使用信用卡付款的当下并没有实际支出，这大大削弱了双通道账户中痛苦账户所占的比重，消费者在快乐账户的主导下更容易发生计划外的冲动性消费。

第七章　支付清算系统

支付清算系统是实现资金划拨的重要基础设施，不仅包括支付业务的资金结算，也包括银行间业务的资金结算、商业银行向央行缴纳存款准备金等非支付业务。新中国成立后，我国支付清算经历了 3 个阶段，分别是分散式的手工联行时期、电子联行时期和现代化支付清算系统时期。从历史进程来看，我国支付清算系统的演进体现了由手工向电子化演进、由分散结算到中央集中结算发展的过程（朱小川，2020）。

本章第一节将主要围绕我国支付清算系统的发展历程展开介绍，包括票号钱庄时期的支付清算、手工联行时期的支付清算以及电子联行时期的支付清算。第二节主要围绕底层支付系统——现代化支付清算系统展开，包括支付系统概述、支付系统建设历程、系统架构和第二代 CNAPS 系统概述。第三节主要围绕支付与结算的中端系统——银行卡跨行支付系统展开，包括系统概述和跨行交易流程。

第一节　我国支付清算的发展历程

一、票号钱庄时期的支付清算

自康乾盛世之后，我国商品经济获得了较快的发展，各地商品交易往来日渐加强，对交易资金在异地和同城间的划拨清算提出了更高的要求。尽管唐代的"飞钱"、宋代的"便挽"被看作汇票的雏形，但其出现并非针对铸币运输不便，因此尚未成为一种清算制度而广泛推行。直至道光初年，贸易的增加使得巨额货币在地区间频繁流动，要求改革汇兑清算方式以减少长途巨额的现银运送。在此背景下，山西票号应运而生。

道光年间（1821~1850 年），山西平遥商人创立了日升昌、蔚泰厚、蔚丰厚等专门办理汇款业务的票号。这些票号在不同城市设立分支机构，在全国范围内形成资金汇兑网络。据记载，至 1906 年，日升昌票号 14 个分号全年汇入汇出银子共 32225204 两，可见其汇兑业务量之巨大（王爱民，1998）。

票号之外，近代钱庄尤其是上海钱庄也积极参与异地款项汇兑清算。钱庄规模较小，一般无分支机构，业务范围仅限于一个城市及其附近地区，发行的票据简称庄票。庄票的清算方法最初是各自直接划抵的，即各钱庄每晚汇集当日应收应付票据，相互之间当面划拨，余数用现银解送的办法结清。后来随着业务发展，原有方式不能满足业务发展的需要，光绪十六年（1890 年），上海汇划总会成立，建立"公单清算办法"。

【知识加油站：上海汇划总会】

汇划总会专管公单的职员，每晚将收到的各钱庄公单进行相互冲抵，由他们发出通知书，写明数目与庄号，各庄应解应收的款项以此为凭证。起初，会员同业间的票所交换数目须满 500 两以上才开公单，不足 500 两者，不开公单，暂行记账。1925 年起，汇划总会决定每个会员钱庄要交存现银 1 万两作为"票现基金"，以后陆续增加到 3 万两，用此抵各庄不能上公单的尾数零额。由此，公单制度越发完善起来。

二、早期银行的支付清算：1989 年以前

1949 年 11 月，中国人民银行建立统一的联行制度，即"联行采取直接往来，分行开户记账、集中清算调拨"（田黎萍等，2003）。联行是指同一银行系统内有资金往来关系的各行之间的互称，比如同一总银行的各分行就处于一个联行系统。联行往来是指同一银行系统内所属各行之间由于办理结算和资金调拨等业务，相互代收、代付而发生的资金账务往来。同一联行系统的银行间资金往来办法由各自银行系统指定。

"分行开户记账"是指银行间相互开户。因此，对于跨行资金往来来说，实际上每家商业银行都是一个清算银行，负责自己与其他银行间的资金往来清算，即基于"同业头寸"的清算方式。例如，一段时间内，A 银行客户在 B 银行取现 500 元，即 A 银行需要 B 银行支付 500 元；B 银行客户在 A 银行取现 1000 元，即 B 银行需要 A 银行支付 1000 元。实际上，清算时，A、B 银行不必互相支付，只需将应收应付互相抵消后支付净额，即最终 B 银行向 A 银行支付 500 元。在这种方式下，银行间会要求对方银行在本行开户并且存一部分钱进来作为保证金，或者叫备付金，这个保证金账户是专门用于清算的同业头寸户。假设金融系统中存在 3 家银行，分别是中国银行、中国工商银行和中国建设银行，那么每一家银行都会在其他两家银行开立备付金账户以便资金清算。"同业头寸"的清算方式如图 7-1 所示。

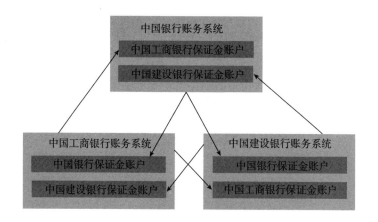

图 7-1 "同业头寸"的清算方式示例

注：图片由笔者绘制。

1953 年，央行建立了"全国大联行"的三级联行清算体系：县（市）级的县辖联行；省（区）内的省辖联行；跨省（区）的全国联行。各级联行负责辖内各金融机构之间的资金清算，全国联行通过人民银行总行清算。改革开放后，随着金融体制和计算制度改革的深化，跨县市省的交易愈发频繁，"全国大联行"不再适应社会发展（王丽瑞，2004；张璇，2008）。

1984 年，央行专门行使中央银行职能之后，确立了法定存款准备金制度，央行的备付金系统正式确立。与此同时，央行制定《关于改革全国银行联行往来制度实施办法》，于 1985 年 4 月起实行"自成联行系统，跨行直接通汇，相互发报移卡，及时清算资金"（钱中先，1990）。

"自成联行系统"，即同一银行内部的总行及分支机构间建立内部手工联行体系，主要处理行内的异地贷记、借记支付业务等。例如，中国银行成都分行和中国银行上海分行之间的资金清算由中国银行总行处理。

"跨行直接通汇"（见图 7-2），即跨银行之间的款项交易由银行间直接汇款完成。银行跨行的资金清算有两种选择：一是沿用老办法，即银行间通过相互开立的账户进行分别清算；二是所有金融机构都在央行开立清算账户，由央行为商业银行统一清算。然而，当时受诸多客观条件限制，例如银行内部数据还未打通、缺乏电子化记账系统、银行卡也并未普及等，因此，跨行清算主要还是通过银行间互开账户进行。

"相互发报移卡"，即银行每天自行轧差，将各种交易汇总计算后，形成特定格式的公文即"联行报单"，然后通过邮局以信件形式告知他行应收应付信息。联行报单是联行往来的基本凭证，它是联行之间办理资金划拨和账务核算的

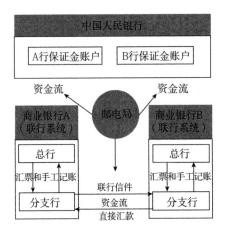

图 7-2 跨行直接通汇处理

注：图片来自中信证券研究部。

重要依据。联行往来报单一式三联，由发报行填发。第一联寄给收报行，收报行据以处理来账；第二联是由发报行寄给央行总行电子计算中心，据以监督发报行和收报行双方；第三联是发报行处理往账的根据。联行报单按照寄递方式的不同，可分为邮划报单与电划报单两类。联行报单按业务收付的不同，可分为代收报单、代付报单和补充报单三类。

【知识加油站：贷记业务与借记业务】

全国手工联行时期的清算流程如下：

（1）A 银行接收其他银行的跨行汇款请求。

（2）当天结束后，A 银行自行轧差计算其与其他银行的支付净额。

（3）A 银行分别出具联行信件。

（4）邮局发送信件或电报给其他银行，同时发送至央行进行对账监督。

（5）各银行处理 A 银行的信件或电报。

（6）A 银行和其他银行通过彼此开设的账户进行清算。

1987 年 4 月 1 日起，央行停止"跨行直接通汇、相互发报移卡"的做法，改为由专业银行进行跨行汇划款项，即"联行仍然分开，跨行相互转化，及时移证发报，坚持钱账两清"的联行清算制度（陈世范和吕濂堃，1989a，1989b）。其核心是，对于专业银行之间跨系统的汇划款项，根据机构在两地的分布情况，可采取"先横后直""先直后横""先直后横再直"的模式。"横"是指同级别的不同银行，"直"是指联行系统的上下级银行。因此，"先横后直"用于汇出行所在地为双设机构。例如，C 城市农行（汇出行）先将款项划给当地同级别工行，再由工行通过其联行系统向 A 城市工行（汇入行）进行划转。"先横后直"用于汇出行所在地为单设机构地区的情况。例如，C 城市农行（汇出行）先通过其联行系统划至汇入行所在地 A 城市联行转汇行（农行），再由其通过同城开户央行将款项划给汇入行（工行）。"先直后横再直"用于汇出行和汇入行所在地均为单设机构地区的情况。例如，C 城市农行（汇出行）先通过联行系统划至 B 城市农行，再由 B 城市农行通过同城开户央行将款项划给 B 城市工行，最后由 B 城市工行通过其联行系统划至 A 城市汇入行（工行）。具体如图 7-3 所示。

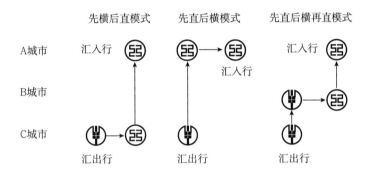

图 7-3　跨行转汇处理（以异地农行、工行为例）

注：图片来自中信证券研究部。

区别于后面的"全国电子联行"时期，这一时期被称为"全国手工联行"时期。"手工"主要体现为支付清算信息的跨行交换需要通过手工形式进行发送和记账。其中，汇票和账本手工记账是银行在支付环节的信息载体，邮电局为银行收发联行挂号信或拍电报。由于专业银行系统内汇划款项是在事后清算汇差资金，容易出现一些行处占用应付汇差资金来发放贷款、系统内汇差资金调度不灵和不能及时解决付汇款等问题，且资金在途时间往往在一周以上。因此，联行清算制度需要进一步改革。

三、全国电子联行系统：1989~2005 年

正是由于手工联行模式存在效率低下、资金在途时间过长、安全保密性差、央行监控难度大等缺点，1989 年 12 月 6 日，央行发布《关于改革联行清算制度的通知》，指出"改革联行清算制度的目标，是建立人民银行清算中心，以运用卫星通信网的电子联行替代手工联行；专业银行跨系统内汇划款项全部通过清算中心汇划并清算资金"。这一阶段被称为"全国电子联行"时期，其改革主要体现在三个方面：一是汇划信息传递方式由邮电部门寄送挂号信或拍电报改进为通过金融卫星网发收报；二是跨系统资金划转全部通过清算中心进行清算和汇划；

三是对账方式改进为当日对清结平，以往手工联行时期，由于对账表在途时间长，只能按季度/年为频率进行查清（刘海东和王德欣，1998）。

1990 年，中国人民银行清算中心建成，专门为金融机构提供支付清算服务，包括国家金融清算总中心（National Process Center，NPC）、城市处理中心（City Clearing Processing Center，CCPC）和县级处理中心（Country Level Bank，CLB）三个层次节点（欧阳卫民，2009）。1991 年 4 月 1 日，基于金融卫星通信网的应用系统——全国电子联行系统（Electronic Inter-bank System，EIS）投入试运行。EIS 是央行专门用于处理异地（跨行和行内）资金清算和资金划拨的系统，通过连接商业银行、央行、NPC 和 CCPC，采用"星形结构，纵向往来，随发随收，当时核对，每日结平，存欠反映"的做法，极大地提升了跨行清算效率，缩短了客户资金的在途时间。

通过 EIS 进行清算的流程如下（见图 7-4）：

（1）汇出行（商业银行分/支行）接收其客户的汇款请求后，向城市处理中心发报行（央行当地分/支行）提交支付指令（转汇清单），支付指令可以是纸质凭证、磁介质信息、联机电子报文。图 7-4 中，汇出行为位于南京的中国银行某分行或支行，汇入行为位于成都的中国建设银行某分行或支行。南京中行通过联机报文将支付指令发送给南京城市处理中心即央行南京分行。

（2）发报行借记汇出行账户后，按收报行将支付信息分类、打包，通过清算分中心经卫星地面小站即时发往 NPC。图 7-4 中，发报行为央行南京分行，其经卫星通信将支付指令发送至 NPC 即中国人民银行清算总中心。

（3）清算总中心收到转汇电文，经记账并按央行收报支行将支付指令清分后，通过卫星链路即时发送到相应的城市处理中心收报行。图 7-4 中，清算总中心收到报文后，通过卫星通信将支付指令发送给收报行央行成都分行。

（4）收报行对汇入行账户贷记后，以生成的纸质凭证或电子报文方式通知汇入行。图 7-4 中，央行成都分行又将报文发送给汇入行即位于成都的中国建设银行某分行或支行。

（5）汇入行作账务处理后，以来账的反方向向汇出行发送确认的答复信息，完成一笔汇兑过程。

（6）清算总中心和城市处理中心每日核对无误后，轧平当日的电子联行账务，以存、借反映资金关系，即各地的资金存欠差额，均纳入央行系统内进行反映。

全国电子联行时期下的跨行异地汇款中，金融卫星通信网和 EIS 系统解决了信息流问题，NPC 和 CCPC 解决了资金流问题（见图 7-5）。然而，电子联行系统还存在以下问题：一是仅处理贷记业务，业务种类单一。二是"天地对接"

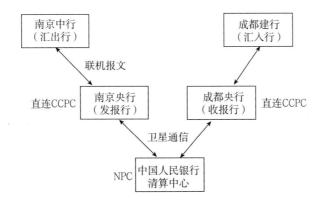

图7-4　EIS 的清算流程（以异地中行、建行为例）

注：图片由笔者绘制。

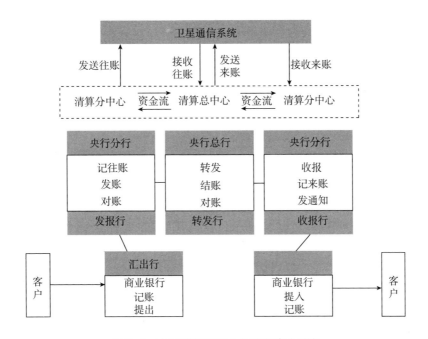

图7-5　电子联行系统业务处理资金流向

注：图片来自中信证券研究部。

没有完全实施到位，速度仍较慢。所谓"天地对接"，是指通过央行的同城清算网络将央行发报行（收报行）和专业银行（汇入行、汇出行）相连接以实现转汇业务的系统。三是未与金融市场有机结合，不能有效支持货币政策的实施。四是运行还不够稳定、设备老化、故障时有发生。

1991 年，EIS 试运行后，一方面，各家商业银行内部联网系统纷纷建成投产，这意味着各大行行内异地转账不用再依赖 EIS；另一方面，中国现代化支付系统（China National Advanced Payment System，CNAPS）开始被设计。就此，中国的支付清算逐渐步入了现代化支付系统时代。

第二节　现代化支付清算系统

一、支付系统概述

中国现代化支付系统是央行按照我国支付清算需要，利用现代化计算机技术和通信网络开发建设的，能够处理各银行办理异地、同城各种支付业务及其资金清算和货币市场交易资金清算的应用系统。

该系统主要提供商业银行之间跨行的支付清算服务，是为商业银行之间和商业银行与央行之间的支付业务提供最终资金清算的系统。现包括大额实时支付系统、小额批量支付系统、全国支票影像交换系统、电子商业汇票系统、境内外币支付系统和网上支付跨行清算系统六个业务系统（见图 7-6）。

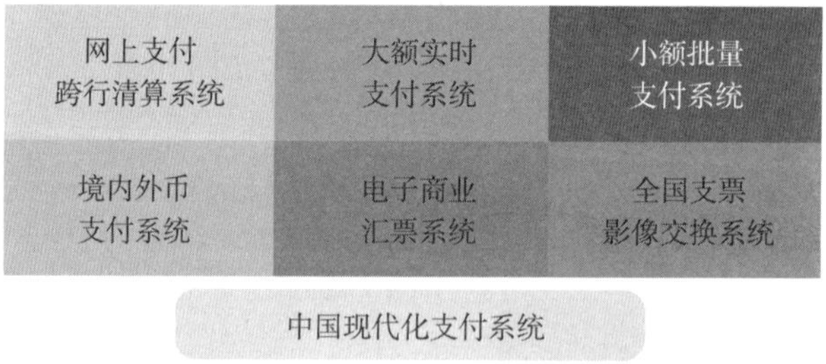

图 7-6　CNAPS 第二代业务系统构成

注：图片由笔者绘制。

当前中国现代化支付系统经历了两代系统更迭。第一代支付系统由大额支付系统、小额支付系统和支票影像交换系统三个业务系统，清算账户管理子系统和支付管理信息系统两个辅助支持系统构成。第一代支付系统对加快社会资金周转、提高支付清算效率、畅通货币政策传导、促进国民经济健康平稳发展发挥了重要作用（金融博览编辑部，2020）。立足第一代支付系统的成功经验，第二代支付系统引入了先进的支付清算管理理念和技术，以清算账户管理系统为核心，大额支付系统、小额支付系统、网上支付跨行清算系统、支票影像交换系统、境内外币支付系统和电子商业汇票系统为业务应用子系统，公共管理控制系统和支付管理信息系统为支持系统。

【行业动态：2020 年支付系统总体运行情况】

二、支付系统建设历程

1991 年，我国开始着手建设中国国家金融通信网（China National Financial Network，CNFN）和中国现代化支付系统 CNAPS。CNFN 是面向金融部门提供金融数据传输、交换、金融信息服务及金融增值服务的专用网络，是将央行、各商业银行和其他金融机构有机连接在一起的全国性网络系统（王丽瑞，2004）。

2002 年 10 月，央行大额实时支付系统（High Value Payment System，HVPS）投产，主要用于处理同城和异地的商业银行跨行之间的大额贷记业务以及规定金额起点以下的紧急跨行贷记支付业务。该系统于 2005 年 6 月在全国推广完成，于 2013 年 10 月升级到第二代。

2005 年 11 月，小额批量支付系统（Bulk Electronic Payment System，BEPS）投产，用于处理同城和异地的商业银行跨行之间的借记支付业务以及规定金额起点以下的小额贷记支付业务。该系统于 2005 年 6 月在全国推广完成，于 2013 年 10 月升级到第二代。

2007 年 6 月，全国支票影像交换系统（Check Image Exchange System，CIES）投产。该系统主要是运用影像技术将实物支票转换为支票影像信息，通过计算机及网络将影像信息传递至出票人开户银行提示付款的业务处理系统。该系统定位于处理银行机构跨行和行内的支票影像信息交换，其资金清算通过央行覆盖全国的小额支付系统进行处理。

2009 年，电子商业汇票系统投产。

2010 年 8 月，网上支付跨行清算系统（Internet Banking Payment System，IB-PS）投产。该系统把不同商业银行的网上银行连接在一起，打通了商业银行网银之间的通道，被称为"超级网银"。其主要办理 5 万元以下的跨行人民币零售业务，系统支持的业务种类繁多，可办理跨行转账、投资理财、网络购物、商旅服务、自助缴费、信用卡还款、实时代收费、自动贷款还款以及基金定投等网上跨行支付业务。

2013 年 10 月，第二代支付系统正式投产运行。与第一代系统相比，第二代系统可以支持参与机构的"一点接入、一点清算"，与银行业金融机构行内系统数据大集中的发展趋势相适应，为银行机构节约了流动性、降低了接入成本、提高了资金的使用效益等。同时，大额、小额、网银等应用系统间的技术相耦合，赋予参与机构对应用系统的自主选择权。此外，支付结算方式的创新和服务质量的优化支撑了各种跨境、电子支付和金融市场的交易，支付体系整体竞争力得到提高。

支付系统建设历程如图7-7所示。

图7-7　支付系统建设历程

注：图片由笔者绘制。

【学术链接：中国邮政储蓄银行践行"一点接入一点清算"模式的效果】

三、系统架构

中国现代化支付系统以 CNFN 的两级网络为物理承载，由 NPC、CCPC 和 CLB 三个层级节点构成。其参与人可以分为直接参与者、间接参与者和特许参与者。

1. 系统参与者

直接参与者有三类：第一类是央行地市及以上中心支行（库）；第二类是在地市及以上央行开设人民币清算账户，直接通过支付系统办理支付清算业务的银行业金融机构，包括各政策性银行、商业银行以其省市分行；第三类是在地市及以上央行开设人民币清算账户，直接通过支付系统办理支付清算业务的非银行支付机构。

间接参与者有两类：第一类是中国人民银行县（市）支行（库）；第二类是未在中国人民银行开设资金清算账户。而委托直接参与者代理其进行支付清算业务的银行，主要包括商业银行县支行和分理处，以及非银行支付机构。

特许参与者是指经央行批准通过支付系统办理特定业务的金融机构和非金融机构。这类机构与支付系统直接连接，包括中国银联、网联、中国国债登记结算有限公司、公开市场操作室、电子商业汇票系统、中国外汇交易中心、全国银行同业拆借中心、城市商业银行资金清算中心、港澳人民币清算行等。

直接参与者和特许参与者可以直接接入 NPC，也可以通过 CCPC 间接接入 NPC。具体的接入规则很复杂，以大额实时支付系统为例，其参与者接入如图 7-8 所示。

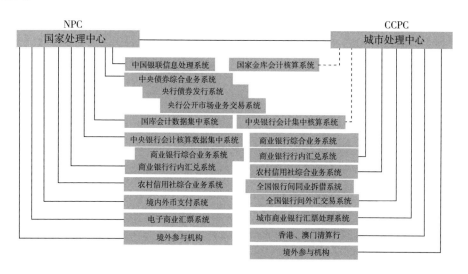

图 7-8　大额实时支付系统参与者接入拓扑

注：图片由笔者绘制。

2. 系统节点

第一层级节点为 NPC，又称为人民银行清算总中心，是央行直属的、实行企业化管理的事业法人单位，是为央行、商业银行和全社会提供支付清算及相关服务的全国性金融服务组织，包括互为备份的北京 NPC 和无锡 NPC。NPC 是连接支付系统所有城市节点和特许参与者的中枢节点，是负责接收、转发各 CCPC 和接收、处理特许参与者的支付指令，以及进行资金清算的一组硬件和软件系统的总称。其主要功能如下：第一，负责系统管理和网络管理；第二，负责数据库管理，负责保持整个支付系统账户数据库的完整；第三，完成交易处理，所有从发起行提出的支付信息都首先传输到 NPC，在依据应用系统的要求进行处理后，转发到接收行；第四，实现灾难恢复。发生灾难时，保证将在用 NPC 切换到备用 NPC。

第二层级节点为 CCPC，是支付系统的城市节点。目前，我国共有 32 个 CCPC（包括 27 个省会或首府城市、4 个直辖市和深圳）①。CCPC 是连接 NPC 和

---

① 为整合资源、适应信息网络技术的发展和商业银行数据大集中的趋势，支付系统 CCPC 由最初的 337 个调整为现有的 32 个。

各直接参与者，负责在 NPC 和直接参与者之间接收和转发支付指令的一组硬件和软件系统的总称。其主要功能如下：第一，提供金融业务处理纸票据截留服务；第二，各种传输信息的登录和分发；第三，区域内一级和三级节点的信息转发；第四，必要的业务、会计财务处理；第五，区域通信网的控制和管理等。

第三层级节点为 CLB，是支付系统的县级节点。其主要功能如下：第一，提供金融业务处理纸票据截留服务；第二，各种传输信息的登录和分发；第三，县内金融信息向二级处理节点转发。

3. 系统网络

CNFN 的两级网络分为国家级主干网络和以城市为中心的区域网络，即主干网络和区域子网。主干网络连接互为灾难备份的北京 NPC 和无锡 NPC、NPC 与各 CCPC、NPC 与各直接参与者和特许参与者。区域子网以 CCPC 为中心点，连接 CCPC 与本区域的 CLB 处理中心、CCPC 与各直接参与者和特许参与者。同时，各间接参与者也通过区域子网连接至各区域 CLB。2 个 NPC 与各 CCPC 之间的数据连接，目前以中国公用数字地面网络为主干线，以卫星网络为备份线路，即"天地互备"。图 7-9 是以工、农、中、建四大商业银行为系统参与者的网络结构。

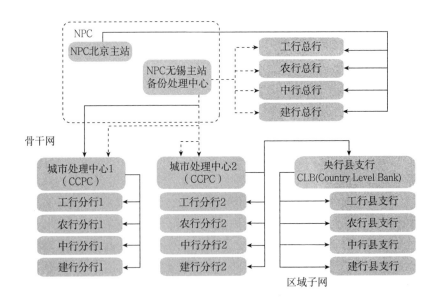

图 7-9 CNAPS 系统节点和系统网络

注：图片由笔者绘制。

在信息传输过程中，CCPC 起到了承上启下的作用。比如，当某间接参与者发起一笔贷记跨行支付业务时，将请求指令发送到代理行即直接参与者；直接参与者再将指令发送到其所属 CCPC，CCPC 将指令发送到 NPC；NPC 接到请求指令并处理完成后将支付指令逐级下达至收款行所属 CCPC，再由所属地 CCPC 下达至所属省内直接参与者，最终下达至间接参与者。

四、第二代 CNAPS 系统概述

第二代 CNAPS 主要由清算系统、业务系统和支付管理信息系统三部分构成（见图 7-10）。其中，业务系统是支付系统的主要系统，清算系统和信息系统是支付系统的辅助性系统。这里我们主要介绍清算系统和业务系统。

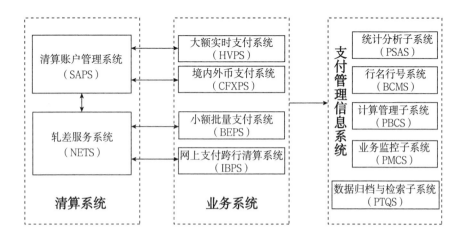

图 7-10　第二代 CNAPS 系统构成

注：图片由笔者绘制。

（一）清算系统

清算系统主要是指清算账户管理系统（Settlement Account Processing System，SAPS），是 CNAPS 的核心系统，通过集中存储和管理清算账户，完成支付系统各类业务的资金清算，并为央行办理现金存取、再贷款、再贴现等业务提供清算服务。简单来说，清算账户管理系统功能包括集中管理清算账户、资金转移、流动性风险管理和信用风险管理。

SAPS 设置三类账户：一是清算账户，分为一般清算账户和特许清算账户，前者是央行、商业银行等直接参与者开设的专门用于办理人民币资金结算的准备金存款账户，后者是央行为特许参与者开设的准备金存款账户。二是联行类账户，是在大额支付往来、小额支付往来等联行类科目下为央行会计营业部门、国库部门设置的账户。三是汇总平衡类账户，是系统特有账户，在汇总平衡科目下

按央行会计营业部门、国库部门分别设户。涉及日常银行间跨行结算的主要是第一类账户。

SAPS 针对不同支付业务采取不同资金清算原则。这里以大额支付业务为例进行说明：当大额支付系统向 SAPS 发来一笔大额转账（普通贷记业务）支付请求时，SAPS 会逐笔实时全额清算，其流程如下：

（1）检查发起清算行的清算账户可用头寸是否足以支付。可用头寸＝清算账户余额－圈存资金－余额最低控制金额。圈存资金可以认为是临时冻结的资金，因此这部分资金在解冻前是不能参与其他清算的。

（2）如果可用头寸足够，SAPS 则立即对收付双方的清算账户逐笔记账，然后将处理结果返回给大额支付系统。

（3）如果可用头寸不足，SAPS 则将支付请求放入队列进行等待。对于不同的支付请求，排队的优先级不同。优先级从高到低如下排列：错账冲正、特急大额支付（救灾战备款）、日间透支利息和支付业务收费、同城票据交换轧差净额、小额借方轧差净额和网银借方轧差净额的清算、单边业务、紧急大额支付、普通大额支付和即时转账。

如果进入列队等待，则需要一些办法解救列队，具体方法包括大额清算排队撮合机制、自动质押融资、日支透支、资金池管理、日终自动拆借等，这就涉及 SAPS 的流动性风险管理和信用风险管理。

可以看出，SAPS 是一个被动系统，需要业务应用系统向其发出指令才会运作，一旦运作起来，就意味着资金正在金融机构间发生转移。

（二）业务系统

1. 大额实时支付系统

大额实时支付系统 HVPS 是央行支付系统的核心系统，采用"支付指令逐笔实时发送、资金全额结算方式"，为小额批量支付系统、同城清算所、银行卡网络以及商业银行电子汇兑系统提供日终净额结算。大额实时支付系统是各银行业金融机构跨行支付的主渠道，是连通各银行业金融机构支付清算渠道的枢纽，是支持货币政策实施和维护金融稳定的重要金融基础设施。据央行统计，2016 年，HVPS 日均处理 446 万笔，峰值 128 万笔/小时。

【知识加油站：全额结算与净额结算】

自 2018 年 5 月 2 日起，大额实时支付系统实行"5 天×21 小时+12 小时"的运行时序。具体来看，法定工作日（周一至周五）开始受理业务的时间为前一日 20：30，每日清算窗口时间为 17：15 至 17：30。此外，设立了大额支付系统的特殊工作日，也就是每个周末或法定节假日期间的首日，此时间段执行特殊业务规则：业务受理时间为前一自然日 20：30 至当日 8：30，在此期间仅受理人民币跨境支付系统参与者发起的注资及资金拆借业务，其他业务均不受理。

大额实时支付系统处理业务包括：规定金额起点（5 万元）以上的跨行贷记支付业务；规定金额起点以下的紧急跨行贷记支付业务；各银行行内需要通过大额支付系统处理的贷记支付业务；特许参与者发起的即时转账业务；城市商业银行汇票资金的移存和兑付资金的汇划业务；央行会计营业部和国库部门发起的贷记业务及内部转账业务；央行规定的其他支付清算业务。这里我们重点讨论"贷记支付业务"和"即时转账业务"。

"贷记支付业务"是付款行发起的、贷记收款行账户的支付业务，即付款行向收款行主动发起的跨行付款的行为，表现为收款行资金来源增加，包括汇款、委托收款（划回）、托收承付（划回）、行间转账等业务。例如某人通过 A 银行（付款行）向 B 银行（收款行）客户转账 10 万元，该笔交易通过大额支付系统，系统会贷记 B 银行 10 万元。

"即时转账业务"是由特许参与者发起的，SAPS 清算资金完成之后会通知特许参与者和参与的双方银行即被贷记行和被借记行。特许参与者发起的"即时转账业务"有公开操作室发起的公开市场操作业务的资金清算，中央国债登记结算公司发起的债券发行缴款、债券兑付和收益款划拨、银行间债券市场交易资金清算业务，中国银联发起的银行卡跨行交易的资金清算，电子商业汇票系统发起的电子商业汇票业务资金清算等。我们在第三节会具体围绕中国银联如何通过大额实时支付系统进行银行卡跨行交易资金清算进行介绍。

大额实时支付系统运行流程如下（付荃，2004）：

发起清算行的处理。发起清算行收到发起人的大额实时支付指令，根据发起人的要求确定支付业务的优先级次（普通、紧急和特急），逐笔加编地方密押后，将支付指令转发给与其连接的发报中心 CCPC。

发报中心处理。发报中心接收发起清算行发送的支付指令，对发起行业务权限进行检查并检验地方密押无误后，自动向发起清算行返回确认信息。然后再将支付指令逐笔加编全国密押后，发送到国家处理中心 NPC，并接受国家处理中心发回的回执信息，进行存档。

国家处理中心处理。国家处理中心收到发报中心发来的支付指令后，立即对接收行接收业务权限进行检查并检验全国密押。确认无误后，自动向发报中心发送回执信息。然后进行资金的清算处理：如发起清算行对应的清算账户头寸足以支付的，直接将支付指令转发到接收清算行所属的收报中心，接受其发回的回执信息并进行存档，同时借记发起行，贷记接收行的清算账户。当清算账户头寸不足时，将大额支付作排队处理，到预定清算窗口结束时间时，如清算账户的余额仍不足的，将排队的支付业务作退回处理，国家处理中心同时将有关记录存档。

收报中心的处理。收报中心收到国家处理中心的支付指令，检验全国密押无误后，加编地方密押，并将支付指令转发至接收清算行，自动向国家处理中心返回确认信息，同时接收清算行的回执信息并存档。

接收清算行的处理。接收清算行收到收报中心的支付指令，检验地方密押，确认无误后，向其返回确认回执，同时贷记接收人的清算账户。

具体如图 7-11 所示。

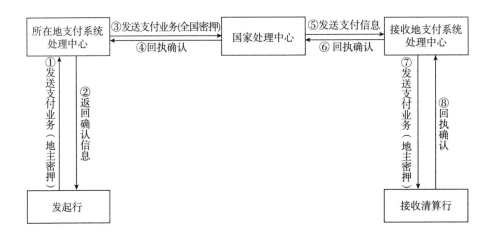

图 7-11　大额实时支付系统运行流程

注：图片由笔者绘制。

大额实时支付系统具有三大特点（谢众，2008）：一是高效的支付清算服务功能。大额实时支付系统采取与各银行业金融机构直接参与者直接连接的方式，每笔支付业务实时到账，实现了全国跨行资金清算的零在途，提高了资金使用效率。二是灵活的系统管理功能。大额实时支付系统集中各银行业金融机构准备金账户，提供联机头寸查询、日间透支限额、自动质押融资、设置清算窗口等功能。三是高效的货币政策传导与金融市场资金清算功能。大额实时支付系统为央行公开市场操作业务提供即时清算，完成央行买卖有价证券资金的最终结算；大额实时支付系统与中央债券综合业务系统直接连接，实现债券交割和资金清算的同步；大额实时支付系统与外汇交易及同业拆借系统连接，为外汇交易市场和同业拆借市场提供快捷、低成本的资金清算服务。

2. 小额批量支付系统

小额支付系统 BEPS 是央行支付系统的主要应用系统之一，是中国现代化支付系统的重要组成部分。BEPS 采用"批量发送支付指令、轧差净额清算资金"

的方式，为社会提供低成本、大业务量的支付清算服务，支撑多种支付工具的应用，满足社会各种经济活动支付的需要。据央行统计，2016 年，BEPS 日均处理业务 1148 万笔，峰值 242 万笔/小时（日均约 328 万包/日，峰值业务量为 82 万包/小时）。自 2015 年 7 月 11 日起，小额支付系统提供 7×24 小时服务，系统每日 16：00 进行当日日切处理，即系统每日工作时间为前一自然日 16：00 至本自然日 16：00。

小额支付系统可以处理"贷记支付业务"和"借记支付业务"。对于"贷记支付业务"而言，区别于大额支付系统，小额支付系统只处理每笔金额在规定起点（5 万元）以下的业务等。对于"借记支付业务"，包括同城和异地纸凭证截留的借记支付业务以及央行会计营业部和国库部门办理的借记支付业务。"普通借记业务"为收款行发起的、借记付款行账户的支付业务，即收款行向付款行主动发起的跨行收款的行为，表现为付款行资金用途增加。

纸凭证截留借记支付业务是指，持票人开户行收到客户提交的纸质票据（支票、汇票等）后，不再将票据交换至出票人开户行，而是通过小额系统向出票人开户行发起一笔借记业务，出票人开户行根据借记业务指令中提供的票据信息、支付密码、票据影像等确认票据的真实性，并通过小额系统完成跨行资金清算。

小额系统的基本业务处理流程是："逐笔发起，组包发送，实时传输，双边轧差，定时清算。"具体来看：

"逐笔发起、组包发送、实时传输"：发起行逐笔发起小额业务，打包后经 CCPC 或 NPC 实时传输至接收行。为有效利用系统资源、提高处理效率，小额支付系统以批量包为单位处理各类业务信息，即发起行将小额支付业务或信息，按照一定的标准进行批量组包，提交小额系统进行处理。批量包由包头和包体两部分组成，包头记载整包业务的汇总信息，包括批量包包号、付款清算行、收款清算行、业务总笔数、业务总金额等，是小额支付系统轧差清算和转发业务包的依据。包体包含具体的明细业务数据，是小额支付系统参与者进行账务处理的依据。发起清算行组包时按同一接收清算行和同一业务种类进行组包。

"双边轧差"：CCPC（同城业务）和 NPC（异地业务）逐包按收款清算行和付款清算行进行双边轧差。尽管小额支付系统 24 小时连续运行，但是轧差清算是分场次进行的，分为 NPC 全国场次和 CCPC 各省场次，前者一天三场，分别是 11：00、14：30 和 16：00，由央行总行设置；各省场次由央行各分行自行设置。每日 16：00 日切时，NPC 和 CCPC 进行当日最后一场轧差处理，日切后的业务则纳为次日第一场轧差清算处理业务。

"定时清算"：CCPC 和 NPC 在规定时点提交 SAPS 进行清算。CCPC 和 NPC

在每场提交清算时点将轧差净额实时提交 SAPS 进行清算。小额系统轧差净额清算原则如下：已轧差的净额原则上纳入当日清算，已提交 SAPS 的小额净额清算报文当日必须清算，小额净借记差额只能用圈存资金以外的可用资金清算。小额系统轧差净额的清算日为国家法定工作日，清算时间为 8：30～17：00，如遇节假日，小额系统仍可继续提供轧差和转发业务，但所有的轧差净额暂不进行资金清算，统一在节假日后的第一个法定工作日进行清算。

3. 网上支付跨行清算系统

2013 年 10 月 6 日，央行的第二代支付系统正式投产运行，其中包括 2010 年 8 月推出的网上支付跨行清算系统 IBPS，俗称"超级网银"。IBPS 是中国现代化支付系统的重要组成部分，主要处理用户通过在线方式发起的小额跨行支付。IBPS 采用"逐笔实时处理支付业务、轧差净额清算资金"的方式，客户可通过在线方式提交支付业务，并可实时获取业务处理结果。该系统支持商业银行以及经中国人民银行批准的非金融支付服务机构接入。

超级网银实行 7×24 小时连续运行。系统每一工作日的运行时间为前一自然日 16：00 至本自然日 16：00。尽管系统 24 小时连续运行，但是轧差清算是分场次进行的，其时间与小额支付系统保持一致，即场次和时间由 CCPC 或 NPC 根据央行总行业务管理部门的规定设置；轧差净额提交清算的场次和时间可以在日间调整，即时生效。

网上支付跨行清算系统主要处理规定金额（5 万元）以下的网上支付业务和账户信息查询业务。前者包括网银贷记业务、网银借记业务、第三方贷记业务。具体来看，网银贷记业务是指付款人通过付款行向收款行主动发起的付款业务。网银贷记业务可支持如下资金支付：网银转账汇兑、网络购物、商旅服务、网银缴费、贷款还款、实时代付、投资理财、交易退款、慈善捐款等。

网银借记业务是指收款人根据事先签订的协议，通过收款行向付款行发起的收款业务。网银借记业务可支持下列行为的资金支付：实时代收费（如水费、电费、煤气费、电话费等公用事业收费）、自动贷款还款（如房贷、车贷、信用卡等还款）以及基金定投等网上跨行支付业务。通过 IBPS 办理网银借记业务，付款行应与其客户签订授权支付协议。

第三方贷记业务是指第三方机构接受委托，通过 IBPS 通知付款行向收款行付款的业务。这里的第三方机构是指提供第三方支付服务的直接接入银行机构和直接接入非金融机构。第三方贷记业务可支持下列行为的资金支付：网络购物、商旅服务、网银缴费、贷款还款、实时代付、投资理财、交易退款、慈善捐款等。

信息查询业务是指由查询机构发起、通过 IBPS 向被查询机构进行账户信息查询的业务。IBPS 支持对个人借记卡（存折）账户、个人贷记卡账户和单位银行结算账户的信息查询，账户信息查询内容包括账户余额和交易明细信息。办理信息查询业务，账户所有人应与开户银行签订账户信息查询协议。

网上支付跨行清算系统运行模式比较特别，其运行时间、金额限制以及清算方式与小额支付系统相似，即运行时序为 7×24 小时连续运行，处理金额在 5 万元以下的业务，采取定场次轧差清算模式。但是，其入账方式又与大额支付系统一样，即实时入账。

下面以网银贷记业务为例进行系统运作流程说明：第一步，付款清算行逐笔发起网银贷记业务，逐笔交易信息经 CCPC 或 NPC 实时传输至收款清算行，收款清算行实时向 CCPC 或 NPC 返回回执。第二步，CCPC 或 NPC 以收款清算行返回的确认回执为轧差依据，对该笔支付业务进行实时轧差，轧差后分别通知付款清算行和收款清算行。第三步，CCPC 和 NPC 在规定时点提交 SAPS 进行资金清算。法定节假日期间，IBPS 继续对支付业务进行轧差处理，轧差净额在法定节假日后的第一个清算账户管理系统工作日提交清算。

第三节 银行卡跨行支付系统

有了前面介绍的大、小额和超级网银系统后，银行的跨行转账就可以针对不同的客户群和场景设计不同渠道。例如，通过银行柜台办理跨行转账，就通过大额实时或小额批量支付系统；通过手机银行办理跨行转账，可以选择通过大额实时、小额批量支付系统或超级网银（根据转账金额和到账时间的不同）。那通过 ATM 进行跨行取现或通过 POS 机进行跨行支付呢？前面在收单业务中，我们提到通过 ATM 取现或是通过 POS 机进行跨行支付其实都属于基于银行卡的收单业务，而收单业务就离不开清算组织，比如银联。因此，收单业务中都得通过银联的银行卡跨行交易清算系统为银行间交易提供指令的转接和清分，然后再通过支付系统进行资金结算（见图 7-12）。本章主要围绕支付与结算的中端系统——银联的银行卡跨行交易清算系统进行介绍。

一、系统概述

（一）系统介绍

中国银联跨行交易清算系统（China UnionPay Inter-bank Transaction Sttlement System，CUPS），是中国现代化清算支付体系的组成部分，是我国重要金融基础设施，担负着银行卡跨行交易信息处理、资金清算的重要使命。依托该系统，银

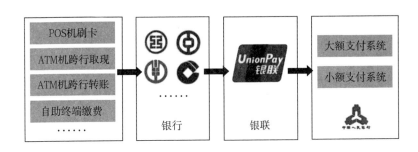

图 7-12　依托银联清算的银行卡支付全流程

注：图片来自中心证券研究部。

联统一银行卡跨行技术标准和业务规范，专门处理银行卡跨行交易信息转接和交易清算业务。

CUPS 系统是一个两层的网络结构，其中节点按层次不同，可划分为核心节点和骨干节点。核心节点包括上海信息中心和北京信息中心；骨干节点包括银联各地分公司。基于不同节点，商业银行使用不同方式接入银联。第一种方式是直接接入，即与核心节点连接，这类银行包括全国性入网机构和境内外资银行（例如全国性商业银行总行等）。第二种方式是间接接入，即与骨干节点连接，这类银行包括城市商业银行或农村信用社。对于全国性入网机构各地分支机构如建行四川分行，可以选择通过其总行接入银联，也可以选择接入银联四川分公司。CUPS 系统网络结构如图 7-13 所示。

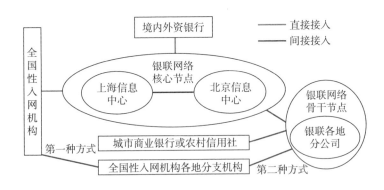

图 7-13　CUPS 网络结构

注：图片由笔者绘制。

银联的出现有效解决了银行卡跨行收单的两个问题：一是接口问题。银行互联模式下，各银行两两之间通过开放接口线路实现支付信息的互联对接。该模式下，n 家银行就要有 n×（n-1）个接口线路，且各银行的数据制式、接口形式各有不同，彼此对接需要花费大量成本。银联模式下，银联成为清算网络的中心支点，所有银行只需与银联对接即可（n 家银行只需搭建 n 条接口线路），规范接口形式，提升了对接效率。二是交易冗余问题。考虑一种极端情况，银行 A 单日向银行 B 发起 1 亿笔银行卡转账支付，单笔业务金额 1 元；同时银行 B 单日向银行 A 发起 1 亿零 1 笔银行卡转账支付，单笔业务金额同为 1 元。如果采用逐笔结算，A 银行与 B 银行单日将通过人行支付结算系统完成 2 亿零 1 笔汇划业务。在银联模式下，银联对 A、B 两行日内完成的交易进行轧差并计算应付金额，该模式下两行结算金额仅为 1 元，因此有效地解决了交易冗余问题。

银行互联模式和银联模式对比如图 7-14 所示。

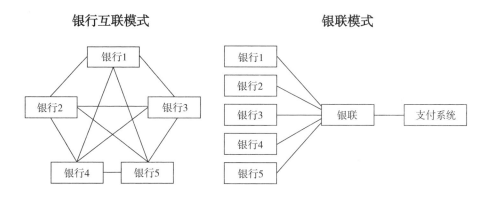

图 7-14　银行互联模式和银联模式对比

注：图片由笔者绘制。

（二）相关概念

为了弄清楚银联如何进行跨行间资金清算，一些概念有必要作区分：

一是直联商户和间联商户。前者是指与银联系统直接对接的商户，该情况下，交易信息直接上报至银联系统；后者是指与收单机构对接的商户，该情况下，交易信息需经由开发接口与银联系统对接的收单机构，再至银联。目前，商户的 POS 机是由银联商务布放的，则交易数据直接与银联对接，因此商户属于直联商户；商户的 POS 机是由拉卡拉或商业银行布放的，则交易数据先经过拉卡拉或商业银行，再转接至银联，因此商户属于间联商户。

二是清算账户和结算账户。银行与银行之间构成清算关系，即清算完成银行间债权债务关系清偿。银行内部以及银行与商户、消费者之间构成结算关系，即结算完成银行、商户与消费者之间债权债务关系清偿。境内商业银行清算账户均开设在央行，跨境业务的清算账户开立在中国银行和汇丰银行总行，清算时通过备付金账户进行。境内商户和第三方收单机构的结算账户开立在商业银行。

三是清分和资金划拨。清分是指对交易日志中记录的成功交易，逐笔计算交易本金及交易费用，然后按清算对象汇总轧差形成应收或应付金额，简言之是搞清楚应该向谁要多少钱、应该给谁多少钱。该过程是在银联清算系统 CUPS 内部完成的。资金划拨是指通过特定的渠道和方式，完成应收付资金的转移，简言之是明确通过何种渠道拿回应收款、付出应付款。该过程是银联通过央行的大小额支付清算系统或同城票据交换系统完成的。

四是跨行清算和收单清算。跨行清算是银联针对收单机构和发卡机构的清算，在此基础上，银联通过大额支付系统，实现与境内成员机构清算账户之间的双向资金转移。收单清算是银联针对商户（结算账户所在银行）和收单机构的清算，在此基础上，银联通过小额支付系统和当地票据交换系统，实现与境内收单机构和商户之间的单向资金转移。值得注意的是，在大额支付清算系统中，银联享有比商业银行更大的特权，因为银联可以借记对方账户，商业银行只能贷记对方账户。

二、基于银行卡的跨行交易流程

基于银行卡的跨行交易大体可以分为以下三步：一是交易信息接收和转接。通过布设的网络，接收付款方账户所在支付机构（贷记模式）或收款方账户所在支付机构（借记模式）发起的支付指令，然后通过信息转接，一方面确认付款方账户资金充足，另一方面告知双方支付机构实现扣账和入账处理。二是清分和结算。固定时点或日终对一定时间段的支付业务进行汇总和清分（净额计算），将计算出的待结算金额提交至底层支付系统进行结算。三是银行收单结算和内部结算。下面我们以小张持有建行卡在工行取现 100 元为例来对基于银行卡的跨行交易进行具体说明：

（一）交易接收和转接（见图 7-15）

（1）小张将建行卡插入收单行工行 ATM 欲取钱。

（2）收单行工行交易系统将取款指令发送至 CUPS。

（3）银联将指令转接至发卡行建行。

（4）发卡行建行检查用户结算账户头寸，进行账户扣款，完成持卡人账户实时结算，并将回复报文发送至 CUPS。

（5）银联更新交易数据，并将回复报文发送至收单行工行。

（6）工行收到信息后，ATM 吐钞票。

图 7-15 ATM 交易信息接收和转接

注：图片由笔者绘制。

由此可见，银联为跨行交易提供了统一的交易指令转接平台，有效避免了银行间——对接而导致运行效率低下的问题。银联年度交易数据显示，2020 年，其实现网络转接交易金额 205.6 万亿元，同比增长 8.8%。

（二）清分和结算（见图 7-16）

（1）T 日 23：00，银联进行日切，即记账日期的切换，并将当天交易日志同步给清算系统。

（2）T+1 日凌晨，CUPS 开始进行跨行清算和收单清算（ATM 例子中，只涉及跨行清算）。

（3）T+1 日 10：00，CUPS 将轧差后的清分结果，即各机构（收单行、发卡行）清算账户、各直联商户结算账户的应收（贷记）应付（借记）金额，发送至各机构进行确认。

（4）各机构对清分结果对账确认后，通知 CUPS 确认交易明细无误。

（5）CUPS 开始进行资金划拨，通过资金管理平台和支付前置系统，按序将支付指令发送至 CNAPS，先借记后贷记。

图 7-16 CUPS 清分和结算

注：图片由笔者绘制。

（三）银行收单结算和内部核算

（1）资金清算完毕后，银行会收到 CNAPS 系统报文，此时各机构银行获取其在央行备付金系统中各自的账户余额并与内部映射的虚拟账户余额进行对账，对账完毕后更新各自核算系统中"上存央行备付金账户"余额，并完成手续费的核算。

（2）对于间联商户的收单行，还需完成商户结算账户的核算和资金划拨（从收单行到间联商户）。

三、银联清分和资金划拨过程

接下来，我们以消费者跨行消费为例，具体围绕上述步骤（二）和步骤（三）展开。假设 T 日在 CUPS 日切前总共产生了以下 3 笔交易：

交易 1：持卡人张某持建行借记卡，在工商银行某 ATM 取款 500 元，该 ATM 接入银联系统。为简化计算，手续费按固定费率收取，由发卡行承担，即持卡人在他行 ATM 成功办理取款时，无论同城或异地，发卡行均按每笔 3 元向代理收单行支付手续费，同时按每笔 0.6 元的标准向银联支付网络服务费。

交易 2：持卡人李某持工行借记卡，在春熙路肯德基店（间联商户）点了 300 元的套餐，并在由中国银行布设的 POS 机具上刷卡支付成功。肯德基店结算账户开设在中行。假设手续费按照发改价格〔2013〕66 号文件进行收取，由商户支付。由于肯德基商户属于餐娱类，因此发卡行、银联、收单行分别获得 0.9%、0.13% 和 0.22% 的手续费。

交易 3：持卡人唐某持中国银行借记卡，在太古里兰蔻专柜（间联商户）购买价值 3000 元的护肤品套装，并在由工行布设的 POS 机上刷卡支付成功。兰蔻专柜结算账户开设在中国建设银行。假设手续费按照发改价格〔2013〕66 号文件进行收取，由商户支付。由于肯德基商户属于餐娱类，因此发卡行、银联、收单行分别获得 0.55%、0.08% 和 0.15% 的手续费。

（一）银联清分

1. 交易 1

交易 1 属于跨行取款，参与方包括建行和工行。由于消费者是暂时通过工行 ATM 取款，实际支付方是建行。此时，发卡行为建行，收单行为工行，银联提供交易转接。此时的清算发生在不同商业银行之间，因此属于银联跨行清算。

对于银联来说，处理建行和工行的交易转接获手续费，属于资金来源增加，即银联贷记 0.6 元。对于建行来说，一方面持卡人支取现金 500 元，属于资金用途增加，因此借记 500 元；另一方面发卡行承担全部手续费，属于资金来源增加，因此贷记 3.6 元。对于工行来说，一方面会获得 ATM 垫付资金回款，属于资金来源增加，因此贷记 500 元；另一方面会获得收单行手续费，属于资金来源增加，因此贷记 3 元。

据此，我们可以得到如表 7-1 所示的跨行清算结果。

表 7-1　交易 1 跨行清算结果　　　　　　　　　　单位：元

建行（发行卡）	工行（收单行）	银联
借记：500 （取现支出） 借记：3.6 （手续费支出）	贷记：3 （手续费收入） 贷记：500 （工行垫付取现资金回款）	贷记：0.6 （手续费收入）
借记：503.6	贷记：503	贷记：0.6

2. 交易 2

交易 2 属于跨行消费，参与方包括工行、中行和银联。由于消费者持工行卡在中行布设的 POS 机具上进行刷卡支付，此时发卡行为工行，收单行为中行，银联提供交易转接。需注意的是，由于收单行和商户结算账户都为同一商业银行，因此收单行和商户的结算在银行内部系统完成，故不涉及银联收单清算。

对于银联来说，处理工行和中行的交易转接获手续费，资金来源增加，因此贷记 0.39 元。对于工行来说，持卡人在肯德基消费 300 元，属于资金用途增加，因此借记 300 元；另外，获得发卡行手续费，资金来源增加，因此贷记 2.7 元。对于中行（收单行）来说，获得收单手续费，资金来源增加，因此贷记 0.66 元；同时，暂时获得消费收入 300 元，因此贷记 300 元。对于中行（商户结算账户行）来说，其承担上述手续费。

据此，我们可以得到如表 7-2 所示的跨行清算结果。

表 7-2　交易 2 跨行清算结果　　　　　　　　　　单位：元

工行（发行卡）	中行（收单行）	银联	中行（商户肯德基账户所在行）
借记：300 （消费支出） 贷记：300×0.9%＝2.7 （手续费收入）	贷记：300×0.22%＝0.66 （手续费收入） 贷记：300 （消费收入）	贷记：300×0.13%＝0.39 （手续费收入）	借记：2.7+0.39+0.66＝3.75 （手续费支出）
借记：297.3	贷记：300.66	贷记：0.39	借记：3.75

3. 交易 3

交易 3 属于跨行消费，参与方包括中行、工行、建行和银联。由于消费者持中行卡在工行布设的 POS 机具上进行刷卡支付，此时发卡行为中行，收单行为工行，银联提供交易转接。需注意的是，此时由于收单行和商户结算账户分属不同商业银行，因此收单行和商户结算账户所在银行也需经银联进行清算。

（1）银联跨行清算。对于银联来说，处理中行和工行的交易转接获手续费，资金来源增加，因此贷记 2.4 元。对于中行来说，一方面，持卡人在店铺消费3000 元，属于资金用途增加，因此借记 3000 元；另一方面，中行可获得发卡行获手续费，属于资金来源增加，因此贷记 16.5 元。同时，对于工行来说，可获得收单行获手续费，属于资金来源增加，因此贷记 4.5 元。对于建行（商户结算账户行）来说，承担上述手续费。

据此，我们可以得到如表 7-3 所示的跨行清算结果。

表 7-3　交易 3 跨行清算结果　　　　　　　　　　　　　单位：元

中行（发行卡）	工行（收单行）	银联
借记：3000 （消费支出） 贷记：3000×0.55%＝16.5 （手续费收入）	贷记：3000×0.15%＝4.5 （手续费收入） 贷记：3000 （消费收入暂收）	贷记：3000×0.08%＝2.4 （手续费收入）
借记：2983.5	贷记：3004.45	贷记：2.4

（2）银联收单清算。对于银联来说，处理收单行工行和银行结算账户建行的交易获手续费，资金来源增加，因此贷记 2 元。对于工行来说，银联轧差时需支付 2000 元，属于资金用途增加，因此借记 2000 元；银联轧差时收单行获手续费，资金来源增加，因此贷记 4 元。对于建行来说，银联轧差时中行需支付建行2000 元，资金来源增加，因此贷记 2000 元；为了实现会计平衡，借记 6 元。

据此，我们可以得到如表 7-4 所示的跨行收单结果。

表 7-4　交易 3 跨行收单结果　　　　　　　　　　　　　单位：元

工行（收单行）	建行（商户兰蔻账户所在行）
借记：3000 （代收消费收入转出）	借记：16.5+4.5+2.4＝23.4 （手续费支出） 贷记：3000 （消费收入）
借记：3000	贷记：2976.6

4. 银联跨行清算与跨行收单结果汇总

T 日晚上 11：00，银联跨行支付系统完成日切，并将截止到日切时间的 T 日交易日志发送至银联清算系统。

T+1 日，清算系统首先进行跨行清算，后进行收单清算。将上述交易中的跨行收单与跨行清算结果分别汇总，可以得如表 7-5 和表 7-6 所示的结果。

表 7-5 交易 1~3 中的跨行清算结果　　　　　　　　单位：元

建行	工行	中行	银联
交易 1： 借记：503.6	交易 1： 贷记：503	交易 1： 无	交易 1： 贷记：0.6
交易 2： 无	交易 2： 借记：297.3	交易 2： 贷记：300.66 借记：3.75	交易 2： 贷记：0.39
交易 3： 无	交易 3： 贷记：3004.5	交易 3： 借记：2983.5	交易 3： 贷记：2.4
总借记：503.6	总贷记：3210.2	总借记：2686.59	总贷记：3.39

表 7-6 交易 1~3 中的跨行收单结果　　　　　　　　单位：元

工行	建行
交易 1： 无	交易 1： 无
交易 2： 无	交易 2： 无
交易 3： 借记：3000	交易 3： 贷记：2976.6
总借记：3000	总贷记：2976.6

（二）资金划拨

随后，通过资金管理平台和连接央行支付清算系统的前置机发送清算指令（资金划拨），先借记后贷记，按优先级排队处理。

跨行清算方面。银联通过央行的大额支付系统对设立在央行的各银行机构备付金账户进行借记操作，实时完成跨行清算资金的转移[①]。在上述例子中，最终，借记建行 503.6 元，借记中行 2686.59 元。建行和中行在相对应的央行账户中资金分别减少 503.6 元和 2686.59 元。银联通过央行的大额支付系统贷记银行和银联在央行开立的备付金清算账户，实时完成跨行清算资金的转移。在上述例子中，贷记银联 3.39 元，贷记工行 3210.2 元。最终，银联和工行在央行账户中资金分别增加 3.39 元和 3210.2 元。

收单清算方面。银联通过小额支付系统贷记商户开立在商业银行的结算账户。在上述例子中，借记工行 3000 元，即工行在央行账户中资金减少 3000 元。

---

① 需注意的是，银联有权对各银行机构进行账户直接借记操作。

贷记建行（兰蔻商户结算行）2976.6元，即商户在其银行结算账户中资金增加2976.6元。最后，中行通过自身的结算系统贷记商户肯德基结算账户。至此，整个清算完成。

从上述过程可以看出，无论是跨行清算还是收单清算，银联都是作为一个特许参与者，直接加入大小额支付系统，完成银行卡交换业务的资金划拨的。银联通过大额支付系统实现与境内成员机构清算账户之间的双向资金转移。银联通过小额支付系统并结合其他系统例如票据交换系统，实现与境内第三方机构和商户之间的单向资金转移。此外，在大额支付系统中，银联享有比商业银行更大的特权，因为银联可直接借记或贷记对方在央行开立的备付金清算账户，而商业银行只能贷记对方的账户。

思考题

1. 简述我国支付清算发展历史。

2. 简述手工联行时期以及电子联行时期的信息流和资金流渠道。

3. CNAPS是指什么？其建设经历了哪些关键事件？

4. CNAPS的参与者包括哪些？

5. CNAPS的三级节点分别指什么？CNAPS的系统网络又如何划分？

6. 对比大额支付系统和小额批量支付系统在处理原则、处理业务、接入机构和运行时间上的差别。

7. 超级网银的网上支付业务包括哪些？

8. CUPS是指什么？其职责是什么？参与者有哪些？

9. 结合具体例子，阐述CUPS清算流程中的交易接收和转接。

10. 结合具体例子，阐述CUPS清算流程中的清分和资金划拨。

11. 简述银行卡跨行交易清算系统与央行大小额系统之间的关系？

【知识加油站：上海汇划总会】

上海汇划总会是旧中国上海钱庄业同业间清算票据的一种金融机构。光绪十六年由"大同行"钱庄召集会议决定成立，在推行汇划制度的同时，建立了公单清算办法。在此之前，各家钱庄的清算，须每天晚间汇集当日应收应付的票据，相互之间当面划拨，余数用现银解送的办法结清，手续繁杂。汇划总会成立后，采用公单制度清算票据，各庄汇划即可凭公收付。

【知识加油站：贷记业务与借记业务】

从会计恒等式可知，资产＝负债＋所有者权益。等式左边表示资金用途，等式右边表示资金来源。

"贷"字表示资金用途减少或资金来源增加。贷记业务是付款行或者付款人主动向收款行或者收款人发起的付款业务。"借"字表示资金用途增加或资金来源减少。借记业务是收款行或者收款人主动向付款行或者付款人发起的扣款业务。

例如，A 银行客户委托 A 银行向 B 银行汇款 1000 元，那么对于 A 银行而言，主动发起付款，因此这笔汇款属于"贷记业务"。再如，B 银行客户委托 B 银行向 A 银行收款 1000 元，那么对于 B 银行而言，主动发起收款，因此这笔汇款属于"借记业务"。

【行业动态：2020 年支付系统总体运行情况】

2020 年，支付系统共处理支付业务 7320.63 亿笔，金额 8195.29 万亿元，同比分别增长 28.77% 和 18.73%。截至 2020 年末，共有 4034 家银行加入人民银行支付系统，占银行总量的 99.09%。

央行支付系统共处理支付业务 196.68 亿笔，金额 6016.91 万亿元，同比分别增长 9.16% 和 15.43%，日均处理业务 5448.92 万笔，金额 23.71 万亿元。

大额实时支付系统处理业务 5.12 亿笔，金额 5647.73 万亿元，笔数同比下降 53.17%，金额同比增长 14.08%。日均处理业务 205.78 万笔，金额 22.68 万亿元。

小额批量支付系统处理业务 34.58 亿笔，金额 146.87 万亿元。

网上支付跨行清算系统共处理业务 156.24 亿笔，金额 203.49 万亿元，同比分别增长 11.52% 和 83.71%。日均处理业务 4268.93 万笔，金额 5559.86 亿元。

同城清算系统共处理业务 0.70 亿笔，金额 8.54 万亿元，同比分别下降 75.11% 和 89.58%。日均处理业务 28.21 万笔，金额 342.84 亿元。

银行卡跨行支付系统共处理业务 1505.60 亿笔，金额 192.18 万亿元，同比分别增长 11.38% 和 10.70%。日均处理业务 4.11 亿笔，金额 5250.95 亿元。

网联清算平台运行平稳。截至 2020 年末，共有 560 家商业银行和 133 家支付机构接入网联平台。2020 年，网联清算平台处理业务 5431.68 亿笔，金额 348.86 万亿元，同比分别增长 36.63% 和 34.26%。日均处理业务 14.84 亿笔，金额 9531.79 亿元。

【知识加油站：全额结算与净额结算】

全额结算是指支付系统对各金融机构的每笔转账业务进行一一对应结算，按照结算时间的不同，可以分为定时结算和实时结算。净额结算是指结算机构以结算参与人为单位，对其买入和卖出交易的余额进行轧差，以轧差得到的净额组织结算参与人进行交收的方式，按照结算方的不同，可以分为双边净额结算和多边净额结算。

【**学术链接：中国邮政储蓄银行践行"一点接入一点清算"模式的效果．龚晓坤．中国邮政储蓄银行践行"一点接入一点清算"模式的效果〔J〕．中国支付清算，2014（6）：4-9.**】

2008年3月，中国邮政储蓄银行在央行的大力支持下，以"一点接入"的方式率先通过北京CCPC接入第一代现代化支付系统，实现邮储银行各级机构存放央行资金的"一点清算"。而在此之前，邮储银行的各级机构一直以间连的方式通过手工来处理支付清算业务。

"一点接入一点清算"的实现，有利于减少银行超额储备资金，提高资金的使用效益；有利于提高银行支付结算服务的水平，保证企业客户正常的资金支付结算；有利于资金头寸的集中管理，降低支付结算管理成本费用；有利于全行结算资金的统一调度，提升流动性风险防控能力。

第八章　数字货币支付

　　20 世纪 80 年代，密码学家 David Chaum 撰写了一篇关于电子现金设想的论文，数字货币的概念就此诞生（高克州等，2019）。在此以后，20 世纪 90 年代，他又创建了第一种可保证交易匿名的数字货币，被称作 Digicash。而后数字货币进入了缓慢发展阶段，直至 2009 年，私人数字货币的典型代表——比特币出现后，数字货币再次进入人们的视野。此后，世界各地的私人机构开始发行各种数字货币，如 Ethereum（以太坊）、Ripple（瑞波币）、Litecoin（莱特币）、Dogecoin（狗狗币）等，数字货币市场规模呈现指数级别增长。加密数字货币网站 Cryptocurrencies 显示，截至 2020 年 5 月 27 日，全球私人数字货币种类共计 5516 种，私人数字货币总市值达到 2505.8 亿美元，其中比特币市值占 47% 左右。这些私人数字货币极大地颠覆了传统货币的形态、流通形式和支付方式（巴曙松等，2020）。

　　与此同时，在网络技术和数字经济蓬勃发展的背景下，公众对支付便捷性、安全性、普及性和隐私性等方面的需求不断增长，许多国家和地区的中央银行或货币当局积极密切跟踪金融科技前沿技术动态，积极探索法定货币的数字化形态（李国辉和马若梅，2021）。就此，法定数字货币研发与应用正如火如荼地展开。

　　本章第一节将主要围绕区块链体系支付展开，包括比特币系统起源、比特币系统相关概念、比特币的发行支付和结算以及区块链在支付领域的应用。第二节主要围绕数字人民币支付展开，包括央行数字货币发展历程、数字人民币概述和数字人民币支付方式。

第一节　区块链体系支付

一、比特币系统起源

比特币（Bitcoin）的概念最初由 Satoshi Nakamoto（翻译为：中本聪）于

2008 年 11 月 1 日在一篇名为 *Bitcoin：A Peer-to-Peer Electronic Cash System*（翻译为：《比特币：一种点对点电子货币系统》）的文章中提出（见图 8-1）。该文完整系统地阐述了比特币的运行原理。这部分内容我们将在后面作详细介绍。

Bitcoin: A Peer-to-Peer Electronic Cash System

Satoshi Nakamoto
satoshin@gmx.com
www.bitcoin.org

Abstract. A purely peer-to-peer version of electronic cash would allow online payments to be sent directly from one party to another without going through a financial institution. Digital signatures provide part of the solution, but the main benefits are lost if a trusted third party is still required to prevent double-spending. We propose a solution to the double-spending problem using a peer-to-peer network. The network timestamps transactions by hashing them into an ongoing chain of hash-based proof-of-work, forming a record that cannot be changed without redoing the proof-of-work. The longest chain not only serves as proof of the sequence of events witnessed, but proof that it came from the largest pool of CPU power. As long as a majority of CPU power is controlled by nodes that are not cooperating to attack the network, they'll generate the longest chain and outpace attackers. The network itself requires minimal structure. Messages are broadcast on a best effort basis, and nodes can leave and rejoin the network at will, accepting the longest proof-of-work chain as proof of what happened while they were gone.

图 8-1　*Bitcoin：A Peer-to-Peer Electronic Cash System* 论文首页

注：图片来自 https：//bitcoin. org/en/bitcoin-paper。

简言之，比特币是一种点对点（Peer-to-Peer，P2P）支付的数字货币，该货币的发行不依靠特定货币机构，而是依据特定算法、通过大量计算产生的。该货币的支付或交易也不需要通过金融机构或第三方支付机构，可直接实现从一方到另一方的转移。区块链、连同加密、时间戳、数字签名等是支持这种 P2P 支付方式的底层技术。因此，比特币是一种新型货币，也是一种新型货币支付方式，更是一个去中心化的网络支付系统。

继这篇文章发表后，2009 年 1 月 3 日 18 时 15 分 05 秒，中本聪在位于芬兰赫尔辛基的小型服务器上挖出了第一批 50 个比特币，并将泰晤士报的头条标题写在了序号为 0 的区块上，这标志着"创世区块"的诞生。2009 年 1 月 9 日，出现序号为 1 的区块，并与序号为 0 的创世区块相连接形成了链，这标志着"区块链"的诞生。创世区块是当前区块链里所有区块的共同祖先，这意味着从任一区块循链回溯，最终都将回到创世区块。

　　创世区块上记载着泰晤士报的头条标题，该标题如图8-2所示，中文意思为"英国财政大臣正处于实施第二轮银行紧急援助的边缘"。在创世区块中记录这句话，不仅表明了区块产生的时间，更重要的是向人们表明中本聪对央行货币制度的不满，以及预示着一个前所未有的世界性货币体系即将到来，而这与比特币诞生的背景密不可分。

图8-2　2009年1月3日泰晤士报头版

　　注：图片来自 https：//m.sohu.com/a/385972029_100112719/？pvid=000115_3w_a&scm=1002.2715008b.0.0-0。

　　比特币诞生于2007年次贷危机/2008年金融危机爆发后。为抵御危机对实体经济带来的冲击，全球主要资本主义国家争相实施"量化宽松"政策（张海洋，2019）①。以美国为例，为减轻危机带来的负面影响，美联储大幅度降低利率，

---

　　① 所谓量化宽松政策，我国央行给出的定义是指，中央银行在实行零利率或近似零利率政策后，通过购买国债等中长期债券，增加基础货币供给，向市场注入大量流动性资金的干预方式（天大研究院课题组和王元龙，2011）。

同时实行美元贬值的汇率政策。自2007年开始，联邦基金利率经历了三次下调，2008年1月22日降至3.6%，2008年10月2日首次降到1%以下，2008年12月26日接近零利率水平（0.1%左右）。此外，2008年2月，美国通过经济刺激法案，对美国个人和家庭注资超过1000亿美元。2008年3月，美联储向一级交易商出借2000亿美元国债。2008年9月，国会通过了布什政府的住房抵押债券7000亿美元的收购方案。2008年11月，美联储又抛出一项高达8000亿美元的援助计划（孙瑾，2010）。至此，"零利率+中长期债券购买"的量化宽松政策逐渐形成，因而人们对主流的法定货币都有着不同程度的贬值预期。

通货膨胀，尤其是恶性通货膨胀会造成较为严重的经济和社会动荡[①]。世界上恶性通货膨胀最严重的国家当属津巴布韦。受土地改革失败和西方长期制裁的影响，21世纪初津巴布韦开始经历恶性通胀，至2004年初通胀率升至624%，2006年4月攀升至1042.9%。2006年2月，津巴布韦印了21兆津巴布韦元，用于支付国际货币基金组织欠款。2006年5月，又在此印制60兆津巴布韦元，用于支付兵警和其他公务员的薪金。2007年6月，津巴布韦通胀率上升至11000%。2008年5月，津巴布韦又直接发行面额为5000万元、价值2.5亿津巴布韦元的钞票，10天后，再次印发价值5亿元的钞票。当月，其通货膨胀率已上升到2200000%。2008年12月，政府再次发行100亿元面额的新钞，但实际仅值25美元。后来还出现了100万亿元的纸钞，其实际价值不到10美元（见图8-3）。

图8-3 津巴布韦100万亿元面额纸钞示例

注：图片来自 https://baijiahao.baidu.com/s? id=1704057566295606943&wfr=spider&for=pc。

---

① 恶性通货膨胀主要是指每年通货膨胀率在100%以上。

津巴布韦历经多年的恶性通胀实际上源自央行无节制地印发货币。诺贝尔经济学奖获得者德里希·奥古斯特·冯·哈耶克（简称：哈耶克）在其1976年撰写的经济学著作 *Denationalization of Money*（翻译为：《货币的非国家化》）中提到，通货膨胀和失业存在的重要原因是国家垄断了货币发行的权力而无法提供健全的货币；政府会通过垄断铸币权，操纵货币价值来谋取私人利益，然后通过法律强制民众接受这一事实；政府发行的货币作为唯一流通货币，是低效率的甚至是有害的[①]。据此，他认为，健全的货币不来自政府和金本位制，而是来自私人银行。进而，他提出一个革命性的建议，他认为应该废除中央银行制度，建立一种竞争性货币制度，允许私人发行货币并自由竞争。该书出版后立刻在西方引起强烈反响，由此引发的争论至今没有结束。

　　而就在金融危机爆发后各国争相实施宽松货币政策救世之际，中本聪提出了"比特币"的构想并成功将其发行。从某种程度上来说，"比特币"与哈耶克提出的"自由货币制度"类似（陆琪，2021）。首先，"比特币"形成了没有中央银行的货币发行和交易系统，该系统中，每一时刻的货币总量由事先写定的计算机程序确定，不允许人为地干预（张海洋，2019）。其次，每个参与人都具有货币发行权，能否发行依靠其算力或对系统的贡献度。最后，程序会按照每个参与人对系统的贡献来分配数字货币，从而杜绝了货币超发的可能，也就避免了各国法定货币中常见的通货膨胀现象的发生。

　　至此，我们从央行货币政策和通货膨胀角度理解了比特币的起源。从经济影响来看，它实践了哈耶克提出的自由货币的设想，但是比特币的重要意义还不止于此，接下来我们将会介绍比特币具体的运行原理，主要包括发行、支付和清算结算机制，其中就会穿插介绍区块链的相关概念。

二、比特币系统相关概念

（一）哈希算法（Hash Algorithm）

　　哈希算法是一类数学函数算法，又被称为哈希函数、散列算法、散列函数。它的主要功能是将任意长度的信息，映射成一段固定长度的随机散列的字符串即哈希值，散列数据由数字和字母组成。其特点是一个明文到密文的不可逆的映射过程，即只能加密，不能解密。

　　哈希算法有很多，比特币主要使用的是SHA-256算法，最终输出的结果是一串长度为256bits，即32字节的随机散列数据，故被称为"256"。SHA-2的名称来自安全散列算法2（Secure Hash Algorithm2）的缩写，由美国国家安全局研

---

① 李伟民. 金融大辞典［M］. 哈尔滨：黑龙江人民出版社，2002.

发，由美国国家标准与技术研究院于 2001 年发布，是 SHA-1 的后继者。其下又可再分为 6 个不同的算法标准，包括 SHA-224、SHA-256、SHA-384、SHA-512、SHA-512/224、SHA-512/256，差异主要体现在生成摘要的长度、循环运行的次数等方面。目前为止，还没有出现对 SHA256 算法的有效攻击。

举个例子来看，我们把明文"数字货币"这 4 个字通过哈希算法 SHA256 进行运算，就可以得到一个密文（见图 8-4）："ccdae30836a134dcf4445406c9fd050 e4aa3bce5f41941d4af3bb1674a4739d2"。但是，我们无法通过上述密文推导出"数字货币"。因此，所有哈希算法具备几个基本特征：一是其输入可为任意大小的字符串；二是产生固定大小的输出即 Hash 值；三是单向性，只能将信息转为哈希值，但无法根据哈希值推导出信息；四是输入的明文和输出的散列数据是一一对应的，任何一个输入信息的变化，都会影响最终输出哈希值的变化。

在线Hash计算器

使用各种算法计算字符串的Hash值

Text

数字货币

算法

sha256

加密

Result

ccdae30836a134dcf4445406c9fd050e4aa3bce5f41941d4af3bb1674a4739d2

图 8-4　哈希算法示例

注：图片由笔者截取。

细心的读者可能会发现，"数字货币"经过 SHA-256 得到的哈希值由 64 个字母和数字组合构成。在计算机中，字母和数字占 1 字节，那么总共应该有 64 字节，与 SHA-256 生成的固定 32 个字节不符。实际上，SHA256 中的"256"是二进制下的 256 位（一个字节 = 8 位，即 32 字节），而二进制转换为十六进制，每 4 位二进制相当于 1 位十六进制，因此 256 位的二进制换算下来就是 64 位的十六进制。关于数字的进制转换超出了本教材的讨论范畴，大家仅需知道任何信息通过 SHA256 哈希运算都会生成上述固定长度的字符串。

（二）默克尔根（Merkle Root）

默克尔根（Merkle Root）是哈希算法的一个重要应用，其作用是记录当前区块内所有交易信息的数据摘要哈希值。实际上，默克尔根是一个用哈希指针建立的满二叉树，即每一层的结点数都达到最大值。最顶层的结点是根结点，最底层的结点是叶子结点，中间的是非叶子结点。其中，叶子结点的数值是直接根据数据块的值与 0 作为输入值，经过哈希运算而得的；灰色结点的值是以两个叶子结点的哈希值作为输入值，经过哈希运算而得的。具体如图 8-5 所示。

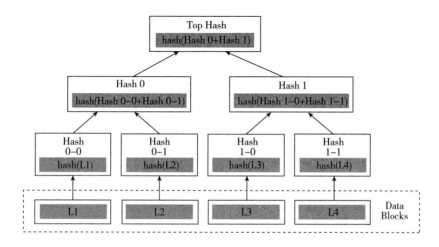

图 8-5 默克尔根

注：图片来自 https：//www.coinreview.com/blockchain-technology/。

区块链中采用默克尔根形式记录信息的一个好处是方便验证。例如在分布式环境下，从多个来源获取信息，这时只需验证默克尔根哈希值就可以验证获取数据的正确性。例如，在图 8-5 中，L3 数据库信息被篡改，根据哈希算法的特征，信息篡改后，错误会传导至叶子结点 Hash（L3），进而传导至非叶子结点 Hash（Hash1-0，Hash1-1），最后传到根结点，导致根哈希值不一致。由此可以看出，任何底层数据的变化最终都会在根哈希中反映出来；反过来，如果根哈希值不一致，可以通过结点的层次筛查，快速定位到被篡改的数据。

（三）时间戳（Time-Stamp）

该术语是指格林威治时间 1970 年 01 月 01 日 00 时 00 分 00 秒（北京时间 1970 年 1 月 1 日 08 时 00 分 00 秒）起至现在的总秒数。时间戳是一个经加密后形成的凭证文档，通常是一个字符序列，包括三部分：一是需加时间戳的文件的摘要；二是收到文件的日期和时间；三是数字签名。简单来说，时间戳是能够标识一份数据在一个特定时间点已经存在的完整的、可验证的数据。例如，北京时间 2021 年 10 月 15 日 07 时 30 分 55 秒经转换便成为 1634254255 秒（见图 8-6）。

图 8-6　时间戳示例

注：图片由笔者截取。

（四）工作量证明（Proof of Work）

工作量证明是比特币中的工作量证明机制，具体是指通过一定的工作量来获得生成区块的权利（或记账权利或激励）。在比特币系统中，工作量证明主要通过计算来猜测一个随机数，使它拼凑交易数据后的内容所对应的哈希值满足目标值。由于哈希值在数学上主要采用群举法碰撞所得，需要进行大量计算，只要能提出满足要求的随机数的计算就被认为是付出了一定的工作量，因此可以获得区块的生成权。

该机制主要利用哈希算法求解，直到找到满足条件的随机值。具体来看，首先将当前交易数据两两进行哈希运算，最终生成唯一的默克尔根哈希值。其次将该值和区块头的其他组成部分，包括版本号、前一区块哈希值、时间戳和随机数一起再生成一个哈希值，如果该哈希值小于某个特定的值，说明结果符合要求，则工作结束；反之，如果该哈希值大于等于某个特定的值，则变更随机数，继续与该特定值进行比对。经过反复碰撞，最终找到一个随机值，使得新区块头的哈希值小于某个特定的值，这个特定值即"难度目标"。

通过上面介绍可知，PoW 优点很明显，即任何人都可以加入计算，但是通过不停改变区块头中的随机数，然后进行哈希运算，再进行比较的工作机制，效率低下且对计算力要求高，易造成资源浪费。

（五）难度目标（Difficulty Target）

在工作量证明中，"难度目标"很重要。难度目标是使整个网络的计算力大致每 10 分钟产生一个区块所需要对应的哈希值，各网络节点通过改变区块头哈希值来增加或减少难度目标。更进一步地说，是改变区块头中的随机值。

中本聪规定"0×00000000FFFFFFFFFFFFFFFFFFFFFFFFFFFFFFFFFFFFFFFFFFFFFFFFFFFFFFFFFFFF"为最大目标值，因此难度目标要低于该值。

"难度值"的计算公式如下：

难度值＝最大目标值/当前难度目标

该公式说明，如果当前难度目标越小，那么难度值越大，即需要越多的次数才能找到一个随机数使得区块哈希值低于目标值；如果当前难度目标为最大目标值，那么难度值为1。

现在的问题是难度目标如何确定呢？在中本聪设计的体系中，网络会根据过去两周的计算结果，自动调整未来两周的难度目标。中本聪规定每10分钟出一个块，两周14天（对应20160分钟）应该出2016块。因此，每2周系统自动调整一次难度。比特币难度目标公式如下：

新难度目标＝当前难度目标×（之前2016个区块实际出块时间（分钟）/20160）

实际上该公式就是利用实际出块时间与理论上出块时间的偏差进行难度目标的调整。每隔14天即20160分钟，网络就会判断当前目标值设定是否合理，如果前2016个区块的出块时间恰好等于20160分钟，则"难度目标"不变，即使用最后一个区块的目标值；如果出块时间大于20160分钟，则以多出的时间作为系数对前一区块的目标值进行调整；如果出块时间小于20160分钟，则以少用的时间作为系数对前一区块的目标值进行调整。由于我们知道中本聪创世区块的难度目标为最大目标值，因此就可以利用每14天出块的实际时间与理论时间对难度目标进行调整。

据统计，自创世区块诞生以来，2009年12月30日，难度目标才进行了第一次调整，难度值由1增长到1.182，涨幅为18.29%；2010年，难度值飙升至14.5，较前一年涨幅为1224363%。此后，区块生成难度每年都在增加。

（六）随机数值（Nonce）

由比特币共识机制可知，网络每个节点实际上是通过寻找一个随机数，使得当前10分钟的交易信息以及其他相关信息包括版本号、前一区块哈希值、时间戳等与该随机数的哈希值小于特定难度目标时，获得区块生成权。由于是利用计算机算力，经过哈希碰撞，最终寻找一个"随机数"，因此这个过程通常被称为"挖矿"，网络中参与算力比拼的节点被称为"矿工"。

需要指出的是，计算机本身无法产生随机数，需要从外部获取。具体来看，计算可以从称为"熵源"的不同来源接收随机值，例如鼠标移动、内存使用量、处理器插脚上的寄生电流等。这些值实际上也不是完全随机的，因为它们具有一定范围或可预测的变化机制。为了将这些数字转换为给定范围内的统计随机数字，需要对它们进行密码转换。因此，从"熵源"的非均匀分布值中获得的随机值又被称为"伪随机值"。关于随机数的具体生成机制属于数学、密码学等领域，超出了我们的讨论范畴。

（七）认识区块

在有了前面的重要概念以后，我们就可以进一步认识区块了（见图 8-7）。区块（Block），是区块链中的数据组织单元，由链表将区块串联。比特币的区块由区块头（Block header）和区块主体（Block body）组成。

区块头的大小为 80 字节，由占 4 字节的版本号、32 字节的前一区块根哈希值、32 字节的当前交易默克尔根哈希值、4 字节的时间戳、4 字节的难度目标和占 4 字节的随机数值构成。版本号一般用于跟踪软件或协议的更新，因为软件需要不断进化和添加新功能。

前一个区块哈希值也被称为"父区块哈希值"，该值通过对前一个区块的区块头数据进行哈希计算得出，它的意义在于：每个新生成的区块都按秩序接在前一个区块的后面，这样一来，才能保证新生成的区块跟在一个被各个节点验证过的可靠区块后面。

如前文所述，默克尔根是将当前区块内所有交易信息两两一组进行哈希计算而得的哈希值，是当前交易信息的记录方式。时间戳是指封装当前区块的时间，以保证整条链条上的区块都按照时间顺序进行排列，其有效性需要其他网络节点的认可。随机数是用于工作量证明算法的数字。

区块主体（Block body）实际上就是由当前时间段的所有交易组成的。其中的第一笔交易是 coinbase 交易，这是一笔为了让矿工获得奖励及手续费的特殊交易。那么一个比特币区块包含多少笔交易呢？中本聪设定一个区块大小上限为 1MB，一般一笔交易在 250 字节左右，因此一个区块一般能包含 2500~3000 笔交易。

在了解了比特币区块构成后，下面来分析一个真实的区块（见图 8-8）。我们从 BTC. com 获取高度为 705033 的比特币区块[1]，其区块主要信息如下[2]：

Block Hash 为该区块头的哈希值，由版本号、时间戳、难度目标、随机数、前一区块哈希值、当前交易的默克尔根等信息经过哈希运算而得。该值会被记录在高度为 705034 的区块中"前一区块的哈希值"处。

---

[1]　https：//btc. com/btc.

[2]　根据需要，对信息作了适当删减。

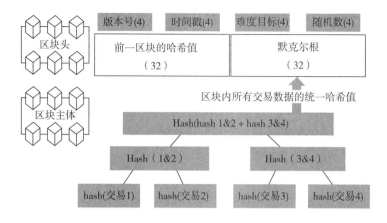

图 8-7　区块各组成部分

注：图片由笔者绘制。

Height 指区块高度，是当前区块与创世区块之间的块数。需要注意的是，创世区块高度为 0。我们观察的区块高度为 705033，这是它与创世区块之间的块数，也说明这是第 705034 块区块。

Confirmations 指确认次数，是当前区块交易信息被确认的次数，当网络中节点找到对应随机数记录当前交易时，我们说这些信息有了第一次确认。此后，每次生成新的区块，当前交易的确认数就加一。当确认次数达到 6 次及以上，通常认为当前交易安全、难以被篡改。我们观察的区块确认次数为 128，说明该区块总共被确认过 128 次，其后又新生成了 127 块区块。

Block size 是区块的容量大小，中本聪设定一个区块大小上限为 1MB，1M = 1024KB，1KB = 1024Bytes，因此 1M = 2^20Bytes。我们观察的区块容量在 1633572Bytes。

Time 是指区块生成时间，即时间戳。我们观察的区块生成时间为北京时间 2021 年 10 月 15 日早上 7 时 30 分 55 秒。在进行哈希碰撞时，需要将该时间转换为自格林威治时间 1970 年 01 月 01 日 00 时 00 分 00 秒起至现在的总秒数。在"时间戳"部分的例子中已经提到，北京时间 2021 年 10 月 15 日早上 7 时 30 分 55 秒经转化变为 1634254255 秒。

Difficulty 为当前挖矿难度值，我们观察的区块挖矿难度为 25.2T/19.89T。这里的 Difficulty 和我们之前定义的"难度值"有所不同。之前定义的"难度值"是用最大目标值除以当前目标值得到，如果为 1，表明难易程度为最简单。但就算是为 1，经测算，也需要经过大约 4G 次运算。因此，不难理解，这里的 25.2T 才是我们之前定义的"难度值"，即最大目标值除以当前区块目标值得到的数；

19.89T 是最大目标值除以一段时间内平均区块目标值得到的数①。而如何根据最大目标值和当前区块目标值得到计算次数超出了本课程的讨论范畴②。简言之，这里展示的 Difficulty 实际为本次挖矿难度相对于前一段时间挖矿平均难度的程度。

接下来就是区块头信息，包括默克尔根、版本号、随机数和难度目标。其中，版本号、随机数和难度目标都以 16 进制表示。此外，该区块包含 1918 笔交易。需强调的是，Height、Confirmations、Block size、Difficulty 的信息不包含在区块头中，即这些信息不必进入哈希运算中。

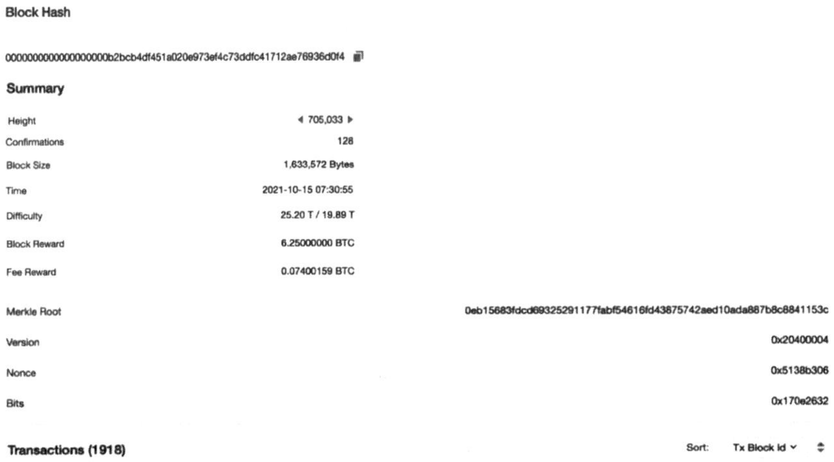

图 8-8 高度为 705033 的比特币区块

注：图片由笔者截取。

此外，上述区块中还包含 Block Reward 和 Fee Reward，它们与我们接下来要讨论的比特币生成有关。

三、比特币的发行、支付和结算

（一）比特币发行

在相关概念部分，我们介绍了"工作量证明 PoW"，即网络节点通过哈希碰撞寻找满足要求的随机数从而获得生成区块的权利。为了奖励最终能够生成区块

---

① 2021 年 10 月 5 日，比特币在高度为 703584 的区块进行难度调整，难度上调 4.71% 至 19.89T。

② 可参考 https://zhuanlan.zhihu.com/p/32739785。

进行交易记账的节点，系统会奖励其一定数量的比特币。在第一部分我们提到，中本聪发明比特币，在某种意义上是与当前以中央银行为中心的货币发行体系的一种对立。因此，从这个角度来看，对工作量的"奖励"实际上就是比特币的生成机制或发行机制。

中本聪规定，比特币的总量是 2100 万个。以每 10 分钟产生一个新区块来看，每开采 210000 个块即大约 4 年，比特币发行速度降低 50%。在比特币运行的第一个四年中，每生成 1 个区块获得 50 个比特币。2012 年 11 月 28 日，比特币的新生成速度降低到每区块 25 个比特币；2016 年 7 月 9 日，比特币的新生成速度降低到每区块 12.5 个比特币；2020 年 5 月 12 日，比特币的新生成速度降低到每区块 6.25 个比特币。预计下一次减半可能发生在 2024 年 3~6 月。按照这种指数级的方式递减，经过 64 次"减半"，大约 2137 年，直到高度为 13230000 号的区块被生成，每区块创建比特币的数量将会降到 1 聪①。最终，大约到 2140 年，13440 万个区块被创建后，大约 2100 万枚比特币将全部发行完毕。比特币这种总量固定的发行规律，区别于中央银行可以无限制印制的货币，因此区块链体系中不会引起通货膨胀。进一步地，有观点认为，比特币可以成为对抗通胀的保值手段。但也有人按照经济学观点，认为按固定量发行的比特币会陷入通货紧缩②。

（二）比特币支付

每次生成新区块，最先找到符合条件哈希值的节点就可以获得一定的比特币。实际上，这笔比特币包含两部分：一是系统自动生成的比特币；二是手续费。当获得一定数量的比特币后，网络节后就可以用比特币进行交易、流通和支付了。

举一个例子，小张欲向小王转账 10 比特币。如何保证比特币最终的确支付给了小王？如何保证比特币的确来自小张？如何确保支付的 10 比特币未被篡改？我们先考虑传统支付的两个场景：一个是面对面交易；另一个是通过中心化银行进行交易。线下面对面交易即两方支付时，上述问题都可以克服，因为小张直接将钱交给小王，小张可以确保钱真的给到了小王，小王也可以确定钱来自小张且支付信息未被篡改。但是这种面对面的交易场景因交易成本高等原因已成为过去时。

我们再来考虑通过银行（或第三方支付机构）进行交易。此时银行（或第三方支付机构）就成为了权威的第三方。在第三方权威机构认证下，小张向小王

---

① 比特币的最小单位为"聪"。1BTC = 1000 中，1 中 = 1000 本，1 本 = 1000 聪。

② 参见《比特币：通缩货币的未来》（https：//www.yicai.com/news/3077490.html）。

的银行卡号转账，可以确保钱给了小王。小王收到小张银行账户的转账，可以确保钱的确来自小张。此外，转账 10 比特币的支付信息由银行掌握。一般情况下，中心化权威机构只负责记账，但是，由于信息集中在权威机构处，因此信息也面临很高的被篡改风险，而这一点正是中本聪担心的。

那么在比特币机制下，如何保证钱最终的确支付给了小王？这里涉及比特币应用技术之非对称加密算法。

1. 非对称加密算法（Asymmetric Cryptographic Algorithm）

这个术语的基础概念是密码学中的密钥（Secret key），翻译为秘密的钥匙，分为公开密钥（public key，简称公钥）和私有密钥（private key，简称私钥）。公钥与私钥是一对，它们互相解密，如果用公钥对数据进行加密，只有用对应的私钥才能解密。由于加密和解密使用的是两个不同的密钥，所以这种算法叫作非对称加密算法（曾晓云，2020）。

那么，密钥又是如何生成的呢？当注册成为比特币用户时，系统就会生成一个经过 SHA256 加密的、32 个字节的随机字符串，即私钥（见图 8-9）。私钥通过一个椭圆曲线算法生成一个公钥，该过程不可逆。由于生成的公钥占位过长，因此再经过一系列单向哈希算法得到占位短、方便交换的比特币地址。可以把这个地址看作比特币账户或钱包，具体的字符串就相当于银行卡卡号。且该地址是全网公开可见的，因此任何人都可以通过他人唯一的地址进行比特币支付。

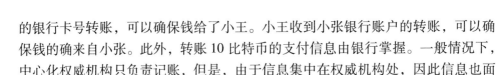

#	地址	余额	最近30天交易	首次交易时间	最后交易时间
1	3D2oetdNuZUqQHPJmcMDDHYoqkyNVsFk9r	172,236.03230458	76	2017-01-05 20:34:15	2018-06-05 17:48:08
2	16ftSEQ4ctQFDtVZiUBusQUjRrGhM3JYwe	158,779.35616964	39	2017-12-08 15:51:10	2018-06-04 18:44:26
3	16rCmCmbuWDhPjWTrpQGaU3EPdZF7MTdUk	117,203.06725076	10	2016-02-28 02:00:09	2018-05-29 15:01:43
4	3Cbq7aT1tY8kMxWLbitaG7yT6bPbKChq64	98,042.48204686	7	2017-09-09 00:41:05	2018-06-02 10:24:21
5	3Nxwenay9Z8Lc9JBiywExpnEFiLp6Afp8v	97,848.28320523	3	2015-10-16 22:43:06	2018-05-21 13:02:57
6	1KAt6STtisWMMVo5XGdos9P7DBNNsFfjx7	85,947.12397266	91	2018-03-25 18:24:22	2018-06-04 02:04:56
7	1FeexV6bAHb8ybZjqQMjJrcCrHGw9sb6uF	79,957.17568755	2	2011-03-01 18:26:19	2018-05-28 14:26:18
8	18rnfoQgGo1HqvVQaAN4QnxjYE7Sez9eca	73,600.00816799	1	2014-10-24 18:40:08	2018-05-21 13:02:57
9	1HQ3Go3ggs8pFnXuHVHRytPCq5fGG8Hbhx	69,370.11919100	1	2013-04-10 05:03:36	2018-05-21 13:24:36
10	1PnMfRF2enSZnR6JSexxBHuQnxG8Vo5FVK	66,452.07502600	2	2013-11-23 03:06:31	2018-05-28 14:26:18

图 8-9　私钥示例

注：图片由笔者截取。

小王拥有一对密钥并将公钥公开，需要向小王发送信息的小张使用该密钥（小王的公钥）对机密信息进行加密后再发送给小王；小王再用自己的私钥对加密后的信息进行解密。换言之，其他人用自己的私钥是无法打开信息的。此时，加密用公钥，解密用私钥，其作用主要是实现信息点对点发送。

因此，在比特币机制中，地址可以作为支付时唯一的身份认证，而公钥加密、私钥解密可以确保信息是给小王的，即信息所有权被确定。那么在比特币机制下，如何保证钱来自小张且支付信息未被篡改呢？这里涉及比特币应用技术之数字签名。

2. 数字签名（Digital Signature）

数字签名，也被称为公钥数字签名，是指只能由信息发送者生成且不能被他人伪造的字符串。此字符串也是对信息的发送者发送信息真实性的有效证明。事实上，它是一种与书面签名类似的普通签名，但是使用了公钥加密技术对数字信息进行身份验证。一组数字签名通常定义两种互补运算，一个用于签名，另一个用于验证。因此，数字签名是非对称密钥加密技术和数字摘要技术的综合应用（张键红等，2019）。

在小张支付的例子中，小张先将信息通过哈希算法转为字符串生成信件的摘要，然后，使用他的私钥对这个摘要进行加密，"私钥加密"这个过程即"数字签名"；签完后，小张将签名负载信件发送给小王；小王收到信息后，用小张的公钥解密，若能解开，则可证明这条信息确实是小张发出的。此时，签名用私钥，验证用公钥，其作用主要是用于身份验证。

非对称加密技术和数字签名技术的综合运用可以解决信息所有权确认以及信息不被篡改的问题，但是仍然无法解决电子货币中的双花问题。什么是双花问题？传统中心化银行如何解决双花问题？比特币机制又是如何巧妙解决这一问题的呢？

（三）双花问题

"双花"，即双重支付，是指在数字货币系统中，由于数据的可复制性，使得系统可能存在同一笔数字资产因不当操作被重复使用的情况。该情况在金属货币时代并不存在，因为金属是无法复制的；在纸币时代，由于纸币是由专门的造纸厂发行的，设计也有复杂的防伪技术，且各国都有相关法律制裁纸币伪造，因此仿造纸币的成本和代价非常高，故双花问题并不常见。而在数字货币时代，数据本身的可复制性，使得被同一串代码标识数字货币存在双花问题，即同一货币可以花两次甚至更多。进一步来看，双花问题包含两个子问题：一个是记账前双花，即同一笔钱在交易确认以前被多次使用；另一个是记账后双花，即一笔钱已经被确认了，但是有人通过黑客攻击或者造假钱的方式，从账本上将这笔钱删除了，因此可以被再次使用。

当前数字货币时代，双花问题是通过第三方机构来解决的。例如，我们在前面的章节中谈到，现在电子支付盛行两种方式：一是通过银行 App 绑定的银行卡进行支付；二是通过微信或支付宝等第三方支付机构进行支付。这两种方式尽管都没有使用纸币交易，但是交易信息被第三方掌握。使用银行 App 扫码的支付信息由银行掌握，使用支付宝 App 支付的信息由支付机构或银行掌握（取决于用余额支付还是绑定的银行卡支付）。以银行 App 为例，当我们在进行小额转账或付款时，银联会通知银行实时修改账户余额；等到每天集中轧差时，再由银行去确认交易；T+1 时进行银行间结算。换句话说，银行掌握一个中心化账本，由它对数据进行管理和确认，因此不会出现第一类双花问题。但如果银行账本系统被黑客攻击、恶意删除交易信息，那么第二类双花问题还是无法避免。

而去中心化的比特币没有了权威节点的认证，双花问题会在以下情况下出现：一是由于共识机制导致区块确认时间长，用一个数字货币去进行一次交易，可以在这笔交易还未被确认完成前，进行第二笔交易。二是控制算力来实现双花，例如小张转账 10 比特币给小王，这笔交易被矿工写入一个高度为 N 的区块中。如果小张拥有超过 51% 的算力，他就拥有修改区块交易记录的能力，他会在支付给小王后，修改高度为 N-1 区块之后的数据，从而分叉出一条新链。这条新链上没有小张向小王转账的交易记录，小张的比特币数量没有变化，这 10 个比特币可以被再次使用。2018 年 5 月，一名矿工恶意获得了比特币黄金（BTG）网络至少 51% 的算力，临时控制了比特币黄金（BTG）区块链。在控制算力期间，他把一定数量的 BTG 发给自己在交易所的钱包，同时，他又把这些 BTG 发给另一个自己控制的钱包。看似双花成功，然而中本聪早就想到了这个问题，使得该恶意矿工最终双花失败。

那么比特币是如何解决双花问题的呢？中本聪在区块链共识机制的基础上，引入了 UTXO、时间戳、最长链原则和 6 次确认等方式。UTXO 全称为未花费交易输出（Unspent Transaction Outputs）。实际上，比特币里没有"用户账户"和"用户余额"的概念，每个节点拥有多少比特币其实是指其拥有支配权的并且还未被使用的比特币数量，即 UTXO。需要说明的是，UTXO 是比特币交易的基础单位，其大小是 1 聪的任意倍数。尽管 UTXO 可以是任意值，但是一旦被创造出来，就是一个整体、不可分割。简言之，UTXO 是一种取代了传统中心化余额账户，用来计算比特币数量的一种设计。

在比特币机制中，有两种方式获得 UTXO：一是通过哈希碰撞获得区块生成权，从而获得比特币，即获得 UTXO；二是通过节点之间的转账获得。UTXO 是如何解决双花问题的呢？回到小张向小王支付的例子中。假设小张通过自己挖矿或别人转账拥有 50 个比特币，即其未花费交易输出为 50 个比特币。现在小张向小王支付 10BTC，实际上这 50 个 UTXO 是作为一个整体成为小张的交易输出的，其中，10 个来自小张的 UTXO 与小王原有的 UTXO 合并称为小王的新 UTXO；1

个作为矿工的奖励；剩余 39 个作为小张的新 UTXO。如此，实际支付给小王的 10BTC 对于小张来说属于 TXO（交易输出）。当该笔转账交易被创建并广播到区块链网络之后，接收到此交易信息的节点会对交易进行验证，检查 10BTC 是否存在于小张未花费交易列表中，如果交易输出不存在于 UTXO 列表中，则验证失败，即本次支付失败。因此，在 UTXO 设计下，小张想要再把这笔钱支付给其他人是无法实现的。

由此可见，比特币交易不是通过账户的余额增减来实现的，而是由一笔笔关联的输入/输出交易构成的。每次交易时，比特币钱包通过扫描区块链并聚合所有属于该用户的 UTXO 来计算该用户的比特币余额。每一笔交易都要花费"输入"，然后产生"输出"，这个新产生的"输出"就是 UTXO。每一次交易，都伴随相关旧 UTXO 的消亡，同时伴随新 UTXO 的产生。谁拥有 UTXO 的密钥和签名，谁就拥有 UTXO 的所有权，每个节点的 UTXO 组成了全网 UTXO 集合数据库，存在于比特币网络中。

为了防止一个 UTXO 被重复使用，比特币网络中还用到了时间戳。假设小张将被认证为 UTXO 的 10BTC 同时转账给小王和小李，实际上在比特币机制下，两笔交易仅有一笔会成功完成。因为挖矿节点会选择性地记录优先接收到的或交付手续费更高的那笔交易。当交易被挖矿节点先后记录，根据时间戳的数据，最先被记录的交易才能成功验证。

如果小张转账 10BTC 给小王，该信息被记录在高度为 N 的区块上；如果小张算力超过 51%，他可以修改高度为 N−1 区块之后的数据，从而在高度为 N−1 的区块处分叉出一条新链。但是，在比特币 PoW 规则下，只有最长的链才会被认可，短的链会被放弃。因此，下一个矿工会选择从高度为 N 的区块开始记录；再一个矿工会从高度为 N+1 的区块开始记录。以此类推，一般认为，当一笔交易被 6 个节点确认后，这条长链就成了主链，即小张转账 10BTC 给小王的交易获得了最终的确认；而在 N−1 处分叉出来的链将会被网络抛弃、消失，因此，该链上面的交易就不被认为有效。由此可见，"最长链原则+6 次确认"是避免双花问题的一大利器。

【趣味小知识：拜占庭将军问题】

（四）比特币结算

相较于现有的支付结算系统，比特币实现了支付即结算，不过这种结算是准实时的，"准"实时主要是指大约每十分钟交易才会被记录和认证。

在现有的货币清算结算系统中，"信息流"即清算和"资金流"即结算是分开的。例如，某一个时间段内发生了三笔业务，分别是 A 银行转账 1000 元给 B 银行，B 银行转账 800 元给 C 银行，C 银行转账 500 元给 A 银行。假如上述交易通过我国小额批量支付系统进行，系统会在某个固定时间段对上述三笔跨行交易通过双边轧差的方式进行清算；中心化的结算系统经过双边轧差后，得到最终信息流即"A银行应付500元，B银行应收200元，C银行应收300元"的结果。上述信息会被记录在结算系统中心化的账本中，需注意的是，这里仅是"信息流"的变化。等到T+1日，才完成资金的实际拨付即"资金流"的变化。

在比特币结算系统中，实际上没有"清算"这一步，支付的同时即结算。假如某一个时间段内（一般10分钟）发生了上面例子中的三笔业务。某个节点通过哈希计算获得记账权，记录后向全网广播上述业务；当交易通过验证后，B银行的UTXO增加1000元，C银行的UTXO增加800元，A银行的UTXO增加500元。此时，不需要中心化的账本记录信息，因为信息由全网节点共同储存；也不需要由中心化节点进行清算，每一次交易都伴随着相应资金的流动。从这个层面来说，比特币支付其实回归了支付的本质，即回归到了最初交易的"两方模式"，一方面支付过程无须第三方参与，实现了"点对点"直接交易；另一方面发生支付行为时也就完成了信息和资金的交互，也无须第三方进行清算。

四、区块链在支付领域的应用

（一）区块链及其特征

在讨论完比特币的相关问题后，我们可以进一步分析区块链。首先要明确一点，在中本聪的白皮书里，没有"区块链"（blockchain）这个词，只有"区块"（block）"链"（chain）以及"chain of blocks"。其实他在白皮书里介绍的"点对点电子现金系统"就是比特币，比特币从狭义上来说是一种数字货币，但从广义上来说是一个货币系统。而该系统能够运作离不开记录交易的"区块"以及将区块账本以时间顺序串起来的"链"。自比特币系统提出后，基于"区块"和"链"的原理，又相继出现以太坊、莱特币等应用，业界才逐渐出现"区块链"（blockchain）这一术语。因此，区块链是支持比特币系统的底层技术，比特币是第一个成功应用区块链技术的数字货币系统。

归根结底，区块链是集分布式数据存储、点对点传输、共识机制、加密算法等计算机技术于一体的新型应用模式（袁勇和王飞跃，2016；张钧媛和刘经纬，2018；马仁杰和沙洲，2019）。从本质上来看，区块链是一个分布式数据库，具有以下特征：①去中心化。区块链数据的验证、生成、存储、维护和传输等过程都基于分布式系统结构，分布式节点间的信任关系是通过数学方法而非中央机制建立的。②时间序列数据。区块链采用带时间戳的链式区块结构来存储数据，这为数据增加了时间维度，具有很强的可验证性和可追溯性。③集体维护。区块链系统采用特定的经济激励机制，确保分布式系统中的所有节点均能参与数据块的验证过程，并通过共识算法来选择特定节点，向链中添加新块。④安全可靠。区块链技术基于非对称密码学原理对数据进行加密，同时借助分布式系统各节点的工作量证明等共识算法形成的强大算力，以抵御外部攻击、确保链中数据不被篡改和不可伪造，具有较高的安全性。⑤可编程。区块链技术可提供灵活的脚本代码系统，支持用户创建高级智能合约、货币或其他去中心化应用程序。

基于上述特征，区块链技术的应用场景也在不断扩大，并在许多行业得到了广泛应用。2019年10月，区块链正式上升为国家战略技术。2020年4月，国家发改委首次将"区块链"列入新型基础设施建设范围，明确其属于新基建的信息基础设施。2021年3月，《中华人民共和国国民经济和社会发展第十四个五年规划和2035年远景目标纲要》首次将"区块链"纳入国家五年规划，明确其为数字经济重点产业。2021年6月，工信部和中央网信办发布的《关于加快推动区块链技术应用和产业发展的指导意见》明确提到，到2025年，我国区块链产业综合实力将达到世界先进水平，产业将初具规模；区块链应用将渗透到经济社会多个领域，将在产品溯源、数据流通、供应链管理等领域培育一批知名产品，形成场景化示范应用；将培育3~5家具有国际竞争力的骨干企业和一批创新引领型企业，打造3~5个区块链产业发展集聚区；区块链标准体系将初步建立。

（二）区块链在支付领域的应用

目前，区块链在支付行业有多种应用场景，涵盖跨境支付、外汇结算、贸易结算、信用卡支付等。

国际对账。环球银行金融电信协会（SWIFT）与全球多家银行成功完成了概念验证（Proof of Concept，PoC），以评估区块链技术是否可以用于Nostro对账。当一家银行在某些国家不直接提供服务，而是通过代理银行提供服务时，就会使用Nostro账户。这一PoC的结论是，如果全球所有参与银行都采用区块链，则可以有效地进行自动实时流动性监控和调节。

信用卡支付。对于购物者来说，信用卡支付是一种方便的、无现金的支付方式，但是对于商家来说，需要支付高额的手续费，这是因为涉及多个参与方，包括清算机构、第三方支付机构、发卡方、收单方等。既然区块链没有涉及中央权威，那么也就无须如此多参与方，这将有助于商家降低服务费和交易费，从而为顾客提供更高的折扣。

跨境支付。跨境支付涉及至少两个国家、多家银行，这就增加了交易费用。万事达卡提出了一种基于区块链的解决方案，它与现有结算网络相结合，在没有中间商的情况下直接连接发送银行和接收银行，因此使用分布式分类账有助于实现快速、高效和低成本的跨境支付。

这里仅做部分讨论，更多场景和方案构想留给同学们研讨。

第二节　数字人民币支付

一、央行数字货币发展历程

（一）世界各国央行数字货币发展历程

当前，各主要经济体均在积极推进或考虑推进央行数字货币（Central Bank Digital Currency，CBDC）的研发。国际清算银行 2020 年的一项调查报告显示，66 个国家或经济体中约 86% 的中央银行正在开展某种类型的央行数字货币工作，例如理论研究、开展试验或试点。这 66 个国家覆盖了全球 75% 的人口、90% 的经济产出，因此具有全球代表性。在这些国家和地区中，加拿大、英国、新加坡、中国等国的 CBDC 研发进程位于世界前列。然而值得注意的是，新兴市场国家的 CBDC 布局远快于发达国家（封思贤和杨靖，2020）。

截至 2021 年 11 月，全球已有 6 个国家（巴哈马、圣基茨和尼维斯、安提瓜和巴布达、圣卢西亚、格林纳达、尼日利亚）正式推出央行 CBDC。其中，巴哈马推出的 Sand Dollar 是第一个广泛使用的 CBDC。此外，圣基茨和尼维斯、安提瓜和巴布达、圣卢西亚、格林纳达四国的数字货币是以货币联盟的形式，由东加勒比中央银行推出的 DCash（刘晓欣，2021）。

2020 年 10 月 20 日，巴哈马中央银行发行数字货币 Sand Dollar，该国大约 40 万居民都可以使用，1 个 Sand Dollar 对应一个巴哈马元，据此全球首个 CBDC 正式开启。Sand Dollar 旨在推动巴哈马群岛 700 多个岛实现更大的金融包容性。巴哈马中央银行的副经理表示，Sand Dollar 将帮助未能得到银行服务的和没有银行账户的居民访问数字支付基础设施或银行基础设施。目前 Sand Dollar 仅限于国内支付，不能用于跨境支付。

2021 年 4 月 1 日，东加勒比中央银行公开启用其中央银行数字货币 DCash，称为全球第二个正式 CBDC。DCash 的推出之所以引人注目，是因为它是货币联盟中的央行启用 CBDC 的首个示例。据悉，货币联盟是两个或两个以上国家或地区之间达成的维持相同货币或保持其货币价格相似的协议。东加勒比海货币联盟由八个国家组成，但 DCash 仅在圣基茨和尼维斯、安提瓜和巴布达、格林纳达及圣卢西亚四国使用，因此可实现跨境交易。

2021 年 10 月 25 日，尼日利亚政府正式发行央行数字货币"e 奈拉"，成为首个正式启用央行数字货币的非洲国家，也是全球率先发行央行数字货币的国家和地区之一。"e 奈拉"有几方面突出优势：①提供一种安全、廉价的侨民汇款方式和国际贸易支付方式，跨境交易速度大大提高；②提供更加普惠的金融服务，交易费用和利率大大降低乃至取消，方便民众在线领取社会保障金、享受金融服务；③"e 奈拉"具有可追溯性，限制了非法目的的数字货币使用，特别是能够打击非法炒汇活动，稳定奈拉汇率。目前，尼日利亚央行已向金融机构发放 2 亿奈拉（约合 48 万美元）的数字货币。

当前还有许多发展中国家正在试点央行数字货币。例如，柬埔寨于 2021 年 6 月 23 日正式试行推出了由柬埔寨央行支持的 CBDC "Bakong" 的试行计划。Bakong 支持美元和里尔（柬埔寨货币）的交易，可以帮助柬埔寨人使用智能手机进行付款，并在个人之间进行转账。柬埔寨央行已于 2021 年 7 月开始试运行该项目。

新加坡的 Ubin 项目处于发达国家的前列。Ubin 由新加坡金融监管局、新加坡银行协会和一些国际金融机构共同研究开发，旨在提供基于分布式账本技术的、在清算结算交易场景应用的 CBDC。Ubin 一共需展开六个阶段的测试，自 2016 年 11 月首次内测以来，目前正处于第五阶段。日本则在 2020 年底宣布将在 2023 年前推出 CBDC，这是一个由大型私人企业和银行业巨头支持的央行数字货币。欧洲国家金融监管部门对 CBDC 的研发仍处于论证与小规模试验阶段。2020 年，欧洲央行宣布将数字欧元的研究作为一项重点工作，并先后设立了 CBDC 高级工作组，来开发保护用户隐私的 CBDC 支付系统并发布基于 R3 的"欧洲链"。在 4 个拥有最大央行的发达国家经济体中（美国、欧洲、日本、英国），美国 CBDC 的推进处于落后位置。2020 年 2 月，美联储表示正在对央行数字货币进行研究，但鉴于美元在全球支付体系中的重要作用，美联储采取较为谨慎的做法。2021 年 5 月，美联储主席再次表示，美联储尚未对数字货币设定任何具体计划（刘凯等，2021）。

（二）我国央行数字货币发展历程

受益于国内移动支付和电子支付的快速发展，我国法定数字货币的研究进度在全球居于领先地位。通过对法定数字货币相关理论和技术的不断探索、迭代、完善，我国目前已形成了较为成型的数字人民币模式和业务框架（姚前和汤莹玮，2017）。

早在 2014 年，中国人民银行就成立法定数字货币研究小组，启动相关研究工作，进行初期技术储备、知识积累。研究小组围绕法定数字货币发行、业务运行框架、关键技术、流通环境、国际经验等方面进行了深入研究。2016 年，央行搭建中国第一代法定数字货币概念原型，成立数字货币研究所（以下简称"数研所"）。数研所是央行旗下的直属事业单位，是中国法定数字货币官方研发机构，目前在深圳、苏州和南京三地设立了子公司。2016 年，数研所提出双层运营体系、M0 定位、银行账户松耦合、可控匿名等顶层设计和基本特征。

2017 年底，经国务院批准，央行选择部分大型商业银行、电信运营商、互联网企业作为参与研发机构。经过开发测试、内部封闭验证和外部可控试点三大阶段，逐步完善数字人民币 App，完成兑换流通管理、互联互通、钱包生态三大主体功能建设。2019 年 8 月 2 日，央行发文称，目前基本完成法定数字货币顶层设计、标准制定、功能研发、联调测试等工作。

2019 年末，央行计划在深圳、苏州、雄安、成都及 2022 北京冬奥会场景逐步开展数字人民币试点测试，以检验系统稳定性、功能可用性、流程便捷性、场景适用性和风险可控性。2020 年 11 月开始，增加上海、海南、长沙、西安、青岛、大连 6 个新的试点地区。目前试点省市基本涵盖我国不同的地区，有利于试验评估数字人民币在我国不同区域的应用前景。

【知识加油站：数字货币属于 M0，那第三方支付钱包里的货币属于哪个货币层次?】

二、数字人民币概述

（一）数字人民币的概念

根据央行 2021 年 7 月 16 日发布的《中国数字人民币的研发进展白皮书》，数字人民币是由央行发行的数字形式的法定货币，由指定运营机构参与运营，以广义账户体系为基础，支持银行账户松耦合功能，与实物人民币等价，具有价值特征和法偿性。

1. 数字人民币是央行发行的法定货币

首先，数字人民币是货币，定位于 M0，因此它具备货币的价值尺度、交易媒介和价值储藏等基本功能；与实物、金属铸币、纸币等一样，它是货币形态随着科技进步、经济活动发展不断演变的产物。其次，区别于比特币等虚拟币，数字人民币是法定货币，是以国家信用为支撑，是有国家信用背书、有法偿能力的货币，因此任何单位和个人都不能拒收。

2. 数字人民币采用中心化管理、双层运行体系

根据央行承担的不同职责，法定数字货币运营模式有两种选择：一是单层运营，即由央行直接面对全社会提供法定数字货币的发行、流通、维护服务；二是双层运营，即由央行向指定运营机构发行法定数字货币，指定运营机构负责兑换和流通交易。数字人民币采用双层运营模式。央行处于第一层即中心地位，负责数字人民币额度管理、发行、注销、跨机构互联互通和钱包生态管理，对数字人民币的兑换流通服务进行监督管理。

具备资产规模、盈利能力、风险管理能力、现金服务能力、支付服务能力和科技创新能力等方面要求的商业银行成为指定运营机构即第二层，它们在央行的额度管理下，根据客户信息识别强度为其开立不同类别的数字人民币钱包，提供

数字人民币兑换和流通服务。目前，我国六大国有银行，即中国工商银行、中国农业银行、中国银行、中国建设银行、交通银行、中国邮政储蓄银行为指定运营机构。运营机构采用100%准备金制度从央行兑换数字人民币，以保证货币政策传导机制的可靠性和货币调控的效率。

央行基于联盟链技术构建统一分布式账本，将交易数据上链，使运营机构可进行跨机构对账、账本集体维护、多点备份；流通层采用中心化架构，实现公众直接持有央行债权，支持高并发支付场景，具有低延迟特性，所有跨机构交易均通过央行端进行价值转移。

数字人民币支持与传统电子支付系统间的交互，倡导充分利用现有金融基础设施，实现不同指定运营机构钱包间、数字人民币钱包与银行账户间的互联互通。此外，鼓励专门的运营机构与相关商业机构共同承担数字人民币的流通服务并负责零售环节管理，包括支付产品设计创新、系统开发、场景拓展、市场推广、业务处理及运维等服务，以实现数字人民币的安全高效运行。

3. 数字人民币以广义账户体系、支持银行账户松耦合

一般来说，银行账户体系是非常严格的，通常需要提交很多文件和个人信息才能开立银行账户。在数字人民币体系下，任何能够形成个人身份唯一标识的东西都可以成为账户，且根据账户信息不同，内含多个等级不同的子钱包。数字人民币"以广义账户体系、支持银行账户松耦合"的设计将进一步降低公众获得金融服务的门槛，保持对广泛群体和各种场景的法定货币的供应。例如，没有银行账户的公众可以通过数字人民币钱包享受基础金融服务。此外，短期来中国的海外居民可在不开立中国银行账户的情况下拥有数字人民币钱包，以满足其在华日常支付的需求。

数字钱包是数字人民币的载体和触达用户的媒介，多等级不同钱包构建数字人民币生态平台，能够满足用户多主体、多层次、多类别、多形态的差异化需求。首先，按照客户身份识别强度分为不同等级的钱包。指定运营机构根据客户身份识别强度设置不同等级的钱包，进行数字人民币钱包分类管理。根据实名强弱程度赋予各类钱包不同的单笔、单日交易及余额限额。其中，最低权限钱包不要求提供身份信息，以体现匿名设计原则；用户在默认情况下开立的是最低权限的匿名钱包，可根据需要自助升级为高权限的实名钱包。

其次，按照开立主体分为个人钱包和对公钱包。自然人和个体工商户可以开立个人钱包，按照相应客户身份识别强度采用分类交易和余额限额管理；法人和非法人机构可开立对公钱包，并按照临柜开立还是远程开立确定交易、余额限额，钱包功能可依据用户需求定制。

最后，按照权限归属分为母钱包和子钱包。钱包持有主体可将主要的钱包设

为母钱包，并可在母钱包下开设若干子钱包。个人可通过子钱包实现限额支付、条件支付和个人隐私保护等功能；企业和机构可通过子钱包来实现资金归集及分发、财务管理等特定功能。

（二）数字人民币的设计特性

数字人民币设计兼顾实物人民币和电子支付工具的优势，既具有实物人民币的支付即结算、匿名性等特点，又具有电子支付工具成本低、便携性强、效率高、不易伪造等特点。其特性主要体现如下：

兼具账户和价值特征。数字人民币兼容基于账户、基于准账户和基于价值等三种方式，采用可变面额设计，以加密币串形式实现价值转移。

支付即结算。从结算最终性的角度来看，数字人民币与银行账户松耦合，基于数字人民币钱包进行资金转移，可实现点对点支付，支付路径短，无须清算过程，回归到支付的"两方模式"。

匿名性（可控匿名）。数字人民币遵循"小额匿名、大额依法可溯"的原则，高度重视个人信息与隐私保护，充分考虑现有电子支付体系下的业务风险特征和信息处理逻辑，满足公众对小额匿名支付服务的需求。一方面，数字人民币系统采集的交易信息少于传统电子支付模式，除非法律法规明确规定，否则信息不会提供给第三方或其他政府部门。另一方面，央行内部对数字人民币的信息设置"防火墙"，通过专人管理、业务隔离、分级授权、岗位制衡、内部审计等制度安排，严格实施信息安全和隐私保护管理，并禁止工作人员任意查询和使用信息。此外，使用数字人民币可有效防范电信欺诈、网络赌博、洗钱、逃税等违法犯罪行为。其使用超过一定金额后，钱包认证所需的信息也越来越多，同时因为是点对点支付，因此可做到信息溯源。

安全性。数字人民币综合使用比特币相关技术，包括数字证书、数字签名、安全加密存储等技术，实现不可重复花费、不可非法复制伪造、交易不可篡改及扛抵赖等特性。同时该系统已初步建成多层次安全防护体系，保障数字人民币全生命周期和风险可控。

可编程性。数字人民币通过加载不影响货币功能的智能合约实现可编程性，因此可在确保安全与合规的前提下对数字人民币进行编程，例如可根据交易双方商定的条件、规则设置自动支付，以创新支付业务模式。

双离线支付。数字人民币的"双离线"支付是指数字人民币在交易过程中，收付双方的终端都处于"离线"的情况下仍然能够完成支付，当用户进行交易或者转款时，系统不会连接后台系统，而是在钱包中验证用户身份、确认交易信息并进行支付。其能够满足在地下室、停车场、山区甚至是地理灾害等特殊环境下的支付需求。目前，数字人民币的双离线支付采用 NFC 技术来实现，需要收付双方设备具备内置安全芯片的硬件钱包功能。

三、数字人民币的支付方式

我国在有序推进数字人民币试点工作开展的同时，各类数字人民币支付方式也相继亮相。按照载体不同，数字人民币钱包可以分为软钱包和硬钱包，软、硬钱包结合可以丰富钱包生态体系，以满足不同人群在不同场景下的支付需求。

软钱包基于移动支付 App、软件开发工具包（SDK）、应用程序接口（API）等为用户提供服务。例如，数字人民币 App 中的各运营机构的数字钱包、各运营银行 App 中的数字钱包等。硬钱包基于安全芯片等技术实现数字人民币相关功能，依托实体介质为用户提供服务。例如具备 SE 安全元件的手机、NFC-SIM 卡、卡片、可穿戴设备等。其同样具有兑出、兑回、圈存、圈提、消费、转账、查询等基本功能，对于不便使用手机的人群来说十分便利。

（一）深圳试点

2020 年 10 月 9 日，深圳市人民政府和央行联合启动了数字人民币红包试点项目。本次活动面向深圳市民发放 1000 万元"礼享罗湖数字人民币红包"，每个红包金额 200 元，共计 5 万个红包。红包以"摇号抽签"的形式分发，中签个人根据短信指引下载"数字人民币 App"，在开通"个人数字钱包"后，即可领取数字人民币（彭扬，2020）。

依托 App，数字人民币付款有两种方式，与通过支付宝和微信钱包付款类似。一是用户扫描商户收款码消费，即登录 App 后，点击个人数字钱包，点击右上角"扫码付"，即可扫描商户收款码付款。二是商户扫描用户数字人民币 App 付款码消费，即登录 App 后，点击个人数字钱包，点击"上滑付款"，然后显示"向商家付款"，用户第一次使用付款码向商家付款时，可选择开启或不开启小额免密。示例如图 8-10 所示。

（二）苏州试点

2020 年 12 月 5 日，苏州市人民政府和央行展开了数字人民币红包试点项目。本次活动面向苏州市民发放 2000 万元数字人民币红包，每个红包金额 200 元，共计 10 万个红包。

与深圳试点相比，本次苏州试点有几大亮点：一是支持 NFC"碰一碰支付"，即消费者使用数字人民币红包时除了可以使用数字人民币 App 扫码付款，还可以选择"碰一碰"使用 NFC 手机支付，此时手机就属于硬钱包。这里需要区别于之前介绍的银联"碰一碰标签支付"，"银联碰一碰"是通过 NFC 手机触碰 NFC 标签，"数字人民币碰一碰"是通过 NFC 手机触碰 NFC 手机实现的。该支付方式不仅支持在线交易，也可用于离线交易。二是可以参与"双离线支付"，在没有网络环境或网络环境较差的情况下，使用 NFC 手机"碰一碰"即可实现双离线功能。示例如图 8-11 所示。

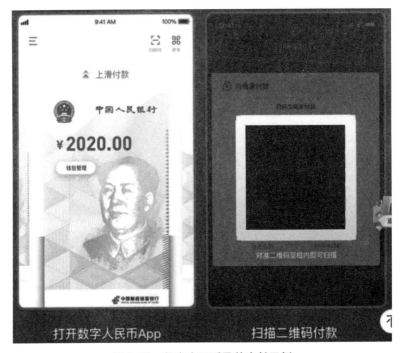

图 8-10　数字人民币及其支付示例

注：图片来自 https：//m. sohu. com/a/449202151_112986/?pvid=000115_3w_a。为保护隐私，对图中的二维码进行了"打码"。

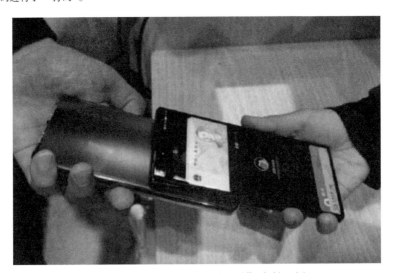

图 8-11　数字人民币"碰一碰"支付示例

注：图片来自 https：//m. sohu. com/a/465894718_120101330。

本次试点还支持数字人民币"线上支付",京东商城成为首个支持数字人民币线上付款的平台。在选择"线上支付"前,消费者需要在数字人民币 App 中创建一个"子钱包",在列表中选择一家银行,然后将子钱包推送到京东 App。在商城订购自营商品后,进入网上支付界面,此时就可以选择"数字人民币"支付方式。示例如图 8-12 所示。

图 8-12 京东商城数字人民币线上支付示例

注:图片来自 https://m.thepaper.cn/baijiahao_10298263。

为配合线上支付功能,苏州数字人民币首次推出"子钱包"功能。该钱包是数字人民币 App 开立的某个运营机构的钱包,属于基于应用程序接口(API)的软钱包,具有三方面的优势:一是方便快捷,由数字人民币 App 向某运营机构例如京东推送子钱包,即推即用,即时支持在京东 App 内使用数字人民币进行付款。二是安全保障,用户可在数字人民币应用程序中动态调整子钱包的支付限额或者实时关闭子钱包功能,加强用户对子钱包的安全管理。三是隐私保护,运营机构例如京东无法获得用户个人的敏感信息,保障用户隐私无泄露。

(三)北京试点、上海试点、雄安新区试点

2020 年 12 月 29 日,北京地铁大兴机场线启动数字人民币北京冬奥试点应用。花样滑冰世界冠军申雪和其他活动体验者受邀申请开通数字人民币钱包,使用数字人民币购买大兴机场线地铁票,并体验了使用数字人民币可穿戴设备钱包——滑雪手套通过地铁闸机进站。在收付款的时候,只要把手套贴到设备上,就可以方便完成付款。除了滑雪手套,此次活动还推出了智能手表和智能徽章等多种可穿戴智能设备，同样"碰一碰"就能轻松完成交易付款。本次试点与以往试点最大的不同就是推出了各种可穿戴设备的数字人民币硬钱包，为满足特定人群或特定环境下的支付需求提供了多种载体，是数字人民币普适性的重要补充。示例如图 8-13 所示。

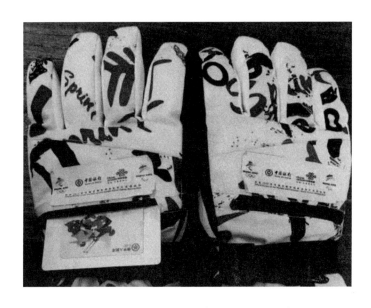

图 8-13　数字人民币可支付钱包——滑雪手套示例

注：图片来自 https：//m. sohu. com/a/452776967_223323/？ pvid＝000115_3w_a。

2021 年 1 月 9 日，中国邮政储蓄银行在上海交通大学医学院附属同仁医院员工食堂测试了"可视卡"形态的硬件钱包，首次将数字人民币以"卡片"形态曝光在大众视野中。此次试点以卡片形式实现脱离手机的硬钱包支付，而且还支持"双离线"支付。可视卡外表与普通银行卡接近，但在右上角增加了一寸见方的电子墨水小屏，能显示交易金额、余额信息以及离线可用次数等信息。具体如图 8-14 所示。

2021 年 2 月 21 日，在雄安新区党工委管委会、央行石家庄中心支行的推动下，中国农业银行河北雄安分行完成首款数字人民币"硬件钱包"的研发投产，这是雄安新区在数字人民币试点探索中的一项创新突破。"硬件钱包"是数字人民币应用的硬件载体，使用"硬件钱包"可应对特殊环境，支持在没有网络情况下进行双离线支付。雄安新区这款"硬件钱包"通体红色，形如古币，前后膜红底金图，印制"雄安"字样和牛年生肖图案，体现了雄安新区试点的专属性。"硬件钱包"在交易时，一个钱包发起收款，输入金额，靠近另外一个"硬

图 8-14　数字人民币支付钱包——可视卡示例

注：图片来自 https：//xueqiu.com/2744910577/167778769。

件钱包"，经该钱包主人确认，即可完成交易。随着物联网的发展，该类钱包将应用到更多领域，尤其在小额高频支付、客户隐私保护、中小学校园管理等方面将发挥积极作用。具体如图 8-15 所示。

图 8-15　数字人民币支付钱包——"雄安铜钱"示例

注：图片来自 https：//m.sohu.com/a/452776967_223323/？pvid＝000115_3w_a。

（四）成都试点

2021 年 2 月 24 日，成都市正式启动"数字人民币、红包迎新春"活动，面向成都市民发放 20 万个总金额 4000 万元的数字人民币红包。本次试点和以往不同，不是直接通过数字人民币发放来促进应用，而是以优惠券礼包的方式带动用户接入到试点场景当中。试点场景聚焦在公共交通全域（公交/地铁/单车），因此，成都是最早实现数字人民币出行场景的城市。在成都数字人民币试点领导小组的指导下，本轮试点以"天府通"为数字人民币应用入口，打造城市公共交通应用场景。这类场景具备小额高频、安全便捷、绿色低碳、普惠民生的特点，能更好地引导市民使用数字人民币。

"天府通"也是全国首家同时接入所有试点运营机构数字人民币钱包的应用，打通了各家试点银行的数字人民币系统，并且兼容可视卡式硬钱包支付方式，增加了支付方式的多样性，为构建聚合平台打下基础。"天府通"还率先探索数字人民币在医疗场景的应用，数字人民币线上挂号、数字人民币扫码支付处方单等功能均已实现。

除本市外，成都还在邛崃市率先打造全国首个数字人民币城乡融合先行先试示范区，实现乡村数字人民币服务在建制村全覆盖，将数字人民币工作的触角延伸到最基层。图8-16为邛崃市数字人民币城乡融合先行示范区。

图8-16　邛崃市全国首个数字人民币城乡融合先行先试示范区

注：图片来自 https：//www.sohu.com/a/469113650_121106884。

四、数字人民币支付发展现状与面临的挑战

当前，数字人民币试点已形成"10+1"格局，除去深圳、苏州、雄安新区、成都四地及北京冬奥会场等试点地区，到 2020 年 10 月，数字人民币增加了上海、海南、长沙、西安、青岛、大连六个试点地区。参与试点的运营机构也从原来的六大国有银行延伸到网商银行、微众银行、招商银行等 9 家银行。中国人民银行金融市场司司长邹澜在国新办新闻发布会上表示，截至 2021 年 12 月 31 日，已累计开设数字人民币个人钱包 2.61 亿个，交易额近 875.65 亿元，数字人民币试点场景已超过 808.51 万个，共有 180 余万商户可支持数字人民币钱包，包括公用事业支付、餐饮服务、交通出行、购物和政务服务等方面。

然而在正式推出数字人民币之前，仍需解决三大挑战，包括加强受理终端的建设、健全风险管理机制与健全"数币"监管框架。第一，受理终端的建设。虽然目前的试点项目已经运行得相当顺利，但受理环境的建设仍在进行中。一方面，需要寻求通过多样化的智能和定制化的钱包选择，以及广泛的使用案例来改善用户体验。另一方面，需要为所有商户改造和升级受理系统。第二，健全风险管理机制。央行数字货币很容易成为黑客的攻击目标，因此安全是系统开发的首要任务。目前，央行将在数字人民币的整个生命周期内，继续完善其运营系统的安全管理，包括加密算法、金融信息安全、数据安全和业务连续性，以确保系统安全稳定。第三，健全"数币"监管框架。最新发布的《中华人民共和国中国人民银行法（修订草案征求意见稿）》已经将数字人民币的内容加入其中，"人民币包括实物形式和数字形式"。而在更新原有法律法规的基础上，数字人民币还需要设立单独的监管措施和管理办法。

【学术链接：数字人民币探索构建新型跨境支付体系的思考】

思考题

1. 解析一个真实区块，认识其高度、哈希值、时间戳、难度值等特征。

2. 结合例子，说明比特币发行、支付和结算方式。

3. 简述区块链在支付领域的应用。

4. 什么是数字人民币？

5. 数字人民币设计有何特征？

6. 比较数字人民币与现金、银行账户余额、支付机构账户余额在货币定位、发行主体、准备金率、信用背书、是否支付利息、是否匿名、是否支持双离线等方面的不同。

7. 数字人民币如何影响第三方支付机构？

8. 如何借助数字人民币构建新型跨境支付体系？

【趣味小知识：拜占庭将军问题】

拜占庭将军问题是一个共识问题，被称为 The Byzantine Generals Problem 或者 Byzantine Failure。核心描述是军中可能有叛徒，却要保证进攻一致，由此引申到计算领域，发展成了一种容错理论。

关于该问题，一个简易的非正式描述如下：拜占庭帝国想要进攻一个强大的敌人，为此派出了 10 支军队去包围这个敌人。基于一些原因，这 10 支军队不能集合在一起进行单点突破，必须在分开的包围状态下同时攻击。他们任一支军队单独进攻都毫无胜算，除非有至少 6 支军队同时进攻才能攻下敌国。他们分散在敌国的四周，依靠通信兵相互通信来协商进攻意向及进攻时间。困扰这些将军的问题是，他们不确定他们中是否有叛徒，叛徒可能擅自变更进攻意向或者进攻时间。在这种状态下，拜占庭将军们能否找到一种分布式的协议来让他们能够远程协商，从而赢取战斗？

【知识加油站：数字货币属于 M0，那第三方支付钱包里的货币属于哪个货币层次？】

我国现行对货币层次的划分是：M0 = 流通中现金，M1 = M0 + 银行活期存款，M2 = M1 + 企业定期存款 + 储蓄存款 + 证券公司客户保证金。

以微信支付为例。微信钱包里的货币可以分为两类，一类是"零钱"，另一类是"零钱通"，虽一字之差，但有本质的区别。

通过之前对账户的学习，我们已经知道，微信钱包里的"零钱"的钱属于虚拟账户，而各个支付机构又需要在商业银行开设账户，用于存放客户虚拟账户的资金，俗称备付金账户。因此，对银行而言，财付通备付金属于公司存款，由活期存款、协议存款、通知存款和定期存款的一种或多种组成，前两个属于 M1，后两个属于 M2。

再看"零钱通"，本身属于货币基金。自 2018 年 1 月以后，非银金融机构的货币基金被规为了 M2，也就是说，"零钱通"里的货币属于 M2。

因此，从支付体验上来说，用数字人民币和虚拟钱包的货币进行支付没有任何差别，但实际上它们所属的货币层次完全不同。

【学术链接：数字人民币探索构建新型跨境支付体系的思考。李志鹏，邓暄，向倩. 数字人民币探索构建新型跨境支付体系的思考［J］. 国际贸易，2021（12）：84-92.】

《中国数字人民币的研发进展白皮书》中提到："数字人民币具备跨境使用的技术条件，但当前主要用于满足国内零售支付需要。未来，人民银行将积极响应二十国集团（G20）等国际组织关于改善跨境支付的倡议，研究央行数字货币在跨境领域的适用性。"

李志鹏等（2021）的文章中对基于数字人民币的新型跨境支付体系进行了研究。他们首先指出当前的跨境支付体系存在的主要问题，包括传统代理行体系难以解决低效率与高成本问题，SWIFT 主导的国际结算体系易受一些不确定因素影响，以私人数字货币为主的跨境支付体系币值波动大、投机性强。其次讨论了数字人民币在探索构建跨境支付体系创新发展中的优势，包括两层运营体系及分布式账本技术有利于提高跨境支付效率和降低支付成本的技术优势、由国家信用作为背书具有官方确定的无限法偿性等。最后提出基于构建区域型跨境支付平台的数字人民币构建新型跨境支付体系建设路径，包括推进建设环周边区域跨境支付平台、推进建设以小额跨境交易为主的数字人民币跨境交易体系以及推进建设粤港澳大湾区与前海自贸区数字人民币跨境支付平台。

第九章　国际支付的清算结算

在之前的章节中，我们知道任何一笔支付都涉及交易、清算和结算。其中，交易对应着支付指令的发起、确认和发送；清算对应着对交易数据进行撮合、传递、归集和清分；结算对应着最终的资金转移。结合之前所学，如果消费者通过线下 POS 机刷卡购物，刷卡、单据弹出意味着支付指令的发起、确认和发送；同时信息汇集至银联，银联通过中国现代化支付系统（CNAPS）中的银行卡跨行支付系统（CUPS）进行清分；最后通过中国现代支付系统（CNAPS）中的大额实时支付系统（HVPS）或小额批量支付系统（BEPS）完成最终的结算。可见，在国内支付中，信息流包括了支付指令的传递以及银联清分信息的传递，资金流就是指资金最终的债务债权的转移。

国际支付的清算结算同样也涉及信息流和资金流的流动，不过其运作方式与国内支付略有不同。此时最主要的信息流是指付款方支付指令的传输，即支付信息从付款方银行传递至收款方银行，包含付款人信息（付款方信息和付款方确权信息）、收款人信息、支付款项信息（支付币种、支付金额、支付方式、流水号等）①。承担国际支付信息流传递工作的主体是环球同业银行金融电讯协会，即SWIFT。本章第一节将围绕其起源与发展、相关服务等展开介绍。

此时的资金流包含清算和结算两步，承担国际支付资金流传递工作的是主要流通货币所在国建设的跨境支付系统。具有代表性的包括负责全球美元清结算的纽约清算所银行同业支付系统 CHIPS、负责全球人民币清结算的人民币跨境支付系统 CIPS、负责欧洲欧元清结算的泛欧自动实时全额结算快速汇划系统 TARGET等。本章第二节将主要围绕上述几个跨境支付系统展开。

---

① 信息流还包括：第一，付款方信息校验和交易指令确权，例如刷卡、扫码、输入密码、刷脸，付款方银行需要对付款方信息进行校验和交易指令确权；第二，付款账户余额的校验和扣款，付款方银行需要校验付款账户余额是否足够，如果足够，通过结算环节借记付款方账户余额；第三，收款方信息校验和入账，收款方银行收到支付指令后，校验收款方信息，通过结算环节贷记收款方账户余额。

第一节　国际支付之信息流传递

一、SWIFT 的起源与发展

SWIFT 是环球同业银行金融电讯协会的英文简称，全称为 Society for World-wide Interbank Financial Telecommunications，是国际银行同业间的合作组织。许多人把它看作跨境银行间的支付清算系统，实际上它不是一个支付清算系统。SWIFT 是为了解决各国金融通信不能适应国际间支付清算的快速增长而设立的非营利性组织，通过设计、建立和管理全球报文传送平台和通信标准，保障组织成员间安全快捷地传达与跨境转账相关的指令。可见，SWIFT 网络主要用于跨境金融机构间的信息流传递，不涉及清算，亦不影响资金流，真正的资金清算，还是要与主要经济体跨境清算结算系统对接（见图 9-1），例如后面会讲到的 CHIPS、CIPS 和 TARGET 等。需要说明的是，SWIFT 并非国际间唯一的金融机构间转账信息通信网络，提供类似服务的还有 TELEX、CABLE 等，但 SWIFT 的费用远低于它们。

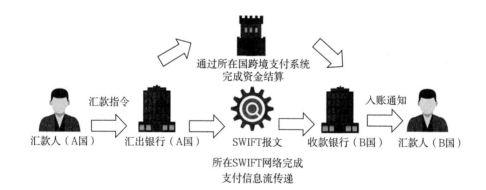

图 9-1　跨境支付结算"信息流"和"资金流"示意图
注：图片由笔者绘制。

在 SWIFT 之前，跨境支付信息都是通过邮电系统的 TELEX 网络进行传输的，其速度只有 8 字节/秒，也没有统一标准化的电文格式，且安全性低。为了寻求解决方案，1973 年 5 月，来自 15 个国家的 239 家银行发起成立 SWIFT，总部设在比利时的布鲁塞尔。运营不到一年时间，SWIFT 共处理了约 1000 万条报文。到 1977 年，来自 22 个国家的 518 家银行已接入 SWIFT 的报文传送服务。到 1983

年，来自 52 个国家的 1000 余家机构使用 SWIFT 的服务，当年共处理 4690 万条报文。1991 年，SWIFT 因其在标准化金融电信方面的作用而获得了计算机世界史密森尼信息技术奖。1992 年，SWIFT 的"银行间文件传输"（Interbank File Transfer）启用。到 1996 年，SWIFT 在一天内传输超过 300 万条消息。到 1999 年，来自 189 个国家的 6797 余家机构使用 SWIFT 的服务，当年共处理约 10.6 亿条报文。步入 21 世纪后，SWIFT 成员继续发展壮大。到 2009 年，SWIFT 每年传输 37.6 亿条报文，就此真正确立了自己作为全球金融业支柱的地位。到 2014 年，连接了来自 200 多个国家和地区的 9000 余家机构，每年传输约 50 亿条报文。到 2021 年，SWIFT 已为来自 200 多个国家/地区运营的 11000 多家机构提供服务，每天处理约 4200 万条报文，比 2020 年增长 11.4%[①]。2021 年 11 月 30 日，其一天报文处理量创历史新高，为 5020 万条报文[②]。

1983 年，中国银行加入 SWIFT，成为 SWIFT 组织的第 1034 个成员，并于 1985 年 5 月正式开通使用，这标志着我国与国际金融标准开始接轨。20 世纪 90 年代开始，中国所有可以办理国际银行业务的外资以及地方性银行纷纷加入 SWIFT。对 SWIFT 的使用也从总行逐步扩展至分行。

二、SWIFT 服务和 SWIFT 代码

（一）SWIFT 服务

SWIFT 主要解决了跨国银行间信息传递的标准化和通道问题，其主要功能涉及三个方面：一是统一的身份标识体系，即通过 SWIFT 代码来对会员单位进行身份识别；二是标准统一的电文格式，即通过提供 240 余种金融交易电文格式来统一电文传输标准；三是跨国的通信网络体系，即通过提供连接全球 90 多个跨境支付系统的通信网络来建立信息传输基础设施。

SWIFT 为会员提供的平台叫作 SWIFTNet，包含了四种互补的报文传送服务，以满足不同成员单位差异化的消息传递需求。这些服务主要包括 FIN、InterAct、FileAct 和 WebAccess[③]。FIN 是建立时间最长的消息传递服务，可以传递采用传统 SWIFT MT 标准格式化的报文。这套标准涵盖了许多业务领域，并被金融界广泛使用和接受。FIN 支持在每条消息的基础上交换消息，并支持市场基础设施与其客户之间交换专有格式。它还可以在存储转发模式下工作，并提供广泛的功

---

① 资料来自 https：//www.swift.com/about-us/history#milestone_4。

② 资料来自 https：//www.swift.com/news-events/news/swift-reports-strong-annual-growth。

③ 资料来自 https：//www.swift.com/about-us/discover-swift/messaging-and-standards#financial-messaging-services。

能，例如消息复制、向其他用户组广播以及在线检索以前交换的消息等。与 FIN 类似，InterAct 支持在每条消息的基础上交换消息，并支持市场基础设施与其客户之间交换专有格式。此外，InterAct 还提供了更大的灵活性，包括存储和转发消息、实时消息以及实时查询和响应等。InterAct 服务允许交换 MX 消息类型，这些消息类型以灵活的 XML 语法表示，并根据 ISO20022 标准方法开发，其中许多已作为 ISO20022 标准定义发布。FileAct 支持文件传输，它通常用于传输大批量消息，例如批量支付文件、超大报告或操作数据。通过 WebAccess，SWIFT 用户可以使用标准互联网技术和协议在 SWIFT 提供的金融网站上进行安全浏览。

【知识加油站：什么是 ISO20022】

SWIFT 的服务具有以下特点：一是提高了金融通信和金融机构业务处理的效率。为避免各地区金融机构间因语言、通信方式、数据格式差异而引发的各种问题，SWIFT 为世界各地的金融机构建立了一个共享的、标准化的、可重复使用的信息传送平台。二是提供了有效的安全措施和风险管理机制。SWIFT 建立了两个互为备份的系统中心，分别拥有独立的、完整的设备和线路。此外，认证、入侵检测、对信息流量进行控制（必要时采取分流措施）等措施进一步保证了系统的安全。三是不断扩展服务范围和服务对象。随着 SWIFT 的发展，其服务范围也在不断扩大。早期 SWIFT 的会员主要是银行、证券机构等，现在 SWIFT 向大量金融服务机构提供信息传送和接入服务。四是不断降低金融信息传输费用。SWIFT 已拥有大量用户，其服务范围广泛，交易量庞大，经营达到了规模效应。同时，SWIFT 还采取了一系列措施以促进费用的降低，在过去十几年中费用降幅超过 70%。

（二）SWIFT 代码

SWIFT 组织中的每个银行都有自己特定的 SWIFT Code 即代码。这个代码是银行标识符代码（Bank Identifier Code，BIC）的标准格式，用于指定特定银行或分行。这些代码在银行之间转账时尤其是国际间业务中使用。

SWIFT 代码由 8 位或 11 位字符组成。所有 8 位的代码（或以"XXX"结尾的代码）指的是总行或基层办事处，11 位代码都是指特定的分支机构。SWIFT 代码由银行字符、国家字符、地区字符和分行字符组成，其格式如下：AAAA BB CC DDD。其中，前 4 位字符标识"银行"，由易于识别的银行名字头缩写字母构成（只能是字母）；接下来 2 位字符标识"国家"，由国际标准化组织规定的 2 位字母构成（只能是字母）；再接下来 2 位字符标识"地区"，由数字或字母构成，代表所在地；最后 3 位字符标识"分支机构"，由数字或字母构成，表示分支机构。例如，中国银行总行的 SWIFT Code 为 BKCHCNBJ，中国银行北京市分行的 SWIFT Code 为 BKCHCNBJ110，中国银行四川省分行的 SWIFT Code 为

BKCHCNBJ570。

假设一个在中国银行成都锦城支行开户的人（甲）想要向其在花旗银行洛杉矶分行开户的朋友（乙）汇款，则甲只需知道乙的账号，锦城支行的工作人员通过乙的账号和乙所在银行的 SWIFT Code，便可通过 SWIFT 的系统向花旗银行洛杉矶分行发送跨境转账消息，一旦花旗银行洛杉矶分行收到有关收款消息，它将清算并将款项记入乙的账户。需注意的是，此时中国银行和花旗银行之间的资金结算尚未开始。

【知识加油站：什么是国际清算银行】

三、SWIFT 治理架构

目前，SWIFT 已经在全球 24 个国家的 27 个城市建立办公室，这些城市都是国际或区域金融中心。SWIFT 中国办公室有 3 处，分别位于北京、上海和香港①。

治理架构方面，作为一个中立性协会组织，董事会为 SWIFT 的最高权力机构。SWIFT 日常经营由 CEO 领导执行部门负责，受董事会监督。董事会包括 6 个委员会，即财务委员会、偿付委员会、两个商务委员会、两个技术委员会，其决策权均由董事会授予。目前，SWIFT 董事会主席由美国会员单位代表担任。

SWIFT 管理层由不超过 25 个董事构成。股份数量排名前 6 位的国家分别可推选 2 名董事，以该方式提名的董事不超过 12 名。股份数量排名第 7~16 位的国家，分别可推选 1 名董事，以该方式提名的董事不超过 10 名。剩余的董事由会员国共同提名。目前，美国、法国、德国、英国和瑞士各拥有 2 个董事席位，其他会员国如丹麦、比利时、澳大利亚、卢森堡、荷兰、瑞典、加拿大、中国、日本、新加坡、泰国、俄罗斯、南非分别拥有 1 个董事席位。中国于 2012 年首次获得了 1 个董事席位，目前由中国银行支付清算部总经理范耀胜担任。从占比来看，来自北约国家的董事占比为 52%。

第二节　国际支付之资金流传递

目前，经过 SWIFT 报文处理的货币以美元和欧元为主，稳定在 70% 以上。

---

① 27 个城市分别为迈阿密＼纽约（美国）、法兰克福（德国）、巴黎（法国）、布鲁塞尔（比利时）、伦敦（英国）、马德里（西班牙）、米兰（意大利）、莫斯科（俄罗斯）、斯德哥尔摩（瑞典）、维也纳（奥地利）、苏黎世（瑞士）、北京＼上海＼香港（中国）、迪拜（阿联酋）、吉隆坡（马来西亚）、孟买（印度）、首尔（韩国）、新加坡市（新加坡）、东京（日本）、悉尼（澳大利亚）、墨西哥城（墨西哥）、圣保罗（巴西）、阿克拉（加纳）、约翰内斯堡（南非）、内罗毕（肯尼亚）。

根据 SWIFT 公布的数据，2022 年 1 月 SWIFT 报文处理金额排名前 4 位的货币分别为美元（39.92%）、欧元（36.56%）、英镑（6.30%）、人民币（3.2%）。那么，在经过 SWIFT 进行支付信息传送后，美元、欧元、人民币等货币又是如何实现跨国支付的呢？

SWIFT 支付指令传输需要和各国的跨境支付系统对接最终完成支付（见图9-2）。出于安全性考虑，各国跨境支付系统与国内支付系统往往是独立建设、分别管理的，并保持相互之间的连接与风险防火墙机制。从实践来看，跨境支付系统往往不具备最终资金结算功能，而是依托国内支付系统实现。例如，针对全球美元支付，需要采用"SWIFT+CHIPS+FEDWIRE"系统架构，其中，CHIPS 系统实现跨境支付实时清算，FEDWIRE 系统用于最终资金结算。针对全球人民币支付，主要采用"SWIFT+CIPS+CNAPS（HVPS）"系统架构，其中，CIPS 系统实现跨境支付实时清算，中国现代化支付系统中的 HVPS 用于最终资金结算。针对全球欧元支付，需要采用"SWIFT+TARGET"系统架构，其中，TARGET 系统可实现境内银行间清算和跨境清算职能。

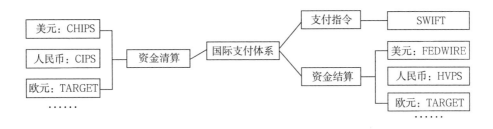

图 9-2　主要国际货币跨境支付体系

注：图片由笔者绘制。

其他主要货币中，针对全球日元支付，需采用"SWIFT+FXYCS+BOJ-NET"系统架构，其中，FXYCS（被译为外汇日元清算系统）实现跨境支付实时清算，BOJ-NET（日本银行金融网络系统）用于最终资金结算。针对全球英镑支付，需采用英国清算所自动支付系统 CHAPS；针对全球澳元支付，需采用澳大利亚国内的储备银行信息与结算系统（RITS）实现。针对全球瑞郎支付，需采用瑞士跨行清算系统（SIC）实现。

由此可见，不同国家（或地区）依据自身情况在跨境清算体系中采用了不同的层次结构，包括两分模式和整合模式（益言，2020）。其中，美元、人民币、日元采用两分模式，即由不同的系统负责跨境与境内清算，两套系统再相互连接。欧元、英镑、加元、澳元、瑞郎等都采用了整合模式，即采用一套系统，境

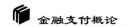

内银行间系统同时承担跨境清算。本小节主要围绕代表性跨境支付系统展开介绍。两分模式下，主要围绕美元和人民币的跨境支付系统展开介绍；整合模式下，主要围绕欧元的跨境支付系统展开介绍。

一、美国跨境支付系统 CHIPS

（一）CHIPS 的起源与发展

CHIPS 是 Clearing House Interbank Payment System 的简称，译为"清算所银行同业支付系统"，于 1970 年建立，由纽约清算所协会（NYCHA）经营，是全球最大的私营支付清算系统之一。CHIPS 成立初衷是为了便利纽约市的银行间的票据交换，后逐渐为银行提供清算和结算服务，再后来开始为全球美元的支付提供清算和结算。2021 年，CHIPS 处理了约 3400 百万笔价值约 156 万亿美元的交易，其中 70%以上来自境外美元支付交易。

在 20 世纪 60 年代晚期，CHIPS 作为电子化清算系统接替了原有的纸基清算系统 PEPS（Paper Exchange Payment System）。PEPS 能够提供有效的银行间清算服务，但是却无法与快速增长的欧元—美元兑换交易需求相适应。与此同时，20 世纪 70 年代初期，布雷顿森林体系取消了"美元与黄金挂钩、其他货币与美元挂钩"的固定汇率制度，跨国支付结算的需求日益增多。由此，CHIPS 应运而生并逐渐发展起来。1970 年末，CHIPS 运行不到一年，在只有 9 个参与单位的情况下，总共处理了 531778 笔价值约 5400 亿美元的交易。1980 年，其参与单位增加至 100 个，总共处理了 13233426 笔价值约 37 万亿美元的交易。到 1985 年，其参与单位增加至 140 个。进入 2000 年，CHIPS 采用新系统，开始由每日一次日终多边轧差清算向实时净额清算系统过渡，而后业务量逐年激增，2008 年 CHIPS 处理了约 9000 万笔价值约 508 万亿美元的交易，后受金融危机影响，业务量有所回落。到 2021 年，CHIPS 处理了约 1 亿笔价值约 407 万亿美元的交易①。

（二）CHIPS 账户体系

CHIPS 系统的成员分为两类：一类是直接参与者，它们必须属于《联邦存款保险公司改进法案》*Federal Deposit Insurance Corporation Improvement Act* 所定义的"金融机构"，须在美国境内开设一个受联邦或州监管机构监管的办事处，最重要的是，这类客户需在纽约联邦储备银行开设储备账户。若客户无法在纽约联邦储备银行开户，那么就必须指定一个直接参与者作为其代理行，因此这类客户被称作间接参与者，他们在代理行开户，由代理行在 CHIPS 系统中进行资金清算

---

① 资料来自 https：//www.theclearinghouse.org/-/media/new/tch/documents/payment-systems/chips_volume_value_ytd_november_2021.pdf。

结算。截至2021年1月25日，CHIPS有43家直接参与者，其中有4家中国境内银行，分别是中国银行、中国工商银行、交通银行和招商银行①。值得一提的是，其直接参与者数量在1989年达到最大值140家，后来这一数字逐年降低。

CHIPS的直接参与者须在纽约联邦储备银行开设储备账户，该账户被称为Prefunded Balance Account（可译为"预付金余额账户"），后文称为参与者的CHIPS账户，该户头须有足够的信贷和流动性资金用于支付结算，由CHIPS全权管理，额度每周进行动态调整。实际上，参与者的CHIPS账户并不是单独开设在美联储的，而是以CHIPS的名义开设在美联储，即CHIPS开设在美联储的账户实际上是一个大的资金池，汇集了各家银行划入用于清算的资金，CHIPS将这个资金池称为CHIPS预付账户。参与者的CHIPS账户与其在美联储的账户（简称FED账户）之间可以实现自由的资金转移（见图9-3）。

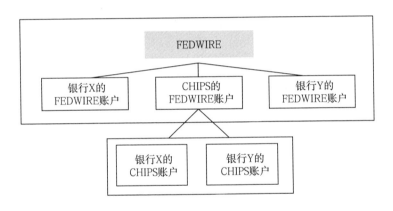

图9-3 CHIPS在FEDWIRE账户结构

注：图片由笔者绘制。

在这样的账户体系下，每个参与者都可以在CHIPS存取、支付、接收资金。如果资金通过参与者的CHIPS账户进行，那么CHIPS通过内部系统对相应账户的余额进行增减记录。如果客户需通过FEDWIRE账户向其CHIPS账户进行资金存取，此时才会涉及实际资金的转移。但是客户不能直接向美联储发送取出资金指令，而必须向CHIPS发送取出资金指令，然后资金会在CHIPS在美联储开设的账户和参与者在美联储开设的账户中转移。

---

① 资料来自 https：//www.theclearinghouse.org/-/media/new/tch/documents/payment-systems/chips_participants_revised_01-25-2021.pdf。

【知识加油站：FEDWIRE 及其资金转账系统】

除了预付余额账户以外，CHIPS 为每个直接参与者建立细分资金账户，并对细分账户余额作上下限的规定。随着支付过程的进行，每个细分账户余额开始变化，但账户余额始终需要符合相关规定。需要注意的是，所有记账过程并不在美联储进行，而是在 CHIPS 自己的系统中进行。这些细分账户包括以下几类：

开市主头寸账户（Opening Primary Position）。在规定的每日截止时间前，每个客户必须直接或间接通过美联储向预付余额账户转入资金，转入金额如果超过适宜起始头寸（Desired Opening Position）要求，CHIPS 将立即原路返回超出部分。CHIPS 以不低于每月 1 次的频率来计算每个客户的开市主头寸要求。

实时主头寸（Current Primary Position）。在日中进行结算时，CHIPS 将实时调整每个客户的主头寸，相应形成实时主头寸。实时主头寸有下限和上限，下限为 0，上限为开市主头寸的 2 倍（上午 9 时至下午 3 时生效，下午 3 时后无上限要求）。CHIPS 通过设置实时主头寸的上限来防止一个金融机构吸收过多的资金，预防结算风险的发生。

初始辅头寸（Initial Supplemental Position）。在日中结算时，客户可以继续向预付资金账户中转入资金，形成初始辅头寸。另外，如果一个客户在日中并没有转入资金，但是通过结算过程收到了资金，而且这笔资金是来自支出方的初始辅头寸或者实时辅头寸，那么这部分资金也将成为这个客户的初始辅头寸。

实时辅头寸（Current Supplemental Position）。在日中结算时，CHIPS 将实时调整每个客户的资金头寸，相应形成实时辅头寸。实时辅头寸不得低于 0，客户可从 CHIPS 取出的资金不得超过实时辅头寸，该头寸没有上限要求。

保留辅头寸（Reserved Supplemental Position）。客户可以划定一部分实时辅头寸的金额作为保留辅头寸，这部分头寸只能用于清算该客户发送的"优先"支付指令，优先支付指令包括"紧急支付指令"（Urgent Payment Messages）和"高级支付指令"（Preferred Payment Messages）。

（三）CHIPS 清算流程

CHIPS 直接参与者以特定格式向 CHIPS 发送支付指令；CHIPS 收到支付指令后，进行系统语法检查；支付指令系统语法检查通过后，支付指令将进入队列；计算机算法（清算规则）决定是否针对该支付指令从队列中清算并支付给收款方客户。在整个清算过程中，遵从以下规则：一是所有客户的实时主头寸均大于等于其最低限额，且低于其最高限额（下午 3~5 时除外）；二是所有客户的实时主头寸之和在支付指令清算前后保持不变；三是所有客户的实时辅头寸均大于等于其最低限额；四是所有客户的实时辅头寸之和在支付指令清算前后保持不变。

CHIPS 清算程序报告日间清算程序（Intraday Settlement Procedures）和日终清算程序（End-of-day Closing Procedures）。CHIPS 的日间支付指令既可以逐笔清算（单边清算），也可以累计清算（双边净额清算或多边净额清算）。CHIPS 在收到支付指令后立即清算。具体来看：①单边清算（Individual Release），是指对一个单一的支付指令进行处理，CHIPS 将减少支出方的实时主头寸或者实时辅头寸或者两者都减少，对应增加收入方的实时主头寸或者实时辅头寸或者两者都增加。②双边净额清算（Bilateral Netting and Release），是指对一组支付指令进行批处理时，如果这组支付指令包含客户 A 向客户 B 支付的一个或多个支付指令，同时还包括客户 B 向客户 A 支付的一个或多个支付指令，那么客户 A 向客户 B 支付的金额将进行轧差处理，轧差后的头寸被称为双边净额头寸。③多边净额清算（Multiple Netting and Release）是指对三个或三个以上的支付指令进行批处理，这些支付指令包含三个或三个以上的客户。

CHIPS 日终清算程序包括以下几个步骤：①初始最终结算、轧差、清算。当每日下午 3 时，CHIPS 降低对实时主头寸的最高限额，以尽可能多地将尚未被清算的支付指令进行清算。②计算最终头寸。下午 5 时后，如果仍有未被清算的支付指令，CHIPS 将会对未清算支付指令在全部未清算客户之间进行轧差，然后得到净额头寸，但并不对这些支付指令进行实际的清算。每个客户的净额头寸会与该客户的合并头寸加总后计算得到"最终头寸"，如果一个客户的最终头寸是一个负数，将形成该参与者的最终头寸要求。CHIPS 将在上述计算结束后，立即向每个客户发送初始日终头寸报告，其中将显示其最终头寸。③最终缴款、轧差以及清算。当一个客户接收到最终头寸要求后，将有 30 分钟时间用来支付最终头寸要求的金额，这个资金可以由客户直接从其美联储账户中支付，也可以间接从其他在美联储开户的客户账户中进行支付。如果所有最终头寸要求得到满足，那么所有的支付将被清算；如果有一个或多个最终头寸要求没有得到满足，CHIPS 将尽可能多地进行清算，仍未清算的支付指令将过期。当全部支付指令都清算或过期后，CHIPS 将从预付余额账户中转移资金给每一个最终头寸大于零的客户。

按照时间来看，上述 CHIPS 清算程序如下（见图 9-4）：

（1）9PM，CHIPS 参与者通过开设在美联储的账户向 CHIPS 预付余额账户转入资金。

（2）9PM~5PM，CHIPS 参与者发送和接收支付指令，CHIPS 收到指令后立即清算，可通过算法自动匹配采用单边清算、双边净额清算或是多边净额清算。

（3）3PM，CHIPS 降低对实时主头寸的最高限额，以尽可能多地将尚未被清算的支付指令进行清算。

（4）5PM，CHIPS 不再接收新的支付指令，同时取消对实时主头寸的最高限额，以尽可能多地将尚未被清算的支付指令进行清算。

（5）5：15PM，CHIPS 释放剩余支付指令，将其发送至最终头寸为正的参与者。

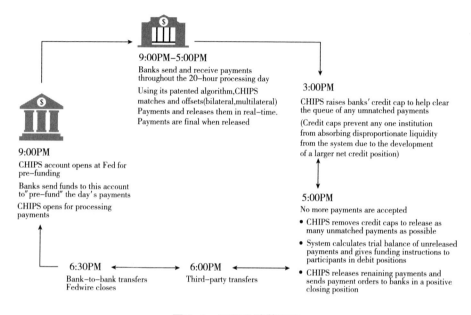

9:00PM–5:00PM
Banks send and receive payments throughout the 20-hour processing day
Using its patented algorithm,CHIPS matches and offsets(bilateral,multilateral)
Payments and releases them in real-time.
Payments are final when released

3:00PM
CHIPS raises banks' credit cap to help clear the queue of any umnatched payments
(Credit caps prevent any one institution from absorbing disproportionate liquidity from the system due to the development of a larger net credit position)

9:00PM
CHIPS account opens at Fed for pre-funding
Banks send funds to this account to" pre-fund" the day's payments
CHIPS opens for processing payments

5:00PM
No more payments are accepted
- CHIPS removes credit caps to release as many unmatched payments as possible
- System calculates trial balance of unreleased payments and gives funding instructions to participants in debit positions
- CHIPS releases renaining payments and sends payment orders to banks in a positive closing position

6:30PM
Bank-to-bank transfers
Fedwire closes

6:00PM
Third-party transfers

图 9-4　CHIPS 清算程序

注：图片来自 https：//www.theclearinghouse.org/payment-systems/chips。

（四）CHIPS 清算举例

银行 A 和银行 B 都在纽约联邦储备银行开户，其账户我们称为 A-FED 和 B-FED，这两个账户的支付权分别由 A 和 B 两家银行自己控制。与此同时，CHIPS 也在纽约联邦储备银行开户，其账户我们称为 CHIPS-FED。此外，A 银行和 B 银行欲通过 CHIPS 进行清算，因此分别拥有 A-CHIPS 账户和 B-CHIPS 账户，但这两个账户由 CHIPS 管理，以 CHIPS-FED 的名义开设在美联储。

CHIPS 会对 A 银行和 B 银行记账，这些记账单纯在 CHIPS 系统中进行，与美联储没有关系，因此 CHIPS 系统中还有一个账户 A-CHIPS 和 B-CHIPS。例如，当 A 银行在 CHIPS 的账户余额足够的情况下支付给 B 银行 50 万美元，假设 A 银行和 B 银行各自的 CHIPS 账户中都有 100 万美元。在日终结算前，CHIPS 仅进行记账，而不进行实际的划款。支付指令发出时，CHIPS 会在自己的系统中记账：A-CHIPS 减记 50 万美元，余额为 50 万美元；B-CHIPS 增记 50 万美元，余额为 150 万美元。此时，A、B 和 CHIPS 在美联储的账户中的余额都没有发生变化。但是，银行在满足一定预付账户资金要求的前提下，可以随时向 CHIPS 申请提现。

当 A 银行要支付给 B 银行 200 万美元时，此时 A 银行的 A-CHIPS 账户头寸不足，因此这笔支付将需要在日终进行进一步的清算。CHIPS 将会向 A 银行发出"最终头寸要求"，银行将有 30 分钟时间，通过 FEDWIRE 系统，从自己的账户 A-FED 中将资金划至 CHIPS-FED。因此，可以看到 CHIPS 的运行基于美联储的信用以及 CHIPS 自身提供的信用。美联储作为美元发行机构，美联储账户中的存款应当是全世界信用最高的美元存款货币发行人，所有银行都会相信，美联储账户中的资金是真实的。因此，当 A 银行支付给 B 银行一笔存款的时候，B 银行必须要看到美联储账户中的余额增加了，才会真正心安。

可是，当 A 银行支付给 B 银行 50 万美元的时候，B 银行的美联储账户中并没有真正收到这笔钱，B 银行只是相信在日终的时候 CHIPS 一定会将这笔钱打到 B 在美联储的账户上。银行的信任，来自 CHIPS 的清算规则的合理性。在日终结算前，B 银行虽然没有看到 FED 账户中资金的增长，但是 B 银行在 CHIPS 账户中的余额增长了，B 银行可以用这个余额进行支付。因此，B 银行虽然没有得到美联储发行的存款货币，但是得到了 CHIPS 发行的存款货币。由于 CHIPS 账户余额可以用于支付，因此银行也没有必要频繁地将资金从 CHIPS 中取出到美联储账户中。

二、中国跨境支付系统 CIPS

（一）CIPS 的起源与发展

CIPS 的全称为 Cross-border Interbank Payment System，译为"人民币跨境支付系统"，专为其参与者的跨境人民币支付业务和金融市场业务等提供资金清算结算服务，接受中国央行的监督、管理和指导。CIPS 是我国重要的金融市场基础设施，在进一步整合现有人民币跨境支付结算渠道和资源、提高跨境清算效率、满足各主要时区的人民币业务发展需要、助力人民币国际化等方面发挥着重要作用。

之前的章节中讲到了 CNAPS，该系统主要用于满足国内银行间人民币清算需求，并未考虑跨境人民币清算量日渐增加的情况。而且该系统运行时间过短（8：30am~4：30pm），与国际清算系统接口无法完全匹配，不适合跨时区清算。加之 CNAPS 尚未与境内外币支付系统、证券清算系统互连互通，难以实现跨境清算所需的人民币和外币同步支付结算和人民币证券券款对付结算。鉴于 CNAPS 存在上述难以解决的局限性，2012 年 4 月，央行决定组织开发独立的人民币跨境支付系统。

CIPS 于 2012 年 4 月 12 日开始建设，其运营公司是跨境银行间支付清算（上海）有限责任公司，总部设在上海，负责 CIPS 运营维护、参与者服务、业务拓展等各方面职责。2015 年 10 月 8 日 CIPS 正式启动，同步上线的有 19 家直接参与者和 176 家间接参与者，参与者范围覆盖 6 大洲的 50 个国家和地区①。2018 年 3 月 26 日，CIPS 系统（二期）成功投产试运行，中国工商银行、中国农业银行、中国银行、中国建设银行、交通银行、兴业银行、汇丰银行（中国）、花旗银行（中国）、渣打银行（中国）、德意志银行（中国）共 10 家直接参与者同步上线。据统计，2021 年 CIPS 处理的业务约 334.2 万笔，金额近 90 万亿元人民币。

值得一提的是，CIPS 的二期系统设计了一套采用国际通用 ISO20022 标准的报文体系，但这主要是针对境内信息传输，CIPS 境外支付指令的信息传输仍然采用的 SWIFT 报文体系。因此，尽管 CIPS 有"信息流"传递的功能，但核心仍与 CHIPS 类似，属于专门为本币的跨境支付开发的一套清算系统。

（二）CIPS 参与者和账户体系②

CIPS 的参与者包括直接参与者和间接参与者。直接参与者是指具有 CIPS 行号，直接通过 CIPS 办理人民币跨境支付结算业务的境内外机构，这类机构拥有 CIPS 账户，且通过专线接入 CIPS。间接参与者是指未在 CIPS 开户，但具有 CIPS 行号，委托直接参与者通过 CIPS 办理人民币跨境支付结算业务的境内外机构。截至 2022 年 2 月末，CIPS 系统共有参与者 1288 家，其中直接参与者 76 家，间接参与者 1212 家。间接参与者中，亚洲 936 家（境内 540 家），欧洲 164 家，非洲 43 家，北美洲 29 家，大洋洲 23 家，南美洲 17 家，覆盖全球 104 个国家和地区③。

CIPS 为直接参与者在 CIPS 开立的资金账户应当为零余额账户，该账户不计息，不得透支，场终（日终）余额为零。一个直接参与者在 CIPS 只能开立一个零余额账户，间接参与者在 CIPS 不开零余额账户。

CIPS 在大额支付系统（HVPS）开立清算账户，反映所有 CIPS 直接参与者的共同权益。账户内资金属于所有 CIPS 直接参与者，依据直接参与者在 CIPS 中

---

① 19 家直接参与者包括：中国工商银行、中国农业银行、中国银行、中国建设银行、交通银行、华夏银行、民生银行、招商银行、兴业银行、平安银行、浦发银行、汇丰银行（中国）、花旗银行（中国）、渣打银行（中国）、星展银行（中国）、德意志银行（中国）、法国巴黎银行（中国）、澳大利亚和新西兰银行（中国）、东亚银行（中国）。

② 此处开始的介绍均为 CIPS 二期实施后的情况。

③ 资料来自 https://www.cips.com.cn/cips/ywfw/cyzgg/56550/index.html。

的账户余额享有权益。该账户内资金不属于 CIPS 自有财产，运营机构不得自由支配。

直接参与者应当通过注资（预注资）、调增（预注资调增）和调减（预注资调减）等方式，对其 CIPS 账户进行流动性管理，确保账户余额充足。若直接参与者进入日间（夜间）处理阶段后未能达到注资（预注资）最低限额，不得办理支付业务。具体来看，注资（预注资）是指境内直接参与者在营业准备阶段（夜间处理阶段前）的规定时间内，通过大额支付系统向自身 CIPS 账户注入 CIPS 要求的最低限额。调增（预注资调增）是指境内直接参与者在日间（夜间）处理阶段的规定时间内，通过大额支付系统增加自身 CIPS 账户的余额。调减（预注资调减）是指境内直接参与者在日间（夜间）处理阶段的规定时间内，通过 CIPS 向对应的大额支付系统清算账户发起资金转账，以减少其 CIPS 账户余额。

（三）CIPS 清算流程①

CIPS 按照北京时间（格林威治东八区）运行，运行时间为"5×24+4"小时，以实现对全球各时区金融市场的全覆盖，支持全球的支付与金融市场业务，满足全球用户的人民币业务需求。

在法定工作日全天候运行，分为日间场次和夜间场次来处理业务。一般工作日的日间场次运行时间为当日 8：30~17：30（其中 17：00~17：30 为清零等场终处理时间）；周末及法定节假日后第一个工作日（以下简称 S 日）的日间场次运行时间提前至当日 4：30。夜间场次的运行时间为当日 17：00 至次日 8：30（其中 8：00~8：30 为清零等日终处理时间）。

CIPS 运行时序共有七个状态：营业准备、日间处理、日间业务截止、场终处理、夜间处理、夜间业务截止、日终处理。

1. 日间处理

每个系统工作日 9：00（S 日 5：00），CIPS 进入日间处理阶段。对 CIPS 账户余额达到注资最低限额的直接参与者，CIPS 更新其注资状态为"注资成功"，注资成功的直接参与者可在业务权限范围内正常办理业务。日间状态下，直接参与者可对其 CIPS 账户的流动性进行调整。

9：00~14：00，CIPS 受理参加定时净额结算的直接参与者申报下一系统工作日的双边净额发起方限额，包括发起限额和接收限额。

14：00，CIPS 生效下一系统工作日的双边净额发起方限额，并向相关直接参与者下发"双边净额发起方限额通知报文"。

---

① 资料来自 https：//www.cips.com.cn/cips/ywfw/fwzn/index.html。

15：00 至次日 7：30，参加定时净额结算的直接参与者根据通知报文报送下一系统工作日净额结算保证金数值。

16：00，CIPS 停止受理日间批量业务和中央对手资金结算业务。

16：00~17：00，直接参与者进行预注资。

16：30，CIPS 向所有直接参与者发送日间业务截止警告。

2. 日间业务截止

17：00，CIPS 检查是否存在净额轧差结果排队。如不存在，系统进入日间业务截止阶段；如果存在，待排队业务处理完成后，进入日间业务截止阶段。

CIPS 进入日间业务截止阶段，停止受理日间支付业务，并向所有直接参与者发送系统状态变更通知报文。日间业务截止处理完成后 CIPS 进入场终处理阶段。

3. 场终处理

日间业务截止后，CIPS 进入夜间处理阶段，同时进行场终处理。

场终处理阶段，CIPS 退回仍处于结算排队及待结算状态的支付业务，随后执行日间账户清零，与 HVPS 对账，并向直接参与者下发对账报文。直接参与者收到对账报文后，进行日间账务核对，核对不一致的，应当及时向 CIPS 申请核对账务明细。

4. 夜间处理

17：00，系统进入夜间处理阶段。对 CIPS 账户余额达到注资最低限额的直接参与者，系统更新其注资状态为"注资成功"，注资成功的直接参与者可在业务权限范围内正常办理业务。夜间状态下，直接参与者可对其 CIPS 账户流动性进行调整。

20：30，HVPS 进入下一系统工作日日间，CIPS 停止受理预注资、预注资调增、预注资调减，并自动完成预注资转注资操作。

次日 7：00，CIPS 停止受理夜间批量业务和中央对手资金结算业务。

次日 7：30，CIPS 向所有直接参与者发送夜间业务截止警告。

5. 夜间业务截止

次日 8：00，CIPS 检查是否存在净额轧差结果排队，如不存在，系统进入夜间业务截止阶段；如存在，待排队业务处理完成后，进入夜间业务截止阶段。

CIPS 进入夜间业务截止阶段，停止受理夜间支付业务，并向所有直接参与者发送"系统状态变更通知报文"。夜间业务截止处理完成后，CIPS 进入日终处理阶段。

6. 日终处理

日终处理阶段，CIPS 退回仍处于结算排队及待结算状态的支付业务，随后执行夜间账户清零，与 HVPS 预对账，并向直接参与者下发对账报文。直接参与者收到对账报文后，进行夜间账务核对，核对不一致的，应当及时向 CIPS 申请核对账务明细。

日终处理完成后，CIPS 切换至下一系统工作日的营业准备状态。

（四）"CIPS+SWIFT" 举例

以两个国家的 A（付款银行）和 B（收款银行）两个银行之间进行 SWIFT 人民币汇款为例，假设 A 和 B 都是 CIPS 直接参与者（见图 9-5）。首先，A 和 B 两家银行需要作为 CIPS 直接参与者在 CIPS 中开立 CIPS 账户，两家银行通过 CNAPS 的 HVPS 向 CIPS 账户注入最低限额初始资金。其次，A 银行通过 SWIFT 向 B 银行发出支付结算指令，此时 A 银行通知 CIPS 系统，CIPS 系统借记 A 银行的 CIPS 账户资金，贷记 B 银行的 CIPS 账户资金，完成资金清算。同时，A 银行内部扣掉付款方资金，B 银行内部为收款方增加资金，完成结算。此时，整笔人民币汇款完成。最后，在 CIPS 与 CNAPS 进行对账清算的环节，将 A 和 B 的 CHIPS 账户资金调回 A 和 B 银行在 CNAPS 的 HVPS 资金账户。

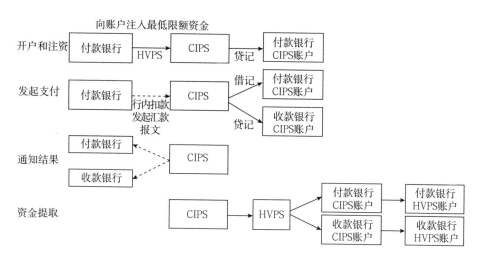

图 9-5 CIPS 清算举例

注：图片由笔者绘制。

由此可以看出，国际支付清算体系主要包括两大部分：一是各国统一共享的国际收付电讯运行体系，如 SWIFT；二是各国自己主导的，主要运行涉及本国货币的资金清算体系，如 CHIPS、CIPS 等。二者相辅相成、紧密联系、缺一不可。

三、泛欧自动实时全额结算快速汇划系统 TARGET

TARGET 全称为 The Trans-European Automated Real-time Gross settlement Express Transfer，译为"泛欧自动实时全额结算快速汇划系统"，为欧盟国家以及跨境提供实时全额清算服务，只处理以欧元为单位的支付指令。TARGET 的总部设在比利时的布鲁塞尔，由欧洲货币所（European Monetary Institute，EMI）发起成立。TARGET 始建于 1995 年，于 1999 年 1 月 4 日正式启用，其成立目的是建立统一的欧洲货币市场以利于单一货币政策的实行，促进欧元支付系统的稳定性，提高支付效率；在各国 RTGS 系统的基础上，为各国间的清算提供一个安全可靠的机制，降低支付风险。

TARGET 系统的演变经历了两个阶段：第一阶段由于采用分散处理模式即 TARGET1，建立目的是保证未来欧元结算的顺利进行及货币政策顺利实施。但该系统采用分散处理模式，维护成本较高，成本效益较低。因此，欧洲中央银行于 2002 年 10 月开始建设 TARGET2，于 2007 年 11 月 19 日起投入使用，2008 年 5 月 19 日原有业务全部转移至新系统。TARGET2 系统作为欧元清算业务单一的共享平台，参与者可直接接入系统，无须通过本国中央银行的 RTGS 系统接入。

（一）TARGET1

TARGET 由 16 个国家的实时全额支付系统（Real Time Gross Settlement，RTGS）、欧洲中央银行的支付机制（European Central Bank Payment Mechanism，EPM）和相互间连接系统（Interlinking System，IR）构成①。具体来看，TARGET 把各成员国中央银行的实时大额清算系统即 RTGS 通过 IR 互联在一起，如此一来，支付指令就能从一个系统传递到另一个系统（见图 9-6）。欧洲中央银行将通过自己的支付机制即 EPM 与 TARGET 连接在一起，履行下列职能：为 TARGET 清算成员以外的机构性客户维持和管理账户；为自己及客户处理支付业务；履行每日业务审核程序并对 TARGET 作其他检查。由此可见，TARGET 是一个非中心化的支付清算系统，欧洲中央银行并不是系统的管理者，而是系统的参与者之一（约亨·梅茨格，2007）。

---

① 16 个国家为丹麦、瑞典、西班牙、希腊、爱尔兰、意大利、芬兰、卢森堡、波兰、法国、奥地利、葡萄牙、荷兰、德国、英国、比利时。

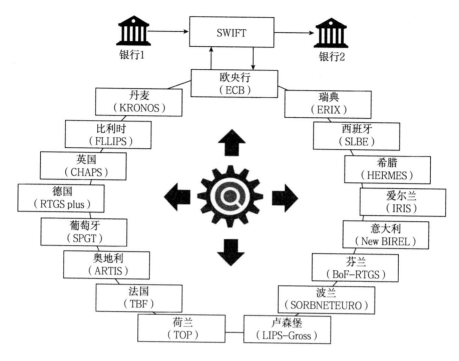

图 9-6 TARGET1 系统结构

注：图片由笔者绘制。

TARGET 系统的清算成员均为欧元区内各国的中央银行。任何一家金融机构，只要在欧元区内所在国家的中央银行开立汇划账户，即可通过与 TARGET 相连接的所在国的实时全额结算系统进行欧元的国内或跨国清算。TARGET 是一个实时全额结算系统，在处理支付命令时，采取实时、逐一处理的方式，支付信息在与之相关的两国的中央银行间直接传送而不是通过某个中心机构，然后进行双边结算。下面以一个例子来说明：

位于欧洲 A 国的银行 1 欲向位于欧洲 B 国的银行 2 进行跨国支付。银行 1 首先通过 A 国的 RTGS 系统将支付指令传送到 A 国的中央银行。中央银行 A 检查支付命令的有效性、该银行是否拥有足够的资金、是否超出透支限额等。此外，中央银行还会检查接收方银行 2 所在国的 RTGS 系统是否接入 TARGET。一旦验证了发送方银行支付命令的有效性，且该机构拥有足够的资金或在透支限额之内，那么银行 1 在 A 国 RTGS 中的账户就会立即借记这笔资金，同时中央银行 A 在互联系统的账户上贷记这笔资金。

接收方银行 2 的中央银行 B 收到支付信息后，立刻检查安全信息，并验证支付命令中指定的接收方银行是否为国内 RTGS 系统的用户。如果满足以上条件，接收方中央银行 B 就会将支付信息的格式由 TARGET 的标准格式转化为国内格式，借记发送方中央银行 A 在互联系统中的账户，贷记接收方银行 2 在 RTGS 系统中的账户，并向国内中央银行 B 和欧洲中央银行发回交易成功的确认信息。若接收方银行不是 RTGS 系统的用户，则接收方中央银行拒绝支付命令，并要求发送方中央银行再次贷记同样金额到发送方银行。

（二）TARGET2

TARGET2 是基于单一共享平台（Single Shared Platform，SSP）的欧元结算系统，该平台由法、德、意三国的中央银行共同开发，连接了各主权国家的 RTGS。该系统主要为欧洲中央银行货币操作和区域内成员国间大额的欧元交易提供结算服务，且进行逐笔实时总额结算，其他银行间市场交易和客户间交易可以选择 TARGET2 或其他清算系统完成。2019 年，TARGET2 保处理了约 8780 万笔价值 441.3 万亿欧元的交易，日均处理 34.4 万笔交易，日均处理结算额 1.73 万亿欧元①。

TARGET2 采用三级管理模式，各层次分工明确。具体来看，第一级为欧洲中央银行委员会，负责全面指导、管理和监管系统运行；第二级为参与系统的各国中央银行，其与欧洲中央银行管理委员会共同决定系统运行实务；第三级由法、德、意三国中央银行构成，其负责系统的研发和管理工作（约亨·梅茨格，2007）。

相较于 TARGET，升级系统将现有分散支付技术整合起来，创立了一个共享的技术平台，极大地促进了欧元支付效率的提升（见图 9-7）。TARGET1 的支付结算首先在本国 RTGS 中进行，然后通过央行间信息传输与账务处理完成最终结算（见前面的例子）。但在 TARGET2 中，参与方可直接依托系统进行信息传输与支付结算，后台账务处理可在所在国央行间进行。

下面以一个例子来说明：位于欧洲 A 国的银行 1 欲向位于欧洲 B 国的银行 2 进行跨国支付。银行 1 和银行 2 将指令传递至 A 国和 B 国的中央银行，两家中央银行通过 TARGET2 系统完成交易结算。最终，一方面，银行 1 在 A 国的超额存款准备金减少，或者向中央银行申请的贷款增加，A 国央行在欧洲央行 TARGET2 系统中将计入一笔负债；另一方面，银行 2 在 B 国的超额存款准备金增加，或者向中央申请的贷款减少，B 国央行在欧洲央行 TARGET2 系统中将计入一笔资产。实际上，TARGET1 和 TARGET2 的资金清算和结算流程基本相同，差别在于新系统的清算业务全部集中在单一共享平台，不再是基于各国的 RTGS 系统。

---

① 资料来自 https：//www.ecb.europa.eu/paym/target/html/index.en.html。

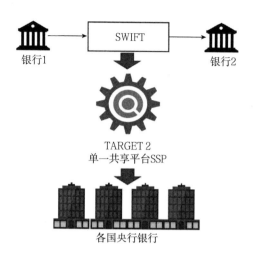

图 9-7 TARGET2 系统结构

注：图片由笔者绘制。

TARGET2 系统要求各国中央银行在欧洲中央银行账户内有足够的资金或等值抵押品，包括政府债券、中央银行债务工具等。当某国与其他国家的国际收支基本平衡时，该国的 TARGET 余额将保持不变；但是，当某国与其他国家的国际收支失衡时，该国的 TARGET 余额就会出现盈余或者赤字。货币同盟的建立使得欧元区内的跨境交易可以直接使用欧元结算，因此 TARGET 赤字可以理解为一国对欧元区其他国家的债务，TARGET 盈余可以理解为一国对欧元区其他国家的资产要求权。自用 TARGET2 以来，欧元区 TARGET 余额显著失衡，目前仍有扩大趋势。自 2007 年开始，德国中央银行逐渐变成了 TARGET 体系中最大的债权人，与此同时，希腊、西班牙、爱尔兰和葡萄牙等央行则变成了最大的债务人（何帆等，2012）。

【学术链接：主要国际货币跨境清算结算体系研究】

思考题

1. CHIPS 账户体系是怎样的？FEDWIRE 账户和 CHIPS 账户有何关系？

2. CHIPS 日终清算包括哪几步？

3. 简述 CIPS 的起源和发展。

4. CIPS 账户体系是怎样的？HVPS 账户和 CIPS 账户有何关系？

5. CIPS 日终清算包括哪几步？

6. TARGET2 相较 TARGET1 有何变化？

7. 为什么 TARGET2 存在账户失衡的问题？

【知识加油站：什么是 ISO20022】

ISO20022《金融服务金融业通用报文方案》是 2004 年由国际标准化组织在 ISO15022《证券报文模（数据域字典）》的基础上制定并发布的国际标准，是国际金融业务与 IT 技术紧密结合的产物，它提供了一种面向业务建立通用报文的解决方案。ISO20022 是一个以 XML 为基础的信息标准，主要是由 SWIFT 组织 XML 信息标准、贸易产业标准 FIX 组织标准及金融衍生性商品交易信息标准为主要骨干所形成的架构。

【知识加油站：什么是国际清算银行】

国际清算银行（Bank for International Settlements，BIS）是英、法、德、意、比、日等国的中央银行与代表美国银行界利益的摩根银行、纽约和芝加哥的花旗银行组成的银团，根据海牙国际协定成立于 1930 年，最初是为处理第一次世界大战后德国战争赔款问题而设立的，后演变为一家各国中央银行合作的国际金融机构，是世界上历史最悠久的国际金融组织，总部设在瑞士巴塞尔。刚建立时只有 7 个成员国，现成员国已发展至 60 个国家的中央银行或货币当局。

【知识加油站：FEDWIRE 及其资金转账系统】

1913 年，为了改善当时混乱的支票清算过程，尤其是不同区域间银行的清算，联邦储备系统（The Federal Reserve System，简称美联储，是美国的中央银行）由《联邦储备法案》确定成立。成立后，美联储规定各成员行必须按面值清算其他银行开出的支票。以此为基础，美联储成立了自己的清算系统——联邦储备通信系统（Federal Reserve Wire Transfer System，FEDWIRE）。FEDWIRE 从 1914 年 11 月开始运行，直接由联邦储备银行经营和管理，是美国金融基础设施的重要组成部分。

FEDWIRE 的资金转账系统是实时、全额、连续的贷记支付系统，即支付命令随时来随时处理，无须等到既定时间统一处理，且每笔支付业务都是不可取消和无条件的。其运行过程如下：①个人或企业向其开户银行提出资金转账要求。②发送方银行贷记发送方账户，启动一个 FEDWIRE 资金转账命令。相应地，美联储贷记发送方银行账户，借记接收方银行账户，然后 FEDWIRE 通知接收方银行有资金转账发生。③支付命令接收银行借记接收方账户，通知资金接收方接收这笔资金。④当资金接收后，资金转移即成为最终性的、不可撤销的转移，资金接收方就可以立即使用这笔资金。

【学术链接：主要国际货币跨境清算结算体系研究。益言、主要国际货币跨境清算结算体系研究［J］. 中国货币市场，2020（1）：73-77.】

本书对主要国际货币发行国跨境清算结算机制的特点进行梳理，并就此提出对我国发展人民币跨境清算系统的启示：一是推动 CIPS 允许境外机构及其分行直接接入的规定真正落到实处，从而扩大 CIPS 的覆盖范围。二是用好现有的境外清算行，建立协同联动的多层次人民币跨境支付清算体系，并加强与其他系统的对接。三是完善人民币跨境清算基础设施的法律框架和法律基础。

参考文献

［1］Merton R.C. A Functional Perspective of Financial Intermediation ［J］. Financial Management，1995，24（2）：23-41.

［2］艾瑞咨询.2021 年中国线下收单行业研究报告［EB/OL］. https：//www. mpaypass. com. cn/download/202/02/08143256. html.

［3］埃里克·杰克逊. 支付战争［M］. 北京：中信出版社，2015.

［4］巴曙松，张岱晁，朱元倩. 全球数字货币的发展现状和趋势［J］. 金融发展研究，2020（11）：3-9.

［5］蔡宁伟. 商业银行Ⅰ、Ⅱ、Ⅲ类账户管理的历史演进与发展展望［J］. 金融理论与教学，2019（4）：10-15.

［6］曹红辉. 中国电子支付发展研究［M］. 北京：经济管理出版社，2008.

［7］陈世范，吕濂堃. 改革联行清算制度，建立人民银行清算中心势在必行（上）［J］. 金融研究，1989a（10）：48-53.

［8］陈世范，吕濂堃. 改革联行清算制度，建立人民银行清算中心势在必行（下）［J］. 金融研究，1989b（11）：32-36.

［9］陈阳. 银行呼叫中心系统交易网关的设计与实现［D］. 哈尔滨：哈尔滨工程大学，2007.

［10］陈静. 我国银行卡产业发展的辉煌二十年［J］. 中国信用卡，2014（3）：39-42.

［11］陈达飞. 数字货币：5000 年后，回到起点——从密西西比泡沫看比特币泡沫，从互联网泡沫看区块链泡沫［J］. 经济资料译丛，2018（4）：32-40.

［12］陈福录. 银行卡收单业务监管新规解读［J］. 中国信用卡，2013（9）：27-29.

［13］董娟娟. 新零售背景下实体店收银系统的改良设计研究［D］. 上海：华东理工大学，2018.

［14］董德民．国外网上银行业务和手段的发展［J］．金融科技时代，2002（6）：20-21.

［15］董希淼．刷脸支付须把安全放在首位［N］．经济日报，2019-10-24（5）.

［16］方雨嘉，张松聚．聚合支付的监管逻辑与发展趋势［J］．中国信用卡，2017（5）：53-55.

［17］费隆·帕德拉克，孟源．1982年世界金融业状况［J］．国际经济评论，1983（10）：75-79.

［18］封思贤，杨靖．法定数字货币运行的国际实践及启示［J］．改革，2020（5）：68-79.

［19］冯静．货币演化中的数字货币［J］．金融评论，2019（4）：67-82.

［20］傅晓．商业银行自助银行建设与运营管理研究［D］．重庆：重庆大学，2008.

［21］付荃．我国大额支付系统模式研究［D］．长沙：湖南大学，2004.

［22］何帆，伍桂，邹晓梅．TARGET2与欧洲的国际收支失衡［EB/OL］．https：//wenku. baid. ucom/view/fdceb63da32d7375a41780ff. html.

［23］侯帅．刷卡手续费：大幅降低，迈向市场［N］．中国经济导报，2016-3-19（1）.

［24］高克州，杨秀霞，李思存．新时代金融发展背景下法定数字货币发行流通路径研究——基于法定货币形态变化的比较分析［J］．征信，2019（10）：88-92.

［25］龚晓坤．中国邮政储蓄银行践行"一点接入一点清算"模式的效果与体会［J］．中国支付清算，2014（6）：4-9.

［26］金大薰．中国预付券/卡法律规制的完善［J］．网络法律评论，2016，19（1）：191-202.

［27］金融博览编辑部．大道致远——央行支付清算系统建设之路［J］．金融博览，2020（6）：9-11.

［28］康家驹．基于mPaaS平台下的安卓手机银行设计与实现［D］．西安：西安电子科技大学，2020.

［29］亢林，田海山，冯耀鹏，袁钢．支付结算教程［M］．北京：中国金融出版社，2021.

［30］李国辉，马梅若．央行发布《中国数字人民币的研发进展白皮书》［N］．金融时报，2021-7-19（2）.

［31］李青．中国农业银行宁夏分行电子银行业务发展策略研究［D］．银

川：宁夏大学，2012.

[32] 李伟．金融科技时代的电子银行［J］．中国金融，2017（1）：68-69.

[33] 李宁宁．手机银行现状与未来趋势研究［D］．石家庄：河北经贸大学，2020.

[34] 李国辉．下调刷卡手续费、降低商户经营成本［N］．金融时报，2016-3-19（1）.

[35] 李国辉，马梅若．央行发布《中国数字人民币的研发进展白皮书》［N］．金融时报，2021-07-19（1）.

[36] 李志鹏，邓暄，向倩．数字人民币探索构建新型跨境支付体系的思考［J］．国际贸易，2021（12）：84-92.

[37] 李祖德，刘精诚．中国货币史［M］．台北：文津出版社，1995.

[38] 廉薇，边慧苏，向辉，曹鹏程．蚂蚁金服：从支付宝到新金融生态圈［M］．北京：中国人民大学出版社，2017.

[39] 梁莺．第三方支付机构跨境支付的法律监管研究［D］．上海：华东政法大学，2018.

[40] 刘申燕．我国银行卡产业扣率问题的研究［D］．上海：华东师范大学，2006.

[41] 刘昌用．货币的形态：从实物货币到密码货币［J］．重庆工商大学学报（社会科学版），2020，37（2）：9-22.

[42] 刘凯．浅议支付系统在货币政策传导过程中的作用及存在问题［J］．河北金融，2010（9）：47-48.

[43] 刘海东，王德欣．电子联行取代手工联行势在必行［J］．河北金融，1998（2）：30，43.

[44] 刘生福．数字化支付时代的货币政策传导：理论推演与经验证据［J］．当代经济科学，2019（2）：1-12.

[45] 刘晓欣．全球法定数字货币现状、发展趋势及监管政策［J］．人民论坛，2021（24）：66-70.

[46] 刘凯，李育，郭明旭．主要经济体央行数字货币的研发进展及其对经济系统的影响研究：一个文献综述［J］．国际金融研究，2021（6）：13-22.

[47] 陆琪．央行数字货币发展应致力于国际结算［J］．银行家，2021（8）：50-52.

[48] 罗姣娣．移动金融时代到来，建设银行特色凸显［J］．金融世界，2018（5）：114-115.

［49］陆强华，杨志宁．深度支付［M］．北京：中国金融出版社，2018．

［50］马鹏维．手机端二维条码识别系统的设计与实现［D］．上海：东华大学，2010．

［51］马仁杰，沙洲．基于联盟区块链的档案信息资源共享模式研究——以长三角地区为例［J］．档案学研究，2019（1）：61-68．

［52］马小华，张兰盟．聚合支付监管问题研究［J］．时代金融，2018（12）：19-20．

［53］莫凡．从钱包到卡包——信用卡引发支付革命［J］．中国金融家，2009（12）：110-111．

［54］欧阳卫民．中国支付体系现代化的历程［J］．中国金融，2009（3）：20-22．

［55］潘家栋，储昊东．互联网第三方支付平台形成垄断了吗——基于市场势力测度的研究［J］．广东财经大学学报，2021，36（4）：29-37．

［56］彭扬．深圳开展数字人民币红包试点［N］．中国证券报，2020-10-10（4）．

［57］钱中先．同心协力，进一步改革联行清算制度［J］．上海金融，1990（4）：40-41．

［58］人民银行．人民银行关于印发《条码支付业务规范（试行）》的通知［J］．中华人民共和国国务院公报，2018（17）：30-37．

［59］人民银行江西省分行课题组．银行结算问题研究［J］．金融与经济，1992（4）：1，20-28．

［60］荣卫民．山东建行呼叫中心系统项目后评价研究［D］．青岛：中国海洋大学，2009．

［61］帅青红，苗苗．网上支付与电子银行（第2版）［M］．北京：机械工业出版社，2015．

［62］邵强华．六大手段并行，手机银行国外发展领先一步［J］．通信世界，2008（25）：29-30．

［63］史浩．互联网金融支付（第2版）［M］．北京：中国金融出版社，2020．

［64］施方元．国内商业银行的电子商务之路［D］．上海：上海交通大学，2012．

［65］孙露露．打通"任督二脉"中行交行率先与微信支付码互认互扫［N］．证券时报，2020-01-14（3）．

［66］孙瑾．美国应对金融危机的货币政策效果分析［J］．上海金融，2010

（4）：69-70.

[67] 天大研究院课题组 . 2009～2011 年：全球主要货币汇率趋势评析 [J] . 经济研究参考，2011 (31)：2-33.

[68] 唐士奇，池腾辉，陈跃敏 . 现代商业银行经营管理原理与实务 [M] . 北京：中国人民大学出版社，2015.

[69] 田黎萍，牛大东，尉秀清 . 基层人民银行联行清算中的问题及建议 [J] . 华北金融，2003 (7)：30-31.

[70] 王蕊，颜大为 . 开放银行生态圈的理论基础、经验探索与发展路径 [J] . 西南金融，2019 (11)：70-79.

[71] 汪小政，张涤尘 . 我国票据市场创新发展的新格局、新趋势浅析 [J] . 中国货币市场，2021 (11)：20-23.

[72] 王祥峰 . 我国跨行支付现状与发展对策研究 [J] . 区域金融研究，2018a (3)：46-51.

[73] 王祥峰 . 论支付系统在经济增长领域的作用 [J] . 西南金融，2018b (3)：59-64.

[74] 王学斌 . 网络经济学视角下的银行卡市场研究 [M] . 北京：经济管理出版社，2009.

[75] 王学斌 . 银行卡市场研究：一个网络经济学视角 [D] . 上海：复旦大学，2007.

[76] 王璐 . 完善监管细则促进金融市场稳健运行 [N] . 金融时报，2019-11-11 (4) .

[77] 王爱民 . 论票号与钱庄在中国近代资金清算中之作用 [J] . 经济问题，1998 (3)：45-48.

[78] 王丽瑞 . 中国支付清算系统若干问题研究 [D] . 北京：中国人民大学，2004.

[79] 万子杰 . 移动支付背景下中国银联市场化转型策略研究 [D] . 南京：东南大学，2019.

[80] 温信祥 . 支付研究（2020 卷）[M] . 北京：中国金融出版社，2020.

[81] 吴心弘，裴平 . 中国支付体系发展对金融稳定的影响研究 [J] . 新金融，2020 (4)：25-30.

[82] 吴凡 . 智能卡身份认证技术研究与实现 [D] . 厦门：厦门大学，2008.

[83] 伍冬松 . 商业银行自助设备管理探讨 [D] . 成都：西南财经大学，2009.

［84］夏云安．聚合支付风险分析与监管建议［J］．金融科技时代，2018（2）：57-60.

［85］谢众．我国支付体系风险研究［D］．成都：西南财经大学，2008.

［86］闫立良．周小川：支付清算直接决定经济金融活动效率［N］．证券日报，2011-05-24（A2）．

［87］姚前，汤莹玮．关于央行法定数字货币的若干思考［J］．金融研究，2017（7）：78-85.

［88］杨道法．支付理论与实务——支付经济学探索［M］．北京：中国金融出版社，2015.

［89］叶世昌，李金宝，钟祥财．中国货币理论史［M］．厦门：厦门大学出版社，2003.

［90］益言．主要国际货币跨境清算结算体系研究［J］．中国货币市场，2020（1）：73-77.

［91］于淼．互联互通需多方共同努力［N］．中国产经新闻，2020-01-17（4）．

［92］于艺凝，李欧，汪蕾．支付效应的理论机制及影响因素［J］．应用心理学，2021（1）：84-94.

［93］袁勇，王飞跃．区块链技术发展现状与展望［J］．自动化学报，2016（4）：481-494.

［94］约亨·梅茨格．TARGET2——欧洲支付系统的一体化［J］．中国货币市场，2007（10）：50-55.

［95］曾海彬．商业银行小额支付系统的研究和实现［D］．长春：吉林大学，2007.

［96］曾晓云．数字签名技术在区块链中的应用［J］．改革，2020（8）：176-180.

［97］张敏敏．电子支付与电子银行［M］．北京：中国人民大学出版社，2013.

［98］赵鹞．脸书Libra的"返祖现象"［J］．中国改革，2019（6）：62-69.

［99］张琪．金卡工程走过十年［J］．信息系统工程，2003（7）：19-20.

［100］张震天.1950年哪些人在改变支付方式［J］．中国收藏，2019（4）：96-99.

［101］张璇．中国银行支付清算业务风险管理问题研究［D］．兰州：兰州大学，2008.

［102］张钧媛，刘经纬．基于区块链技术的联合环境感知模型设计与应用

［J］．计算机与现代化，2018（11）：4，56-59.

［103］张海洋．"中本聪"是哈耶克的门徒吗？ ［J］．金融博览，2019（5）：60-61.

［104］张键红，白文乐，欧培荣．基于区块链的匿名密码货币支付协议［J］．山东大学学报（理学版），2019，54（1）：88-95.

［105］周虹．电子支付与结算［M］．北京：经济管理出版社，2009.

［106］中国支付清算协会．支付清算知识普及读本［M］．北京：中国金融出版社，2020.

［107］中国支付清算协会．中国银联．中国银行卡理论与实务［M］．北京：中国金融出版社，2018.

［108］中国支付清算协会．支付清算理论与实务［M］．北京：中国金融出版社，2017.

［109］中国支付清算协会．移动支付理论与实务［M］．北京：中国金融出版社，2015.

［110］中国银联．银行卡概论［M］．北京：中国金融出版社，2013.

［111］朱小川．我国金融市场基础设施管理：现状、难点和立法路径［J］．西南金融，2020（4）：12-21.